Kontakte

WORKBOOK / LABORATORY MANUAL

(Arbeitsbuch)

8th Edition

Kontakte

A Communicative Approach

WORKBOOK / LABORATORY MANUAL (*Arbeitsbuch*)

ERWIN TSCHIRNER
Herder-Institut, Universität Leipzig
University of Arizona

BRIGITTE NIKOLAI
Werner-von-Siemens-Gymnasium, Bad Harzburg

ULLA HIRSCHFELD
Institut für Sprechwissenschaft und Phonetik
Martin-Luther-Universität, Halle-Wittenberg

KLAUS BRANDL
University of Washington

Mc
Graw
Hill
Education

WORKBOOK / LABORATORY MANUAL (*ARBEITSBUCH*) FOR KONTAKTE: A COMMUNICATIVE APPROACH
EIGHTH EDITION

This book is printed on acid-free paper.

1 2 3 4 5 6 QVS/QVS 20 19 18 17 16

ISBN: 978-1-259-69264-2
MHID: 1-259-69264-7

Senior Vice President, Products & Markets: *Kurt L. Strand*
Vice President, General Manager, Products & Markets: *Michael Ryan*
Vice President, Content Design & Delivery: *Kimberly Meriwether David*
Managing Director: *Katie Stevens*
Senior Brand Manager: *Katherine K. Crouch*
Executive Director of Digital Content: *Janet Banhidi*
Director, Product Development: *Meghan Campbell*
Director of Marketing: *Craig Gill*
Marketing Managers: *Michael Ambrosino / Chris Brown*
Executive Market Development Manager: *Helen Greenlea*
Senior Faculty Development Manager: *Jorge Arbujas*
Senior Product Developer: *Susan Blatty*
Product Developer: *Jason Kooiker*
Product Development Coordinator: *Sean Costello*
Director, Content Design & Delivery: *Terri Schiesl*
Program Manager: *Kelly Heinrichs*
Content Production Managers: *Erin Melloy / Amber Bettcher*
Buyer: *Susan C. Culbertson*
Design: *Matt Backhaus*
Content Licensing Specialists: *Carrie Burger / Beth Thole*
Compositor: *Lumina Datamatics, Inc.*
Printer: *Quad/Graphics*

Inhalt

To the Instructor

The purpose of the *Workbook / Laboratory Manual* **(Arbeitsbuch)** is to give students more opportunities to use German in meaningful ways outside of class. The *Workbook / Laboratory Manual* is divided into two preliminary chapters **(Einführung A–B)** and twelve regular chapters **(Kapitel 1–12)** that correspond to the chapters in the main text/eBook. Each chapter in the workbook has four sections:

Schriftliche Aktivitäten und Hörverständnis
Aussprache und Orthografie
Kulturecke
Aufsatz-Training

The *Workbook / Laboratory Manual Audio Program* must be used with the **Hörverständnis** and **Aussprache und Orthografie** sections. All activities requiring the use of the *Workbook / Laboratory Manual Audio Program* are indicated with the headphones icon.

Schriftliche Aktivitäten und Hörverständnis

These activities are organized according to the four thematic subsections of each chapter in the main text/eBook and are entitled accordingly. For each subsection, they start with **Schriftliche Aktivitäten,** followed by **Hörverständnis.** Depending on the subsection, the **Hörverständnis** begins with **Dialog aus dem Text,** followed by **Bildgeschichte, Rollenspiel,** and additional listening activities.

Schriftliche Aktivitäten

The activities in this section are designed to allow the students to write German creatively but within the natural limitations of what they know at a given point. Most of them can be done outside the class, but oral follow-up will prove profitable in many cases. Notes in the **Schriftliche Aktivitäten** section show students which grammar topic(s) to review before doing a particular set of exercises, as well as where to look for help while working.

Although many of the activities in **Schriftliche Aktivitäten** are open-ended and communicative, we have provided answers whenever possible (included at the back of the *Workbook / Laboratory Manual*). Answers to questions for which there is more than one correct answer are identified by the phrase "Possible answers." You may wish to advise students that they will need to allow the differences in content when checking answers to these questions; they should be correcting only errors in form.

Hörverständnis

The **Hörverständnis** sections consist of dialogues, narratives, radio ads, and other examples of oral texts recorded on the audio program. They do not contain grammar drills. Since comprehension is achieved by developing the ability to guess at meaning based on recognition of key elements in the sentence, we have included unknown words and new grammar. Our goal was to simulate real comprehension experiences. Students may listen to each section as many times as necessary to understand what is said, and they should be reassured that they need not understand every word to reach an acceptable level of comprehension.

Depending on the subsection, the **Hörverständnis** starts with **Dialog aus dem Text,** followed by **Bildgeschichte, Rollenspiel,** and additional listening activities.

Dialog aus dem Text contains recorded versions of the listening dialogues from the main text/eBook with brief follow-up activities. Instructors may wish to use these recorded versions (found on the *Textbook Audio Program*) when presenting the dialogues in the classroom. Students can also listen to them at home after they have been presented in class. Both audio programs are posted for students by chapter in **More Resources** on the *Kontakte* Online Learning Center (**www.mhhe.com/kontakte8**). The

Audioscript for the *Workbook / Laboratory Manual* is posted in the Instructor's Resources tab in **Connect** and in the Instructor's Edition of the Online Learning Center.

Bildgeschichte is an audio version of the **Bildgeschichte** in the main text/eBook to allow students to review the **Bildgeschichte** activity from class. It contains the **Bildgeschichte** display followed by two activities. The first activity is an input processing activity in which students listen carefully to every word being said. The second activity allows students to apply the words and structures from the **Bildgeschichte** to their own lives.

Rollenspiel is an enactment of the role-playing activity often contained in the last subsection of the **Situationen** in the main text/eBook; it is designed to help prepare students to play the roles in class. In the same way as the **Dialog aus dem Text** and the **Bildgeschichte,** the **Während des Hörens** section focuses student attention on the exact words being used to process form and meaning at the same time in order to acquire the forms within a communicative setting. The **Nach dem Hören** section allows students to react in a personalized fashion to questions in the roleplay.

The **Hörverständnis** activities include 1–3 listening passages students have not encountered before. The scripts for these oral texts are not included in the student workbook. Instead, the student workbook has worksheets for each text that generally include (a) a short introduction to the text, (b) a list of the new vocabulary (with English translation) that is crucial to comprehension, and (c) tasks that help students understand the passage and verify that they have grasped the main ideas.

The **Hörverständnis** sections are intended for use primarily as homework assignments, but they can also be done in class. It is a good idea for instructors to do at least a few listening activities from **Einführungen A** and **B** with students before assigning other activities in **Hörverständnis** as homework. The brief introduction for students (*To the Student*) will help them complete the assignments for the first two **Einführungen.** A section with more specific instructions and practice with suggested strategies is included before **Kapitel 1.** We also recommend that instructors repeat the training session at some point between **Kapitel 3** and **4** and at the beginning of a new semester or quarter. Such sessions are useful for making sure that students have not picked up poor listening and study habits. It is also a good idea to review the procedure and useful techniques when segments start becoming more complicated. In addition, keep in mind that, although the speakers on the recordings will not be speaking at normal native speed, owing to the lack of visual cues, students may get the impression that the rate of speech is too fast. This impression will seem all the more true when the overall level of difficulty of the oral texts increases. Furthermore, the fact that the level of the input in most listening texts is slightly above the students' current level of comprehension may cause anxiety in some students. For these reasons, it is imperative that students know that they need not understand everything on the recording.

Please remember that there is a close correlation between a low affective filter and successful language acquisition. It is unwise to place undue stress on students over the assignments. They should feel confident that the listening component is a means of providing them with additional comprehensible input, not a tool for testing them at home. If students get the impression that the activities in **Hörverständnis** are being used to test them, the purpose will be doubly defeated: many will find the whole procedure too stressful and others may simply copy the answers. Most instructors find it much more useful to tell students to come to them if they have a problem and to remind them that it is not necessary to be able to answer every question correctly. Students should feel free to report any unduly difficult item(s) to their instructor.

In addition, remember that the topics of the oral texts in the workbook loosely follow those of the corresponding chapters of the main text/eBook. For this reason, it is advisable to wait until the activities in the corresponding subchapter of the main text/eBook have been done in class before giving assignments in the workbook. Students will be more motivated to do these assignments if you remind them that they will help them prepare for the listening comprehension components of their mid-term and final exams.

Finally, since the answers are given at the back of the *Workbook / Laboratory Manual*, there remains the problem of how to keep students from copying. It has been our experience that the majority of students will not cheat unless the assignment proves to be excessively difficult. In spite of this, and since in an academic environment there is always a need to measure performance, we suggest (especially if you are uncertain about whether students are copying or not) that you use two or three of the oral texts from each chapter in a short listening comprehension quiz. You may photocopy the corresponding sections from the workbook, leaving out the vocabulary section or writing different true/false or multiple choice questions. You will find that students who have done their homework honestly will do well on the quizzes and that those who merely copied will not.

Aussprache und Orthografie

We are convinced that student pronunciation depends on factors largely beyond the instructor's control, but we hope that in their regular classroom experience, students will develop pronunciation that is acceptable to most native speakers. We suggest that students be urged to concentrate on listening comprehension at first, rather than on pronunciation. They should not try to learn a large number of pronunciation rules at the beginning of the course, although some students may find it helpful to do a few pronunciation exercises in which certain problematic sounds are isolated. This is the purpose of the pronunciation exercises in the workbook. Note that these exercises generally include only words that students have already encountered in the oral class activities.

German sound-letter correspondences are relatively simple, and many students become good spellers in German without much explicit instruction. In our experience, however, dictation exercises that focus on certain problematic areas can be effective. Note that, as in the pronunciation exercises, we have used words in the spelling exercises that the students have already encountered in the oral class activities.

Kulturecke

Each chapter of the *Workbook / Laboratory Manual* features a section called **Kulturecke** that revisits the cultural themes introduced in the **Kultur ... Landeskunde ... Informationen** sections and the readings of the main text/eBook. The cultural information contained in the main text/eBook is reviewed and practiced using a variety of formats, such as multiple choice, true/false, fill-in-the-blanks, and matching activities. In later chapters, the **Kulturecke** may close with a reading passage followed by post-reading activities. The reading passage may be a poem or short story by a well-known German-speaking author (e.g., the Brothers Grimm in **Kapitel 9,** Hebel in **Kapitel 11,** and Goethe in **Kapitel 12**). The readings have been selected for their accessibility to first-year students as well as for their timelessness and relevance to the chapter theme.

Aufsatz-Training

Each chapter concludes with a guided writing task, **Aufsatz-Training,** designed to help students make the transition from writing simple sentences to writing longer and more varied ones, then to writing paragraphs. The aim is to build writing skills students will need to carry out everyday activities in the German-speaking world.

Acknowledgments

We would like to thank the many people whose contributions to this and previous editions have greatly enhanced the *Workbook / Laboratory Manual:* Klaus Brandl, who revised the Seventh Edtion to produce the Eighth; Katharina Kley, who revised the *Workbook / Laboratory Manual* to produce the Seventh Edition; Silke Lipinski, who worked with Katharina Kley on the Sixth Edition; Petra Clayton, whose careful and thoughtful revisions to the Fifth Edition are still very much a part of the Eighth; Ulla Hirschfeld, whose sections on phonetics continue to be a popular part of the *Workbook / Laboratory Manual*; and Cristina Kuhn, Susanne Baackmann, and Patricia Callahan, whose excellent work continues to be a part of this edition. Finally, very special thanks are due to Jason Kooiker, our product developer, whose outstanding editorial and organizational skills have greatly enhanced the Eighth Edition.

To the Student

Each of the chapters in the *Workbook / Laboratory Manual* **(Arbeitsbuch)** consists of four sections:

Schriftliche Aktivitäten and **Hörverständnis**	Writing activities and listening comprehension
Aussprache und Orthografie	Pronunciation and orthography
Kulturecke	Cultural activities and readings
Aufsatz-Training	Composition training

You need to use the *Workbook / Laboratory Audio Program* with the **Hörverständnis** and **Aussprache und Orthografie** sections. All activities requiring the use of the *Workbook / Laboratory Audio Program* are indicated with the headphone icon and can be accessed by chapter in **More Resources** on the *Kontakte* Online Learning Center (**www.mhhe.com/kontakte8**).

Schriftliche Aktivitäten und Hörverständnis

These activities are organized according to the four subsections of each chapter in the main text/eBook and are entitled accordingly. For each subsection, **Schriftliche Aktivitäten** comes first, followed by **Hörverständnis**. Depending on the subsection, the **Hörverständnis** begins with **Dialog aus dem Text** followed by **Bildgeschichte, Rollenspiel,** and additional listening activities.

Schriftliche Aktivitäten

The activities in the **Schriftliche Aktivitäten** section give you the opportunity to express your own ideas in written German on the topics covered in each chapter. When doing each activity, try to use the vocabulary and structures that you have acquired in the chapter being studied, as well as those from previous chapters. Although your main goal is still communication, you have the time when writing (as opposed to speaking) to check for correctness or to look up something you have forgotten.

Be sure to check your answers against the key in the back of the *Workbook / Laboratory Manual*, bearing in mind that, in many cases, your answers will reflect your own life and experiences. You should use the answer key **(Lösungsschlüssel)** to correct errors in form, not differences in content.

Hörverständnis

The **Hörverständnis** section contains recordings of oral texts and accompanying exercises. The recordings include segments of German classes, dialogues, narratives, and radio advertisements. They give you the opportunity to listen to and understand spoken German outside the classroom, providing exposure to a variety of contexts and pronunciations of authentic speech. Depending on the subsection, the **Hörverständnis** starts with **Dialog aus dem Text** followed by **Bildgeschichte, Rollenspiel,** and additional listening activities.

Dialog aus dem Text contains recorded versions of the listening dialogues from the main text/eBook with brief follow-up activities for review and additional work. **Bildgeschichte** is an audio version of the **Bildgeschichte** in the main text/eBook to allow you to review the **Bildgeschichte** activity from class. It contains the **Bildgeschichte** display followed by two activities. The first activity asks you to listen carefully to every word being said. The second activity allows you to apply the words and structures from the **Bildgeschichte** to your own life. **Rollenspiel** is an enactment of the role-playing activity often contained in the last subsection of the **Situationen** in the main text. It is designed to help you prepare to play the roles in class.

The remaining listening activities are new and designed to give you more practice in understanding authentic speech. Each worksheet is set up to help give you a general idea of the recording before you listen to it. The drawings, title of the recorded text, and short prose introduction (in English in the first few chapters) serve this function; a list of words and expressions with English translations is also included. These words may or may not be new to you, but they will help you to understand the recording. The tasks you are asked to do are also designed to help you understand what you're hearing. We suggest that you look through them before you begin listening.

1. Look over the title, the introduction, and any illustrations. These will help you get a general idea of the content of the segment.
2. Take a few moments to familiarize yourself with the new vocabulary listed and with any other words or expressions used in the exercise that you do not know.
3. Look at the task contained in the particular segment you will be listening to and make sure you understand what you are expected to do. Once you determine this, take a few seconds to map out the best strategy for completing the task. For example, when you look at the task, if you get the impression that there are too many blanks, make a mental note to try to fill in only every other blank the first time you listen. Or, if you realize that the task requires that you write out words that are too long or difficult to spell, make a mental note to write only the first three or four letters while you listen and to complete each word after you have stopped the recording.
4. Listen to the recording as many times as necessary, but listen with specific questions in mind. Don't hesitate to replay any segment as often as you need to. *Never* check the answer section until you have listened to a segment at least five times.

Most of the time, you should be able to answer the questions in the task without understanding everything in the recording. Remember what you have learned about comprehension. In the classroom you have probably had ample opportunities to prove that you can understand what is being said to you by concentrating on key words, paying close attention to context, and taking some risks. Indeed, this is how comprehension will work in real life when you interact with native speakers of German.

Once you have done several assignments, you will start to notice that you are more comfortable with them. You can get additional benefits from these materials if, at this point, you go back and listen to the recordings for chapters you have already completed. Listen while going to school, while doing chores, or while lying down to relax. Let your mind create scenes that correspond to what you are hearing, and listen just to enjoy the exposure to the spoken language. The additional exposure of your ear and your mind to spoken German will result in increased confidence in real-life listening situations.

In order to help you maximize the benefits of this component, your instructor may play several of the recorded segments corresponding to **Einführung A** in the classroom. He or she will go over, clarify, and amplify the directions you have just read to make sure you master the procedure you need to follow. Be prepared to practice with your class and to ask your instructor any questions that come up as you read this introduction. There is also a guided practice segment before **Kapitel 1.** The goal of that segment is to provide you with the opportunity to review and try out several strategies that will be useful with the remaining **Hörverständnis** activities in this workbook.

Aussprache und Orthografie

Good pronunciation in a new language can be achieved by most people interacting in a normal communicative situation with native speakers of that language. The more spoken German you are in contact with, the more you will become used to rhythm, intonation, and sound of the language. In general, native speakers of German do not expect foreigners to speak German without a trace of an accent. There is nothing wrong with a foreign accent in German, but several errors in pronunciation can interfere with communication if they make it difficult for native speakers to understand what you want to say. For this reason we have included a series of pronunciation exercises in the *Workbook / Laboratory Manual*. They are designed to attune your ear to the differences between English and German and to help you pronounce German better.

The **Aussprache** sections use words you already know in order to give you the opportunity to practice the pronunciation of a particular sound they have in common. First, an explanation of the pronunciation of the sound is given, followed by examples for you to repeat aloud. The idea is not for you to memorize all pronunciation rules but to develop a feel for good pronunciation in German. If you are having problems in hearing or pronouncing, please consult your teacher. Make recordings of your own pronunciation regularly and listen carefully to hear whether they sound like the original. When you are content with your results, let your teacher listen to the recordings. He or she will give you further instructions.

The **Orthografie** sections consist of spelling rules and examples followed by dictation exercises. You will be familiar with the words in these dictation exercises from the oral activities done in class. Again, the idea is not to memorize a large number of spelling rules, but rather to concentrate on items that may be a problem for you. Remember to check the answers in the back of the *Workbook / Laboratory Manual* when you have completed these exercises.

Kulturecke

Each chapter of the *Workbook / Laboratory Manual* includes a section called **Kulturecke** that is meant to help you review and assimilate the cultural information found in the **Kultur ... Landeskunde ... Informationen** sections and the readings of the main text/eBook. Using a variety of formats, these cultural activities are both entertaining and edifying. Consider working together with your classmates outside of class on this section.

In later chapters, the **Kulturecke** may close with a reading passage followed by post-reading activities. The reading passage may be a poem or short story by a well-known German-speaking author (e.g., the Brothers Grimm in **Kapitel 9,** Hebel in **Kapitel 11,** and Goethe in **Kapitel 12**). The passages have been recorded and are included on the *Workbook / Laboratory Audio Program.* The accompanying activities have been designed to help you understand the passages more readily and to appreciate their cultural value.

Aufsatz-Training

Each chapter concludes with a guided writing task, **Aufsatz-Training,** designed to help you make the transition from writing simple sentences to writing longer, more varied ones, and then to writing cohesive paragraphs. The aim is to build writing skills you will need to carry out everyday activities in the German-speaking world.

EINFÜHRUNG A

Aufforderungen

Schriftliche Aktivitäten

TPR. Under each drawing, write the command Professor Schulz gave the students.

→ Lesen Sie Grammatik A.1, „Giving instructions: polite commands"!

Geben Sie mir das Buch!   Schauen Sie!
Gehen Sie!   Schreiben Sie!
Hören Sie zu!   Setzen Sie sich!
Laufen Sie!   Springen Sie!
Lesen Sie!   Stehen Sie auf!

1. _____   2. _____

3. _____   4. _____

5. _____   6. _____

Hörverständnis

Aufforderungen. You will hear a part of Professor Schulz's German class. The students are participating in a Total Physical Response (TPR) activity.

Frau Schulz gibt Aufforderungen.

Professor Schulz's commands to the class are listed below out of sequence. Number the commands from 1 to 9 in the order you hear them.

_____ Gehen Sie!

_____ Springen Sie!

_____ Nehmen Sie ein Buch!

_____ Laufen Sie!

_____ Öffnen Sie das Buch!

_____ Schauen Sie an die Tafel!

_____ Sagen Sie „Auf Wiedersehen"!

_____ Schließen Sie das Buch!

_____ Lesen Sie!

Namen

Schriftliche Aktivitäten

Frau Schulz' Klasse. Answer the following questions based on the picture.

→ Lesen Sie Grammatik A.2, „What is your name? The verb **heißen**"!

MODELLE: Wie heißt der Student mit der Brille? →
Er heißt Stefan.
Wie heißt die Professorin? →
Sie heißt Karin Schulz.

1. Wie heißt die Studentin mit dem Ball?

   _____

2. Wie heißt der Student mit dem Schnurrbart?

   _____

3. Wie heißt die Studentin an der Tür?

   _____

4. Wie heißt der Student mit dem Stift?

   _____

5. Wie heißt die Studentin mit dem Buch?

   _____

(continued)

6. Wie heißt der Student mit dem langen Haar und dem Stirnband?

_____

7. Wie heißen die drei Studentinnen?

   Sie heißen _____

_____

8. Wie heißen die vier Studenten?

_____

Hörverständnis

Namen der Studenten. Nora is a new student in the German class. She doesn't know the names of all her classmates yet, and Albert is trying to help.

Nora, eine neue Studentin im Deutschkurs, spricht mit Albert.

Listen to the conversation between Albert and Nora, and list the names they mention in the order in which you hear them. (Here are the names out of order: Stefan, Gabi, Monika, Heidi.)

1. _____

2. _____

3. _____

4. _____

Kleidung

Schriftliche Aktivitäten

Buchstabensalat. Find eight German nouns for articles of clothing in addition to **Hose.** The words may run in multiple directions: forward, backward, up, and down.

```
G   B   L   B   I   D   L   U   S   A   F   A   P
M   L   N   L   J   M   B   M   A   N   T   E   L
F   A   L   U   A   E   T   T   A   W   A   R   K
T   R   G   S   C   H   U   H   E   H   U   T   H
O   L   M   E   K   V   D   O   U   A   W   Q   I
I   N   S   L   E   S   A   S   B   T   H   E   M
W   S   E   R   O   C   K   E   D   A   M   T   Y
```

Hörverständnis

Kleidung. Heidi and Stefan, students in Frau Schulz's class, are talking about the clothes that the instructor and the other students are wearing.

NEUE VOKABELN[1]
Quatsch!   *Nonsense!*

Stefan und Heidi sprechen im Deutschkurs über die Kleidung der anderen Studenten.

Richtig oder falsch? Listen to the conversation, and then indicate whether the following statements are true or false (**richtig [R]** *oder* **falsch [F]**).

1. _____ Monikas Bluse ist lila.
2. _____ Noras Bluse ist orange.
3. _____ Alberts Hose ist grau.

4. _____ Peters Jacke ist blau.
5. _____ Frau Schulz' Kleid ist blau und schön.

[1]vocabulary

Farben

Schriftliche Aktivitäten

Welche Farbe ist typisch? Provide colors typically associated with each item.

1. _____

2. _____

3. _____

4. _____

5. _____

6. _____

Hörverständnis

Farben. Today in Professor Schulz's class the students are counting the number of people wearing the same color clothing.

> Wie viele Studentinnen tragen ...?

NEUE VOKABELN
stellt Fragen *asks questions*

Frau Schulz stellt den Studenten Fragen.

Indicate the number of students wearing each article of clothing mentioned.

1. _____ Studentinnen tragen weiße Blusen.

2. _____ Studenten tragen blaue Hemden.

3. _____ Studenten tragen braune Hosen.

Begrüßen und Verabschieden

Schriftliche Aktivitäten

Kreuzworträtsel. Fill in the crossword puzzle according to the cues given in the following dialogues. Find the correct words in the list below. Remember that in crossword puzzles the letter **ß** is spelled **ss.**

Abend	Guten	Ich
Danke	Hallo	Sie
du	heiße	Tschüss
geht's	hier	wie

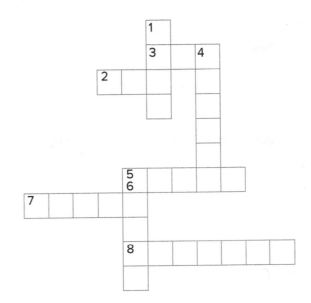

FRAU SCHULZ: Sind Sie neu __[1]__?

NORA: Ja.

FRAU SCHULZ: Wie heißen __[2]__ denn?

NORA: __[3]__ heiße Nora Berber.

FRAU SCHULZ: Ich __[4]__ Schulz.

HERR RUF: __[5]__ Tag, Jens.

JENS: Tag, Herr Ruf.

HERR RUF: Na, wie __[6]__?

JENS: __[7]__, gut.

HERR RUF: __[8]__, Jens.

Hörverständnis

A. Dialog aus dem Text. Frau Frisch-Okonkwo ruft Herrn Koch an. Was ist richtig?

1. Herr Koch nimmt den Hörer ab[1] und sagt:
   a. Hallo!
   b. Guten Tag!
   c. Koch.
   d. Hi!

2. Frau Frisch-Okonkwo sagt:
   a. Hallo!
   b. Guten Tag, Herr Koch.
   c. Guten Abend!
   d. Gute Nacht, Herr Koch.

3. Was ist bei Frau Frisch-Okonkwo kaputt?
   a. der DVD-Player
   b. der Computer
   c. der iPod*
   d. das Radio

B. Dialog aus dem Text. Jutta trifft ihren Freund Jens. Was ist richtig?

1. Was sagt Jutta zur Begrüßung?
   a. Grüezi!
   b. Hallo!
   c. Servus!
   d. Tag!

2. Wohin geht Jens?
   a. zum Fußballtraining
   b. zum Deutschkurs
   c. in die Universität
   d. auf die Bank

3. Was sagt Jens zum Abschied?
   a. Servus!
   b. Bis bald!
   c. Tschüss!
   d. Mach's gut!

[1]nimmt ... *picks up the phone*

*iPod is a trademark of Apple Inc.

C. Rollenspiel*: Begrüßen.

Oliver spricht mit einer Studentin im Deutschkurs. Er fragt sie, wie sie heißt und wie alt sie ist.

VOR DEM HÖREN

Before listening to the dialogue, think about what the two people might say to each other. Write below any possible greetings, questions, and ways of saying good-bye that they could use.

Greetings

- ☐ _____
- ☐ _____
- ☐ _____
- ☐ _____

Questions

- ☐ _____
- ☐ _____

Good-byes

- ☐ _____
- ☐ _____
- ☐ _____
- ☐ _____

WÄHREND DES HÖRENS

NEUE VOKABELN
bis später! *see you later!*
schon *already*

1. Now listen to the dialogue and mark those phrases written above that are actually used on the recording.
2. Listen to the dialogue again and write down those phrases that are used on the recording but were not on your list.

_____

_____

_____

NACH DEM HÖREN

Die Rollen

S1 und S2: Begrüßen Sie einen Mitstudenten oder eine Mitstudentin. Schütteln Sie dem Mitstudenten oder der Mitstudentin die Hand. Sagen Sie Ihren Namen. Fragen Sie, wie alt er oder sie ist. Verabschieden Sie sich.

_____

*In this and all subsequent chapters, you will hear an enactment of the role-playing activities from your textbook. The first such role-play, or **Rollenspiel**, is on page 13 of the textbook/eBook. The accompanying exercises are designed to help prepare you to play the roles yourself in class.

D. ***Du* oder *Sie*?** Listen to the conversations. Decide whether the speakers are using formal (**Sie**) or informal (**du**) forms of address, and fill in the blanks with **Sie** or **du** accordingly.

1. In der Isabellastraße

a. _____   b. _____   c. _____

2. Im Deutschkurs

a. _____   b. _____   c. _____

Zahlen

Schriftliche Aktivitäten

Kreuzworträtsel. Spell the numbers. Note that in crossword puzzles **ß** is spelled **ss**.

WAAGERECHT (*Horizontal*)

1. 100
2. 14
3. 20

SENKRECHT (*Vertical*)

1. 1
2. 30
3. 3
4. 8
5. 10

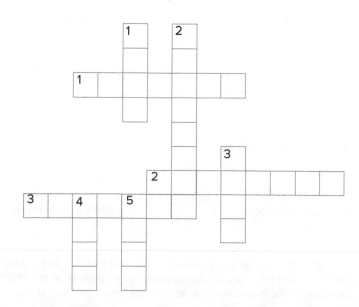

Hörverständnis

Zahlen. Professor Schulz is dictating random numbers between 10 and 100 to her class.

71, 14, …

NEUE VOKABELN
zwischen   *between*
Entschuldigung!   *Excuse me! / Pardon me!*
Gern!   *Gladly!*

Frau Schulz diktiert Zahlen zwischen 10 und 100. Stefan hat Probleme.

Listen and write the numbers Professor Schulz dictates.

a. _____

b. _____

c. _69_

d. _____

e. _26_

f. _____

g. _95_

h. _____

i. _____

j. _____

k. _____

Aussprache und Orthografie°

Aussprache

Das Alphabet

In this chapter you will learn the German alphabet. Because some sounds in German present a challenge to nonnative speakers, in subsequent chapters you will have an opportunity to practice individual sounds and recognize specific spelling problems.

The German alphabet has 26 letters, just like the English alphabet, and four additional letters: **ä** (*a-umlaut*), **ö** (*o-umlaut*), **ü** (*u-umlaut*), and **ß** (*ess-tset*). In dictionary entries, however, **ä, ö, ü,** and **ß** are not included in the alphabet as separate letters.

A. Listen carefully to each letter of the German alphabet, and repeat each one after the speaker.

a	ah	n	en
b	bay	o	oh
c	tsay	p	pay
d	day	q	coo
e	ay	r	air
f	eff	s	ess
g	gay	t	tay
h	hah	u	ooh
i	eee	v	fow (like *foul* without the *l*)
j	yott	w	vay
k	kah	x	icks
l	el	y	üpsilon
m	em	z	tset

B. Now listen to all the German vowels and repeat after the speaker.

NOTE: For a detailed description of the grapheme:phoneme relationship please refer to **Appendix C** in the main text.

GRAPHEME (*WRITTEN*)	PHONEME (*SPOKEN*)
a	[aː], [a]
ä	[eː], [ɛ]
e	[eː], [ɛ]
i	[iː], [ɪ]
o	[oː], [ɔ]
ö	[øː], [œ]
u	[uː], [ʊ]
ü	[yː], [ʏ]
y	[yː], [ʏ]

C. Now listen to all the German consonants and repeat after the speaker.

GRAPHEME	PHONEME	GRAPHEME	PHONEME
b	[be:]	p	[pe:]
c	[tse:]	q	[ku:]
d	[de:]	r	[ɛr]
f	[ɛf]	s	[ɛs]
g	[ge:]	ß	[ɛs-tsɛt]
h	[ha:]	t	[te:]
j	[jɔt]	v	[fau]
k	[ka:]	w	[we:]
l	[ɛl]	x	[ɪks]
m	[ɛm]	y	[ʏpsilɔn]
n	[ɛn]	z	[tsɛt]

Orthografie

A. Listen as the following words are spelled.

1. Rock
2. Hemd
3. gelb
4. tschüss
5. danke
6. Jutta
7. Buch
8. Bücher
9. Fuß

B. **Diktat** (*Dictation*). Twelve words from the vocabulary in **Einführung A** will now be spelled. Listen and write the words as you hear them spelled. Remember to capitalize nouns.

1. _____   7. _____

2. _____   8. _____

3. _____   9. _____

4. _____   10. _____

5. _____   11. _____

6. _____   12. _____

Kulturecke

A. **Vornamen.** What first names are popular in Germany? Place an "x" next to four first names you think are very popular these days for girls and four that are popular for boys. Then, check page 6 in your textbook/eBook to see whether you guessed correctly or not.

MÄDCHEN

- ☐ Inge
- ☐ Emma
- ☐ Hildegard
- ☐ Marie
- ☐ Sophie
- ☐ Emilia
- ☐ Sabine
- ☐ Susanne

JUNGEN

- ☐ Lukas
- ☐ Alexander
- ☐ Frank
- ☐ Maximilian
- ☐ Bernd
- ☐ Kevin
- ☐ Christian
- ☐ Leon

B. **Farben als Symbole.** Which colors are symbols in German? What do they symbolize? Write down six colors and the associations that German speakers have with them.

FARBE	SYMBOL FÜR
_____	_____
_____	_____
_____	_____
_____	_____
_____	_____
_____	_____

C. Begrüßen und Verabschieden. Write down what greeting you would use in these situations.

NOTE: Consider three things when choosing the appropriate greeting or farewell: (1) time of day; (2) geographical setting (Northern vs. Southern Germany / Austria); (3) social setting (formal vs. familiar).

WAS SAGEN SIE?

1. Sie sind in Hamburg. Es ist 10 Uhr morgens. Sie treffen Ihre Professorin.

   _____

2. Sie sind in München. Es ist 3 Uhr nachmittags. Sie treffen Ihren Professor.

   _____

3. Sie sind auf einer Studentenparty. Es ist 23 Uhr und Sie gehen nach Hause.

   _____

4. Sie sind in Berlin. Sie treffen Ihre Professorin, sprechen kurz mit ihr und gehen wieder.

   _____

5. Sie sind in Wien. Es ist 15 Uhr. Sie treffen Ihre Freunde in einem Café.

   _____

Aufsatz-Training

A. Claudias Lieblingsklamotten. Claudia has written a description of her favorite clothes. Had she read grammar section A.4, she would know how to use pronouns in place of nouns to eliminate redundancy. In her description below, cross out each repetitive article and noun. Then write the appropriate pronoun above it as shown.

Schreibhilfe

DEFINITE ARTICLE		PRONOUN
der + noun (*m.*)	→	**er**
das + noun (*n.*)	→	**es**
die + noun (*f., pl.*)	→	**sie**

Hint: **Lieblings-** ("favorite") combined with another noun becomes a compound noun—for example, **Lieblingsrock** ("favorite skirt"). A compound noun takes its gender and plural form from the last component.

Claudias Lieblingsklamotten[1]

        Er

Hier ist mein <u>Lieblingsrock</u>. ~~Der Rock~~ ist grün. Das ist mein Lieblingskleid. Das Kleid ist braun. Ja, und hier ist meine Lieblingsjacke. Die Jacke ist grau. Und hier sind meine Lieblingsstiefel. Die Stiefel sind schwarz. Ich trage auch gern blau, aber meine Lieblingsfarbe ist lila.

[1] *favorite clothes*

B. Meine Lieblingsklamotten. Now fill in the blanks below to describe your favorite things to wear, using items of clothing and colors from the boxes below. Follow the pattern of Claudia's description but use different items.

Meine Lieblingsklamotten

Hier ist mein _____ _____ ist _____.

Das ist mein _____ _____ ist _____.

Ja, und hier ist meine _____ _____ ist _____.

Und hier sind meine _____ _____ sind _____.

Ich trage auch gern _____, aber meine Lieblingsfarbe ist _____.

<table>
<tr><td>

meine Lieblingshose (f.)

      mein Lieblingshemd (n.)

meine Lieblingskrawatte (f.)

      meine Lieblingssocken (pl.)

meine Lieblingsjeans (f.)

      mein Lieblingssweatshirt (n.)

meine Lieblingsbluse (f.)

      mein Lieblingssakko (n.)

mein Lieblingsanzug (m.)

      mein Lieblingshut (m.)

mein Lieblingsmantel (m.)

      meine Lieblingsschuhe (pl.)

mein Lieblingspullover (m.)

</td><td>

gelb

    lila

      rosa

schwarz

      blau

braun

      grau

grün

      orange

rot

      weiß

</td></tr>
</table>

EINFÜHRUNG

B

Der Seminarraum

Schriftliche Aktivitäten

A.   Buchstabensalat. Find 10 more words for classroom objects.

→   Lesen Sie Grammatik B.4, „Plural forms of nouns"!

```
O   L   R   Ü   T   N   H   L   M
T   K   D   E   C   K   E   B   B
T   T   X   I   S   D   F   M   O
I   B   D   P   C   N   T   E   D
S   S   T   Ü   H   L   E   B   E
C   L   A   M   P   E   Z   X   N
H   G   F   E   N   S   T   E   R
V   R   E   H   C   Ü   B   L   T
G   V   L   J   W   A   N   D   B
```

Eight of the 11 classroom objects named above are in the singular form. What are their plural forms?

1. _____   5. _____

2. _____   6. _____

3. _____   7. _____

4. _____   8. _____

What are the singular forms of the three remaining classroom objects?

1. _____

2. _____

3. _____

B. Was ist in Ihrem Seminarraum? Choose eight additional items from the word box below that are in your classroom, and indicate how many of each object or person there are. You may draw the object(s)/people or simply indicate their position in the room on the floor plan below.

> **Achtung!** *One* is **ein** for masculine and neuter nouns and **eine** for feminine nouns.

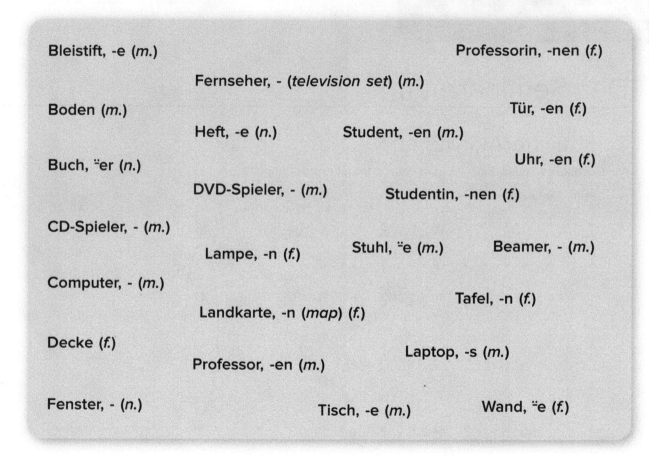

Bleistift, -e (*m.*)

Fernseher, - (*television set*) (*m.*)

Boden (*m.*)

Heft, -e (*n.*)   Student, -en (*m.*)

Buch, ̈er (*n.*)

DVD-Spieler, - (*m.*)   Studentin, -nen (*f.*)

CD-Spieler, - (*m.*)

Lampe, -n (*f.*)   Stuhl, ̈e (*m.*)   Beamer, - (*m.*)

Computer, - (*m.*)

Landkarte, -n (*map*) (*f.*)   Tafel, -n (*f.*)

Decke (*f.*)

Laptop, -s (*m.*)

Professor, -en (*m.*)

Fenster, - (*n.*)   Tisch, -e (*m.*)   Wand, ̈e (*f.*)

Professorin, -nen (*f.*)

Tür, -en (*f.*)

Uhr, -en (*f.*)

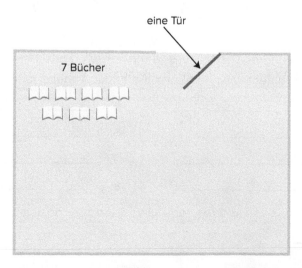

eine Tür

7 Bücher

Hörverständnis

Das Klassenzimmer. Ernst has just returned from his first day in school this fall. His mother is asking him about his classroom and the objects in it.

NEUE VOKABELN
das Klassenzimmer   *classroom*
der Schüler, -   *pupil*
sogar   *even*

Frau Wagner spricht mit Ernst über seinen ersten Schultag.

As you listen to the conversation, make a list of the objects in the classroom that Ernst and his mother mention.

1. _____
2. *Tische* _____
3. _____
4. _____
5. *Stifte* _____

6. _____
7. *Laptop* _____
8. _____
9. *Computer* _____
10. _____

Beschreibungen

Schriftliche Aktivitäten

A. Aussehen oder Charaktereigenschaft? Mark whether each description refers to appearance (*Aussehen*) or a personality trait (*Charaktereigenschaft*).

	AUSSEHEN	CHARAKTEREIGENSCHAFT
1. ein Bart	☒	☐
2. braunes Haar	☐	☐
3. freundlich	☐	☐
4. groß	☐	☐
5. grüne Augen	☐	☐

(continued)

		AUSSEHEN	CHARAKTEREIGENSCHAFT
6.	klein	☐	☐
7.	kurzes Haar	☐	☐
8.	ruhig	☐	☐
9.	schlank	☐	☐
10.	schön	☐	☐
11.	schüchtern	☐	☐
12.	verrückt	☐	☐

B. Meine Mitstudenten. Describe five students in your class, using one term to describe the appearance and another for a personality trait.

→ Lesen Sie Grammatik B.2, „Who are you? The verb **sein**", und B.3, „What do you have? The verb **haben**"!

MODELLE:　FRANZ: Er hat langes Haar und er ist ruhig.
　　　　　HELGA: Sie ist schön und freundlich.

1. _____
2. _____
3. _____
4. _____
5. _____

C. Beschreibungen.

1. Monikas Bruder Stefan. Monika describes her brother Stefan.

Mein Bruder heißt Stefan. Er ist 20 Jahre[1] alt. Er ist Student. Stefans Haar ist kurz und blond und er hat grüne Augen. Er ist groß und verrückt.

2. Stefan beschreibt sich. Now Stefan describes himself. In the boxes, put the correct form of the verb **sein** or **haben**.

Hallo! Ich heiße Stefan. Ich [＿＿＿＿] 20 Jahre alt. Ich [＿＿＿＿] Student.

Mein Haar [＿＿＿＿] kurz und blond und ich [＿＿＿＿] grüne Augen.

Ich [＿＿＿＿] groß und verrückt!

[1]years

3. **Wie sind Sie?** Now describe yourself. Write the correct form of the verb **sein** or **haben** in each box. Fill in the blanks using the same pattern as Stefan above. Use adjectives and colors from the list or others you've learned.

FARBEN	ADJEKTIVE
blau	freundlich
blond	glücklich/traurig
braun	groß/klein
grau	jung
grün	ruhig
lila	schlank
rosa	schön
rot	schüchtern
schwarz	sportlich
weiß	verrückt

a. Hallo! Ich heiße _____.

b. Ich ☐_____ _____ Jahre alt.

c. Ich ☐_____ _____. (Student, Studentin)

d. Mein Haar ☐_____ _____ und _____.

e. Ich ☐_____ _____ᵉ Augen.

f. Ich ☐_____ _____ und _____.

Hörverständnis

A. **Beschreibungen.** Michael Pusch introduces and describes himself.

NEUE VOKABELN
teures   *expensive*
einfach   *simply*

Wer sieht wie Michael aus? Indicate which illustration most closely resembles Michael according to his description of himself.

a. _____

b. _____

B. Auf einer Party in Berkeley. Rolf Schmitz ist mit Peter Kaufmann auf einer Party. Peter ist ein bisschen schüchtern.

NEUE VOKABELN
da drüben   *over there*
kennen   *to know (a person)*
stimmt   *that's right*
das Paar   *pair, couple*

Check the characteristics that apply to Peter and those that apply to Sabine.

PETER

- ☐ freundlich
- ☐ glücklich
- ☐ klein
- ☐ ruhig
- ☐ schlank
- ☐ schön
- ☐ schüchtern
- ☐ sportlich
- ☐ traurig

SABINE

- ☐ freundlich
- ☐ glücklich
- ☐ klein
- ☐ ruhig
- ☐ schlank
- ☐ schön
- ☐ schüchtern
- ☐ sportlich
- ☐ traurig

Der Körper

Schriftliche Aktivitäten

A. **Max.** The three men pictured below are all named Max. Read the description and decide which person is being described. The person must have all the features mentioned in the paragraph.

Max ist groß und schlank. Er hat langes Haar und einen Schnurrbart und er trägt eine Brille. Seine Nase ist lang, sein Mund ist klein und er hat große Ohren. Er hat kurze Arme und große Füße. Er trägt ein graues T-Shirt, eine schwarze Hose und weiße Tennisschuhe.

1. _____   2. _____   3. _____

B. **Die Körperteile.** Now label the following ten parts of the body in the illustration of Max below. Use the following expressions containing **sein** or **seine** (*his*) each time.

sein linker[1] Arm
seine Augen
sein rechtes[2] Bein
seine rechte Hand
sein rechter Fuß
sein Kopf
sein Bauch
sein Gesicht
seine Schultern
sein Haar

[1]*left*
[2]*rechtes, rechte, rechter = right*

Hörverständnis

Der Körper. The students in Professor Schulz's class are doing a TPR activity that involves various parts of the body. Listen to the sequence and number all the parts of the body in the illustration below in the order in which they are mentioned.

NEUE VOKABELN
Berühren Sie! *Touch!*

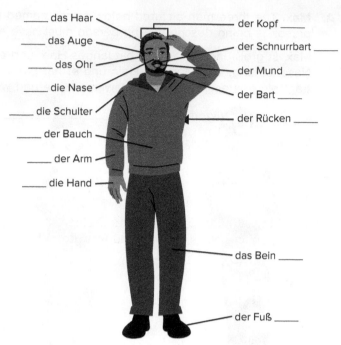

_____ das Haar

_____ das Auge

_____ das Ohr

_____ die Nase

_____ die Schulter

_____ der Bauch

_____ der Arm

_____ die Hand

der Kopf _____

der Schnurrbart _____

der Mund _____

der Bart _____

der Rücken _____

das Bein _____

der Fuß _____

Die Familie

Schriftliche Aktivitäten

A. Familienstammbaum. Provide the appropriate kinship terms for the family members listed below.

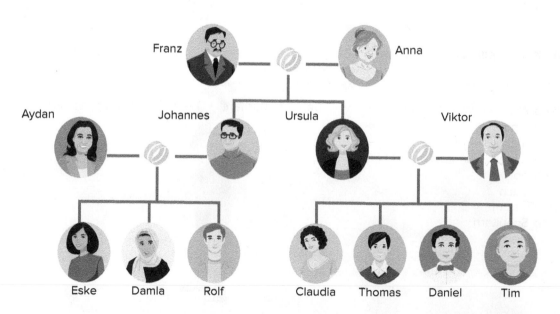

1. Johannes ist Rolfs _____.

2. Damla ist Aydans _____.

3. Ursula ist Johannes' _____.

4. Franz ist Damlas _____.

5. Johannes ist Tims _____.

6. Anna ist Rolfs _____.

7. Daniel ist Tims _____.

8. Daniel ist Viktors _____.

9. Ursula ist Daniels _____.

10. Rolf ist Claudias _____.

11. Franz ist Annas _____.

B. Ihre Familie. Match the following kinship terms by gender and—for four of the pairs—the corresponding plural as well. The first group has been done as an example.

Bruder	Großvater	Schwester
~~Eltern~~	Kinder	Sohn
Frau	Kusine	Tante
Geschwister	Mann	Tochter
Großeltern	~~Mutter~~	~~Vater~~
Großmutter	Onkel	Vetter

MASKULIN   FEMININ   PLURAL

mein ___Vater___   +   meine ___Mutter___   =   meine ___Eltern___

mein _____   +   meine _____   —   meine _____

mein _____   +   meine _____   =   meine _____

mein _____   +   meine _____   =   meine _____

mein _____   meine _____

mein _____   meine _____

mein _____   meine _____

C. Meine Familie. Now describe three members of your family. Mention name, appearances, and personality.

MODELLE: Meine Kusine heißt Margaret. Sie hat kurzes Haar und sie ist sehr schüchtern.
Mein Onkel heißt Jim. Er hat graublaue Augen und er ist ruhig.

1. _____

_____

2. _____

_____

3. _____

_____

Hörverständnis

Die Familie. Frau Schulz spricht mit Peter Kaufmann über seine Familie. Listen to the conversation and fill in the names of Peter's parents and siblings.

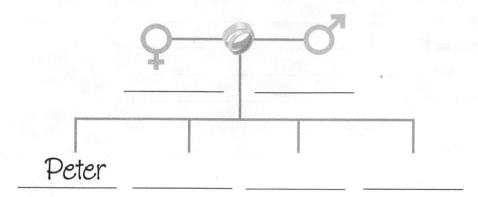

Peter

Wetter und Jahreszeiten

Schriftliche Aktivitäten

A. Wie ist das Wetter? Each phrase in the list below refers either to a season or month, to a weather condition, or to a temperature. In the blanks provided, write the season or month, weather condition, and temperature that match each picture best. You may use weather conditions and temperature expressions more than once, but not seasons and months. The first one has been done for you.

Es ist Juni.	Es regnet.	Es ist sonnig.	~~Es ist Winter.~~
Es ist nicht schön.	Es ist Mai.	Es ist kühl.	Es ist warm.
Es ist heiß.	Es schneit.	Es ist Sommer.	Es ist schön.
Es ist wolkig[1].	Es ist kalt.	Es ist Oktober.	Es ist Februar.
Es ist Herbst.	Es ist Frühling.	Es ist windig.	Es ist feucht.

1.

2.

3.

4.

[1]cloudy

5.	6.	7.

	JAHRESZEIT ODER MONAT	WETTER	TEMPERATUR
1.	*Es ist Winter.*	*Es schneit.*	*Es ist kalt.*
2.	_____	_____	_____
3.	_____	_____	_____
4.	_____	_____	_____
5.	_____	_____	_____
6.	_____	_____	_____
7.	_____	_____	_____

B. Wie ist das Wetter heute? What is today's weather like in your town? Use complete sentences.

MODELLE: Wo sind Sie? <u>Ich bin in Ann Arbor, Michigan.</u>
Welche Jahreszeit ist es? <u>Es ist Sommer.</u>
Wie ist das Wetter heute? <u>Es ist nicht schön. Es regnet.</u>

1. Wo sind Sie? _____

2. Welche Jahreszeit ist es? _____

3. Wie ist das Wetter heute? _____

C. Heute ist der 26. Juli. Refer to the weather forecast below, and describe the weather in each of the ten cities listed as shown in the models. Mention the weather condition as well as general temperature.

Europa, 26. 7

Amsterdam	wolkig	19°C	London	heiter	20°C	
Athen	heiter	30°C	Madrid	heiter	26°C	
Barcelona	heiter	26°C	Mailand	heiter	29°C	
Belgrad	wolkig	23°C	Moskau	heiter	18°C	
Bordeaux	bedeckt	20°C	Nizza	heiter	27°C	
Bozen	heiter	21°C	Las Palmas	heiter	25°C	
Dublin	heiter	20°C	Palma d.M.	wolkig	26°C	
Dubrovnik	heiter	29°C	Paris	wolkig	19°C	
Helsinki	wolkig	19°C	Prag	Regen	16°C	
Innsbruck	wolkig	17°C	Rom	heiter	27°C	
Istanbul	heiter	26°C	Salzburg	wolkig	17°C	
Klagenfurt	bedeckt	16°C	Stockholm	wolkig	20°C	
Lissabon	heiter	30°C	Wien	Regen	17°C	
Locarno	heiter	26°C	Zürich	wolkig	15°C	

Asien, 26. 7

Delhi	heiter	36°C
Hongkong	wolkig	29°C
Peking	heiter	33°C
Tokio	wolkig	32°C
Bangkok	wolkig	30°C
Tel Aviv	heiter	31°C

Amerika, 25. 7

New York	-	– °C
S. Francisco	heiter	20°C
Rio	-	– °C
Los Angeles	heiter	21°C
Mexiko-Stadt	-	– °C
(Alle Werte Mittag, Ortszeit)		

Deutschland, 26. 7

	Wetter	Wind km/Std.	Temperatur °C früh	Mittag	rel. F. in %
Berlin	bedeckt	N 16	15	21	65
Bonn	wolkig	N 5	13	18	68
Dresden	bedeckt	NW 7	15	19	64
Frankfurt	wolkig	uml 5	14	20	62
Hamburg	bedeckt	NO 20	15	18	74
Leipzig	bedeckt	NW 9	14	20	55
München	st. bew.	W 18	12	14	79
Nürnberg	bedeckt	NW 10	14	18	86
Stuttgart	st. bew.	NW 13	17	15	65
Wendelstein	Nebel	SW 29	4	4	94
Zugspitze	Schneefall	N 23	−3	−3	99

NEUE VOKABELN
heiter *fair*
bedeckt *overcast*

MODELLE: Athen → Es ist schön und warm.
          Prag → Es regnet und es ist etwas kühl.

1. Lissabon _____

2. Tokio _____

3. Berlin _____

4. San Francisco _____

5. Moskau _____

6. Zugspitze _____

7. Bangkok _____

8. Wien _____

9. Amsterdam _____

10. Innsbruck _____

Hörverständnis

A. Die Wettervorhersage. Die Familie Frisch-Okonkwo hört die Wettervorhersage im Radio.

Listen to the weather forecast and match the city with the predicted weather. Answers may be used more than once.

1. _____ London

2. _____ Madrid

3. _____ Athen

4. _____ Paris

5. _____ Stockholm

6. _____ Hamburg

7. _____ Berlin

a. Es schneit.
b. Es ist heiß.
c. Es ist sonnig.
d. Es regnet.
e. Es ist schön.

B. Das Wetter in Kalifornien. Claire Martin, eine amerikanische Studentin, ist auf einer Party in Regensburg. Ihre Freundin Melanie stellt ihr einen anderen Studenten vor[1].

NEUE VOKABELN
neblig *foggy*
brauchen *to need*

Richtig (R) oder falsch (F)?

1. _____ Die Sonne scheint immer in Kalifornien.

2. _____ Im Sommer ist es oft kühl in San Francisco.

3. _____ In Kalifornien regnet es im Winter nicht.

4. _____ Es ist sehr neblig im Winter in Regensburg.

5. _____ Claire braucht eine neue Winterjacke.

Herkunft und Nationalität

Schriftliche Aktivitäten

Woher kommen diese Personen? Welche Sprache sprechen sie? Where were these people born and raised, and what language do they speak?

→ Lesen Sie Grammatik B.6, „Origins: **Woher kommen sie?**" und Grammatik B.7, „Possessive adjectives: **mein** and **dein/Ihr**"!

MODELLE: Julio Iglesias → Julio Iglesias kommt aus Spanien. Er spricht Spanisch.
Ihre Großmutter → Meine Großmutter kommt aus Irland. Sie spricht Englisch.

1. Bastian Schweinsteiger _____

_____

2. Donatella Versace _____

_____

3. Jean Dujardin _____

_____

4. Ihre Mutter _____

_____

5. Ihr Vater _____

_____

6. Sie: Ich _____

_____

[1]stellt ... *introduces another student to her*

Hörverständnis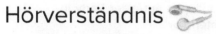

A. Rollenspiel: Herkunft.

Maaret ist eine neue Studentin an einer Universität in Deutschland. Sie sagt Julia, woher sie kommt. Sie spricht auch über ihre Freunde in anderen Ländern.

VOR DEM HÖREN

What questions might the two students ask each other? Formulate possible questions in German.

☐ _____

☐ _____

☐ _____

☐ _____

☐ _____

☐ _____

WÄHREND DES HÖRENS

1. Now listen to the dialogue. Of the questions you wrote above, check the ones that you actually heard in the dialogue between Maaret and Julia.

2. Listen again to the dialogue. Write the nine questions you hear.

   a. _____

   b. _____

   c. _____

   d. _____

   e. _____

   f. _____

   g. _____

   h. _____

   i. _____

NACH DEM HÖREN

Die Rollen

S1: Sie sind ein neuer Student / eine neue Studentin an einer Universität in Deutschland. Sie lernen einen anderen Studenten / eine andere Studentin kennen. Fragen Sie, wie er/sie heißt und woher er/sie kommt. Fragen Sie auch, ob er/sie Freunde/Freundinnen in anderen Ländern hat und welche Sprachen sie sprechen.

S2: Sie sind Student/Studentin an einer Universität in Deutschland. Sie lernen einen neuen Studenten / eine neue Studentin kennen. Fragen Sie, wie er/sie heißt, woher er/sie kommt, woher seine/ihre Familie kommt und welche Sprachen er/sie spricht.

B. Herkunft und Nationalität. Silvia Mertens und Jürgen Baumann sind auf einer Party im Studentenheim[1] in Göttingen. Jürgen kennt viele Studentinnen und Studenten, aber Silvia kennt niemand[2].

NEUE VOKABELN
neben   *next to*
genug   *enough*

Woher kommen sie?

1. Jean kommt aus _____.

2. Teresa kommt aus _____.

3. Lena kommt aus _____.

4. Julio kommt aus _____.

5. Mike kommt aus _____.

6. Brad Pitt kommt aus _____.

Aussprache und Orthografie

Aussprache

Word Stress in Simple (Non-Compound) Words

In German and English, there are different rules for stressing syllables; you will learn these rules little by little. As you learn new words, pay attention to the stressed syllable.

Let's begin with simple, non-compound words. German verbs, nouns, and adjectives are usually stressed on the stem syllable (or on the first syllable of the word). This rule does not always apply to words from other languages or to names.

Stressed syllables are clearer, louder, and somewhat longer than unstressed syllables. Vowel length must be maintained in both stressed and unstressed syllables, because it often determines the word's meaning. Therefore, stressed short vowels must not be lengthened.

A. Listen to the pairs of words. Is the stress the same (=) or different (≠)?

1. Freund – Freundin (   )
2. Student – Schüler (   )
3. Professor – Professoren (   )
4. London – Madrid (   )
5. Berlin – Moskau (   )
6. Spanien – Spanisch (   )
7. Italien – Italienisch (   )

Check your answers in the answer key. Then replay the segment and repeat the words after the speaker. When you hear the stressed syllable, tap lightly on your table.

[1]*dormitory*

[2]*no one*

B. Listen to the words and note the stressed syllable.

1. kommen
2. sehen
3. arbeiten
4. Sommer
5. Sonne

6. Orthografie
7. Peter
8. Sabine
9. Berlin
10. Argentinien

Now replay the segment and listen to the words a second time, marking the long stressed vowels with an underscore (__) and the short stressed vowel syllables with a dot (.).
Check your answers in the answer key. Then replay the segment again and repeat the words after the speaker. When you hear the stressed syllable, tap lightly on your table.

C. Listen to the names and write them in the correct column, depending on which syllable is stressed.

Sabine
Melanie
Teresa
Susanne
Peter

Jutta
Katharina
Alexander
Viktor
Helene

1st Syllable Stressed	2nd Syllable Stressed	3rd Syllable Stressed

Check your answers in the answer key. Repeat each name after the speaker. When you say the stressed syllable, tap lightly on your table.
Now read aloud two names together that have the same stressed syllable, for example, Sabine und Susanne. The rhythm will help you place the stress on the proper syllable.

D. Now use the following names in sentences. Listen to each sentence several times. Complete the missing words.

1. Peter ist _____.

2. Teresa ist _____.

3. Josef ist _____.

4. Sabine ist _____.

5. Johannes und Susanne sind _____.

6. Lisa ist _____.

Check your answers. Repeat each name after the speaker. When you say the stressed syllable, tap lightly on your table.
Did you notice that the names and words in each sentence have the same stress? If not, listen to the sentences again and repeat them after the speaker.

Orthografie

Capitalization

In German, all nouns are capitalized, not just proper names as in English. Words other than nouns—verbs, adjectives*, pronouns†, and so on—are not capitalized unless they begin a sentence.

A. Listen to and then write the nouns you hear next to their English equivalents. Make sure each German noun starts with a capital letter.

1. car _____

2. table _____

3. winter _____

4. arm _____

5. lamp _____

B. Listen and fill in the missing letters.

1. _____eutschkurs – die _____eutsche _____prache

2. _____tudieren – das _____tudium – die _____tudenten

3. _____ommen _____ie mit! – _____ie _____ommen mit?

4. _____ie _____ eht _____s _____hnen?

5. _____eht _____s _____hnen _____ut?

Kulturecke

A. Temperaturen. What are these temperatures in degrees Fahrenheit?

1. 35° Celsius: a. 60° F   b. 95° F   c. 105° F

2. –10° Celsius: a. 14° F   b. 32° F   c. 58° F

3. 15° Celsius: a. 29° F   b. 43° F   c. 59° F

4. 0° Celsius: a. 0° F   b. 32° F   c. 50° F

5. 20° Celsius: a. 48° F   b. 58° F   c. 68° F

6. –15° Celsius: a. –5° F   b. 0° F   c. 5° F

7. 25° Celsius: a. 77° F   b. 87° F   c. 97° F

8. 5° Celsius: a. 31° F   b. 41° F   c. 51° F

---

*Even adjectives that refer to countries or languages begin with a lowercase letter: **ein deutscher Wein**—
a German wine.

†The pronoun **Sie** is capitalized when it means you; **ich** (*I*) is not capitalized unless it begins the sentence: **Kann ich mitkommen? —Ja, kommen Sie doch mit.** *Can I come along? —Yes, why don't you come along.*

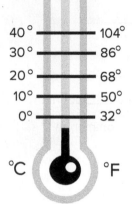

Anders Celsius (1701–1744)
Schwedischer Astronom

Gabriel Fahrenheit (1686–1736)
Deutscher Physiker

100° ——— 212°

40° ——— 104°
30° ——— 86°
20° ——— 68°
10° ——— 50°
0° ——— 32°

°C   °F

B. Deutschland: Lage, Klima und Wetter. Choose the correct answers.

1. Deutschland hat _____ Nachbarländer.

    a. fünf
    b. sieben
    c. neun
    d. elf

2. Dieses Land ist kein Nachbarland Deutschlands: _____.

    a. Dänemark
    b. Polen
    c. Italien
    d. Frankreich

3. Die längste Grenze hat Deutschland mit _____.

    a. Österreich
    b. der Schweiz
    c. Belgien
    d. Polen

4. Im _____ grenzt Deutschland an zwei Meere, die Nordsee und die Ostsee.

    a. Westen
    b. Norden
    c. Osten
    d. Süden

5. Im Nordwesten von Deutschland sind die Sommer _____.

    a. warm, aber selten heiß
    b. kühl und selten warm
    c. immer sehr heiß
    d. sehr kühl

6. Die Durchschnittstemperatur im Winter beträgt _____ im Gebirge.

    a. −12° C
    b. −6° C
    c. −1,5° C
    d. 6° C

7. Am Rhein in Baden-Württemberg ist das Klima _____, hier wächst sogar Wein.

    a. sehr kalt
    b. mehr ozeanisch
    c. sehr mild
    d. nicht schön

Name _____ Datum _____ Klasse _____

C. Geografie: Die Europäische Union. The capital cities of all countries that belong to the European Union are listed below in alphabetical order. Write the name of each country next to its capital city. *Hint:* Refer to page 34 in your textbook/eBook.

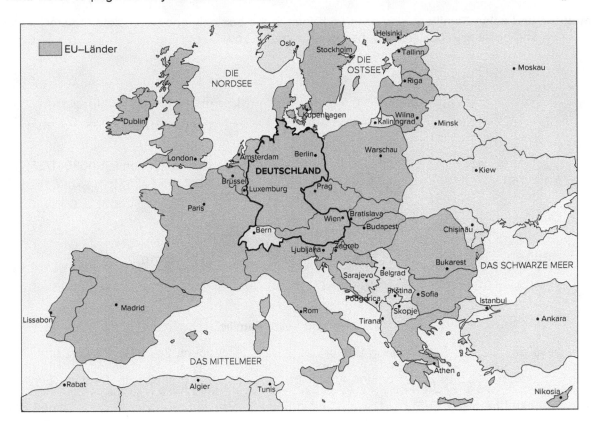

1. Amsterdam - _____
2. Athen - _____
3. Berlin - _Deutschland_
4. Bratislava - _____
5. Brüssel- _____
6. Budapest - _____
7. Bukarest - _____
8. Dublin - _____
9. Helsinki - _____
10. Kopenhagen - _____

11. Lissabon - _____
12. Ljubljana - _____
13. London - _____
14. Luxemburg - _____
15. Madrid - _____
16. Nikosia - _Zypern_
17. Paris - _____
18. Prag - _____
19. Riga - _____
20. Rom - _____

21. Sofia - _____
22. Stockholm - _____
23. Tallinn - _____
24. Valletta - _Malta_
25. Warschau - _____
26. Wien - _____
27. Wilna - _____
28. Zagreb - _____

Aufsatz-Training

A. Maurice und seine Familie. Using each verb form in the box only once, complete the story about Maurice and his family. The first one has been done for you.

hat	heißt	ist	kommt	sprechen
hat	heißt	ist		spricht
heißen	~~ist~~	sind	kommt	

Maurice und seine Familie

Maurice Duvalier _____*ist*_____ zwanzig und er _____[1] Student. Sein Haar ist kurz und

dunkelblond und er _____[2] braune Augen. Er _____[3] Französisch, Deutsch, Englisch

und ein bisschen Italienisch. Er _____[4] ruhig und oft reserviert. Er _____[5] einen Bruder

und eine Schwester. Sein Bruder _____[6] Alain und seine Schwester _____[7] Nicole.

Alain und Nicole _____[8] beide vierzehn und Zwillinge[a]. Maurices Eltern _____[9] Robert

und Christine Duvalier. Sein Vater _____[10] aus Lausanne und seine Mutter _____[11] aus

Solothurn. Seine Eltern _____[12] Französisch und Deutsch.

[a]twins

B. **Jetzt sind Sie dran!** Now write a composition about yourself and your family. Provide the following information.

- a. about yourself: first and last name, age, student status, eye color, hair length and color, language proficiency, two personality traits
- b. your siblings, if any: number of brothers and sisters, names, ages
- c. your parents: names, places of origin, language proficiencies

---

Schreibhilfe

Remember to conjugate verbs such as **sein, haben,** and **kommen.**

sein	**haben**	**kommen**
ich bin	ich habe	ich komme
er/sie ist	er/sie hat	er/sie kommt
sie (*pl.*) sind	sie (*pl.*) haben	sie (*pl.*) kommen

Meine Familie und ich

_____

_____

_____

_____

_____

_____

_____

_____

_____

_____

_____

Hörverständnis: How to Get the Most out of This Component*

As you know, the purpose of the **Hörverständnis** sections is to give you more opportunities to hear spoken German in meaningful ways outside of class. These comprehension experiences can help you develop the ability to understand spoken German by learning to recognize the most important elements in sentences without being thrown off by unfamiliar words and structures. They also furnish more opportunities for language acquisition by providing additional comprehensible input and contact with German. The exercises for each text consist of (1) a list of the new vocabulary crucial to comprehension, with English translations; (2) a short introduction to the text you will hear; and (3) tasks to help you verify that you have understood the main ideas. Some **Hörverständnis** activities include pre-listening (**Vor dem Hören**) activities and post-listening (**Nach dem Hören**) activities. These give you the opportunity to relate the topic to your own background knowledge and interests.

This short training section is included before **Kapitel 1** because it is important that you be able to do assignments confidently. The pointers included here should reinforce what your instructor has been teaching you in the classroom about comprehension.

The topics of the oral texts in the workbook loosely follow those of the corresponding chapters of your textbook/eBook. Logically then, it is advisable to work on the **Hörverständnis** once most of the chapter activities in the textbook/eBook have been done in class and you feel fairly comfortable with the topics and vocabulary of the chapter. But even when you think you are comfortable with the material, keep in mind the following remarks. Although you may listen to a recording as many times as you consider necessary, you should not listen over and over until you understand every single word you hear. This is unnecessary! Your goal should be to reach an acceptable, not perfect, level of comprehension. While listening to the segments several times can be helpful, if you listen over and over when you are not ready, you will only engage in an exercise in frustration.

The following strategies will help minimize your frustration and maximize your comprehension.

1. Listen for key words. (So far, these include words you are acquiring or have acquired in class in **Einführungen A** and **B** and **Kapitel 1** of your textbook, plus those given at the beginning of the specific section you will be listening to. In succeeding chapters, key words may come from vocabulary acquired in the current and previous textbook chapters as well as from the **Neue Vokabeln** sections in the workbook chapter you are currently working on.)
2. Pay close attention to the context.
3. Make educated guesses whenever possible!

Pressure is your worst enemy when doing these assignments. If you are under stress and a problem arises, you will tend to think that the material is too difficult or that you are not as good a student as you should be; yet more often than not, extraneous factors are to blame. For example, a frequent cause of stress is poor planning. Leaving this type of assignment for the morning of the day it is due and not allowing sufficient time to complete it without rushing can easily lead to frustration. Listening to a segment over and over again without previous preparation can have the same result. Finally, listening over and over, even when you have followed the right procedure, is usually not very rewarding. When you are feeling lost, a more effective remedy is to stop the recording and go over the particular topic, as well as the related vocabulary in your textbook/eBook.

Unrealistic expectations are also a source of stress. Often students expect to understand everything after listening to a segment once or twice. They automatically assume that they do not understand everything because the recording is in German. They forget that listening to a recording is always different from listening to real people. They also overlook the fact that even in your own language, when you listen to a radio talk show or to a song for the first time, you do not always grasp everything you hear. If you don't believe this, try this test. Record a radio show—in English, of course––and listen to it one time, then jot down the main ideas. Now listen a second time and compare how much more you

---

*To be used with **Kapitel 1**

grasped the second time. If you wish, do the test with a new song instead. Count the times you have to play it to feel that you really know what the singer is saying.

The following specific strategies will help you enhance your comprehension now that the material is a bit more advanced than in the two preliminary **Einführungen.**

1. First, take care of logistics, a very important factor of your success. Find a comfortable, well-lit place, one where you can listen and write without interruptions. Make sure you have the online audio files, as well as your workbook, within easy reach.

2. Now open your workbook and locate the pages that correspond to the **Hörverständnis** section under **Schule und Universität** of **Kapitel 1.** Then look for **Dialog aus dem Text.** In this section you hear the dialogues from the text (with which you are probably already familiar) and perform listening tasks based on the dialogues. Read everything printed, including the introduction to the dialogue and the listening task instructions. Besides helping you get a clear idea of what is expected of you, this procedure will help you create a context. Starting the recording before properly preparing yourself is like coming into the middle of a serious conversation (or after a difficult class has already started) and expecting to participate intelligently.

3. Get into the habit of making sure you know what to listen for. (Yes, you are right, the task for the first segment is to listen to the conversation and say whether the statements are true or false. You are then to rewrite the false statements as true statements.)

4. Now that you know what you have to do, take a few seconds to map out a strategy. You may wish to set a simple goal for yourself, such as deciding whether all the statements are true or false before trying to correct any of the false statements. Then you can go back and listen to the dialogue again as many times as needed to correct the false statements.

Now try these suggestions with the **Hörverständnis** section under **Schule und Universität.** Find activity **A** on page 43. You have listened once and determined that both statements are false. Now listen again to see where the new student comes from. You might want to turn off the recording while you rewrite the statement as a correct one. That's right, the student comes from Germany, not Austria. Now listen once again to see what he's really studying. That's right, psychology. When you're correcting false statements in an exercise like this, don't forget to use the existing sentences as models. Change only what has to be changed——in this case, **Deutschland** for **Österreich** in item **1** and **Psychologie** for **Medizin** in item **2.**

Now go to **Hobbys** on page 41. Read everything printed and look at the picture. Now look at the table. If you decide that Nora and Albert are talking about what they do during their vacation and that you have to decide who does which of the listed activities, you're right. One way to approach this would be to decide to listen for the activities that Nora does the first time, purposely ignoring Albert, and then to listen again to determine Albert's activities, this time ignoring Nora. Try this now. What does Nora do during her vacation? That's right, she windsurfs, swims, and likes to go hiking in the mountains. Now listen again, to make sure that Albert spends his time studying math, working in the library, and camping in Yosemite.

Now go on to **Einladung in den Freizeitpark „Hansaland".** Once more, the first step is to read all that is printed on the page and to look at the illustration. After doing this, you should have come to the conclusion that you will hear a dialogue about some sort of resort. In the picture you see people engaged in various activities. You also know that you need to fill in which sports one can do at Hansaland, two things that many young people like to do there, and, finally, at what time Claudia will pick up Eske and Damla. Let's say you plan to listen three times, so each time you can focus only on one question. Now that you are ready, you can play the audio.

For the answers to 1, you will need to write down five different sports for **a, b, c, d,** and **e.** Remember that the possibilities for these answers are limited to words you have learned up until now or to cognates, words that are the same in German and English. (You may want to go back to the section **Freizeit** in your text book/eBook and review the vocabulary.) Since you have to write in whole words, you may want to concentrate just on getting **a** and **b** the first time you listen and work on getting subsequent answers with subsequent listenings. Or you may want to get **c, d,** and **e** but write only the first few letters of each word, and then go back and complete them when you have finished listening to the passage. Now you should look at each word you have written. Do you think you have spelled each one correctly? Is it a noun? Should it be capitalized? When you have finished looking over your answers to this section, go to the back of the workbook and check your answers.

A similar technique can be used for doing **Das Studium** on page 44. After reading what is printed for this segment, you know that Thomas and Katrin, two students in the German class at Berkeley, are discussing their course schedules. And you know that your task is to fill out the class schedule for each of them. Again, if you are a little unsure, look at the section **Schule und Universität** in the textbook/eBook and go over the vocabulary briefly. As before, you may want to fill in the information first for Katrin, then for Thomas. You may want to write just the first couple of letters for each class and then write in the whole words after you have finished listening, or you may want to fill in whole words at once and pause the recording so it doesn't keep going while you are trying to write. If you choose the last option, make sure that you listen to the whole segment at least once without stopping the recording, preferably the first time you listen (without attempting to write anything down).

As you move through the chapter, you will find that your work is getting easier. **Mein Tagesablauf** on page 46 should be even easier than the previous segments. After reading what is printed, you know that you are to mark each statement either **R** for **richtig** (*true*) or **F** for **falsch** (*false*), and then write correct statements for those you've marked false. Remember that you are listening only for specific information; you need not focus on information not asked for. You may want to listen to the dialogue several times to catch the information you're seeking and double-check yourself.

Going on to **Silvia arbeitet auf dem Bahnhof** on page 46, you see that you have to write down the destinations of the trains and their times of departure. First determine which column to write the destinations in and which to write the times in. If you determined that the times belong in the second column, you were right. Now you will probably decide to write the places in the order they are mentioned, or maybe just the first few letters of each place, so you can fill in the rest of the names later. It may take several times listening before you get all the times of departure, but don't worry; this is a relatively difficult task. When you've matched all the times of departure with the destinations, go to the answer key at the back of the workbook and verify your answers.

In **In der Tanzschule** on pages 50–51 you need to answer one question about the type of dance that Nesrin is interested in, and then you need to fill in information about the address of the bar and Nesrin's cell phone number. Dividing the task into its various components will make it easier.

The **Bildgeschichte** section on page 45 reviews the narration series (picture story) that appears in the main text/eBook. Here, both the pictures and the vocabulary are provided. Two kinds of exercises go with the stories: (1) a text-based exercise that helps you focus on an important feature of German such as a particular grammar point, and (2) an exercise in which you are asked to talk about yourself, using the new vocabulary in the picture story, in order to help you learn and retain the vocabulary more easily.

The **Rollenspiel** section of the **Hörverständnis** in each chapter (for example, page 49) is designed to help prepare you to perform the **Rollenspiel** in class. The listening tasks accompanying the **Rollenspiel** are less specific than those that accompany **Hörverständnis** activities. You are often asked to identify or write down questions you hear the **Rollenspiel** participants ask. The point here is not to hear every word and write down every question absolutely perfectly; rather, the idea is that you familiarize yourself with the kinds of questions and answers that will be useful when you do the **Rollenspiel** yourself.

The strategies we have given here are ones that students have told us have helped them in the past. No doubt you will pick the ones that work best for you and you will soon develop some of your own. We hope that this introduction has made you aware of the advisability of planning ahead and mapping out the most appropriate strategies before attempting a task. After some practice, you will be so familiar with the process that it will be more or less unconscious, as it should be—for then it will be a habit you can depend on when communicating with native speakers of German.

KAPITEL 1

Wer ich bin und was ich tue

Freizeit

Schriftliche Aktivitäten

Was ich gern mache. Sagen Sie, was Sie gern machen und was Sie nicht gern machen.

→ Lesen Sie Grammatik 1.1, „The present tense", und Grammatik 1.2, „Expressing likes and dislikes: **gern / nicht gern**"!

> MODELLE: joggen → Ich jogge nicht gern.
> Tennis spielen → Ich spiele gern Tennis.

1. Schach spielen _____

2. ins Restaurant gehen _____

3. im Meer schwimmen _____

4. im Internet surfen _____

5. für das Studium arbeiten _____

6. mit Freunden telefonieren _____

7. ins Kino gehen _____

8. Musik hören _____

9. Kaffee trinken _____

10. Mails schreiben _____

Hörverständnis

A. **Hobbys.** Nach dem Deutschunterricht sprechen Nora und Albert über die Ferien.

NEUE VOKABELN
Urlaub machen *to go on vacation*

Wer macht was?

	NORA	ALBERT
windsurfen gehen	☒	☐
schwimmen	☐	☐
Mathematik studieren	☐	☐
in der Bibliothek arbeiten	☐	☐
in Yosemite zelten	☐	☐
in den Bergen wandern	☐	☐

B. Einladung[1] in den Freizeitpark „Hansaland". Claudia lädt Eske und Damla in den Freizeitpark „Hansaland" ein.

NEUE VOKABELN
die Sauna, Saunen *sauna*
das Solarium, Solarien *solarium*
das Wellenbad, ¨er *wave pool*
das passt *that works*

1. Welche Sportarten gibt es im Hansaland?

    a. _____ b. _____ c. _____ d. _____ e. _____

2. Was machen viele junge Leute besonders gern?

    a. _____ b. _____

3. Wann holt Claudia Eske und Damla ab?

    _____

[1]*invitation*

Schule und Universität

Schriftliche Aktivitäten

A. Ihr Stundenplan. Schreiben Sie, welche Kurse Sie haben und wann.

Uhrzeit	Montag	Dienstag	Mittwoch	Donnerstag	Freitag

➔ Lesen Sie Grammatik 1.3, „Telling time"!

    MODELL: Ich habe Deutsch am Montag um 8 Uhr und am Freitag um 10 Uhr.

1. Ich _____ Deutsch am _____ um _____.

2. Ich _____ am Dienstag _____.

3. Ich _____.

4. Ich _____.

5. Ich _____.

6. Ich _____ jeden Tag _____.

Hörverständnis

A. Dialog aus dem Text: Was studierst du? Stefan trifft Rolf in der Cafeteria der Universität Berkeley. Richtig (R) oder falsch (F)? Korrigieren Sie die falschen Sätze.

1. _____ Der neue Student kommt aus Österreich. _____

2. _____ Er studiert Medizin. _____

B. Das Studium. Thomas und Katrin sitzen in einem Café in Berkeley. Sie sprechen über ihr Studium.

Welche Kurse haben Katrin und Thomas und wann?

	Katrin	Thomas
8:00	Deutsch	Deutsch
9:00		
10:00		
11:00		
12:00		
13:00		
14:00		

Tagesablauf

Schriftliche Aktivitäten

Ihr Tagesablauf. Beschreiben Sie Ihren Tagesablauf.

➔ Lesen Sie Grammatik 1.3, „Telling time", und 1.4, „Word order in statements"!

MODELLE: Ich habe um 8 Uhr morgens Psychologie.
Um 21 Uhr arbeite ich für das Studium.

1. Ich _____ um 8 Uhr morgens _____.

2. Um 9 Uhr morgens _____ ich _____.

3. Mittags _____.

4. Um 15.30 Uhr _____.

5. Ich _____.

Hörverständnis

A. Bildgeschichte. Ein Tag in Sofies Leben.

1. Nummerieren Sie die folgenden Sätze in der richtigen Reihenfolge.

   _____ Sie duscht.

   _____ Sie frühstückt.

   _____ Sie füllt ein Formular aus.

   _____ Sie gehen zusammen aus.

   _____ Sie geht nach Hause.

   _____ Sie geht zur Uni.

   _____ Sie geht zur Post.

   _____ Sie holt ein Paket ab.

   _____ Sie packt ihre Bücher ein.

   _____ Sie ruft ihre Freundin an.

   _____ Sofie steht früh auf.

2. Schreiben Sie vier Aktivitäten auf, die Sie jeden Tag machen.

   MODELL: Ich dusche.

   a. _____   c. _____

   b. _____   d. _____

B. **Mein Tagesablauf.** Die Studenten und Studentinnen im Deutschkurs machen ein Interview über ihren Tagesablauf. Heidi und Peter arbeiten als Partner.

Richtig oder falsch? Hören Sie sich den Dialog an und schreiben Sie richtig (R) oder falsch (F). Korrigieren Sie dann die falschen Aussagen in ganzen[1] Sätzen.

1. __F__ Peter steht um 6.30 Uhr auf. _Er steht um 7.00 Uhr auf._____

2. _____ Heidi frühstückt meistens um 7.00 Uhr. _____

3. _____ Peter frühstückt um 7.30 Uhr. _____

4. _____ Peter fährt mit dem Bus zur Uni. _____

5. _____ Heidi fährt 25 Minuten von zu Hause zur Uni. _____

6. _____ Heidi kommt um 8.45 Uhr an der Uni an. _____

C. **Silvia arbeitet auf dem Bahnhof[2].** Silvia Mertens studiert Mathematik und Englisch an der Universität Göttingen. In den Semesterferien arbeitet sie bei der Bahnhofsauskunft[3]. Jetzt spricht sie mit Fahrgästen.

NEUE VOKABELN
der Fahrgast, ⸚e *passenger, customer*
Wann fährt der nächste Zug? *When does the next train leave (depart)?*

Listen to the questions and make a list of destinations and times of departure. Places mentioned: Stuttgart, München, Frankfurt, Hamburg, Düsseldorf.

	ORT	UHRZEIT
1.	Hamburg	7.10
2.		
3.		
4.	Düsseldorf	
5.		

[1]*complete*
[2]*train station*
[3]*information desk at the train station*

Persönliche Angaben

Schriftliche Aktivitäten

A. **Ein Interview mit Renate Röder.** Ein Reporter macht ein Interview mit Renate Röder. Schreiben Sie die fehlenden[1] Fragen und Antworten mit Informationen aus dem Text.

→ Lesen Sie Grammatik 1.6, „Word order in questions"!

Die Fakten: Frau Renate Röder kommt aus Deutschland. Sie wohnt in Berlin. Ihre Adresse ist Eylauer Straße 7. Ihre Telefonnummer ist 030-7843014. Sie ist 28 Jahre alt. Frau Röder hat einen Bruder und zwei Schwestern. Sie arbeitet bei einer Computerfirma. Sie ist ledig, aber sie hat einen Freund. Er heißt Mehmet.

REPORTER: Wie heißen Sie?

FRAU RÖDER: Ich heiße Renate Röder.

REPORTER: _____?a

FRAU RÖDER: Ich komme aus Deutschland.

REPORTER: _____?b

FRAU RÖDER: Ich wohne in Berlin.

REPORTER: _____?c

FRAU RÖDER: Meine Adresse ist Eylauer Straße 7.

REPORTER: Wie ist Ihre Telefonnummer, Frau Röder?

FRAU RÖDER: _____.d

REPORTER: _____?e

FRAU RÖDER: Ich bin 28 Jahre alt.

REPORTER: _____?f

FRAU RÖDER: Ja, ich habe einen Bruder und zwei Schwestern.

REPORTER: Wo arbeiten Sie?

FRAU RÖDER: _____g

REPORTER: _____?h

FRAU RÖDER: Nein, ich bin ledig.

REPORTER: Und haben Sie einen Freund?

FRAU RÖDER: _____i

[1]missing

B. Eine interessante Person. In einem Café sprechen Sie mit einem jungen Mann / einer jungen Frau. Stellen Sie acht **du**-Fragen. (Write eight **du**-questions: four yes/no-questions and four questions using question words from the list below.)

wann	wie
was	wie viele
welcher	wo
wer	woher

1. _____

2. _____

3. _____

4. _____

5. _____

6. _____

7. _____

8. _____

Hörverständnis

A. Dialog aus dem Text: Auf dem Rathaus. Melanie Staiger ist auf dem Rathaus in Regensburg. Sie braucht einen neuen Personalausweis.

Füllen Sie das Formular für Melanie Staiger aus.

Antrag auf einen Personalausweis
Familienname: _____ *Staiger* _____ Vorname: _____
Adresse: _____ *Gesandtenstraße 8* _____
Wohnort: _____ Telefon: _____ 24352 _____
Beruf: _____

B. Rollenspiel: Im Auslandsamt.

Die Studentin Sarah Neyer möchte ein Jahr in Österreich studieren und braucht ein Stipendium. Sie geht aufs Auslandsamt der Universität und spricht dort mit dem Beamten.

VOR DEM HÖREN

1. Before listening to the dialogue, fill out the form below with your personal information, as if you were applying for a scholarship. Practice saying the numbers in German as you fill out the form.

Antrag auf ein Stipendium

Familienname: _____   Vorname: _____

Adresse: _____

Wohnort: _____   Postleitzahl[1]: _____

Telefon: _____   Alter[2]: _____

Studienfach: _____   Semester*: _____

E-Mail-Adresse: _____

---

2. Knowing what information is required on the scholarship application, can you anticipate what questions the employee at the Auslandsamt might ask the student? Write four or five questions in German that the employee is likely to ask.

   _____

   _____

   _____

   _____

   _____

WÄHREND DES HÖRENS

Now listen to the dialogue.

1. How does the student ask for information?

   _____

   _____

[1]postal code
[2]age

---

*Use an ordinal number (1., 2., 3., etc.). In Germany, students indicate how far along they are in their university studies by saying which semester they're currently in, for example, first, second, or third semester, and so forth. There is no equivalent to *freshman*, *sophomore*, *junior*, or *senior*.

2. How does the employee at the **Auslandsamt** obtain the necessary personal information from the student? Indicate which questions you hear him ask her.

   a. ☒ Kann ich Ihnen helfen?
   b. ☐ Wie ist Ihr Name?
   c. ☐ Wie heißen Sie?
   d. ☐ Wo wohnen Sie?
   e. ☐ Und wie ist Ihre E-Mail-Adresse?
   f. ☐ Wie ist Ihre Postleitzahl?
   g. ☐ Haben Sie auch Telefon?
   h. ☐ Wie ist Ihre Telefonnummer?
   i. ☐ Kann ich bitte auch Ihre Telefonnummer haben?
   j. ☐ Wann sind Sie geboren?
   k. ☐ Was ist Ihr Studienfach?
   l. ☐ Und was studieren Sie hier?
   m. ☐ Wo möchten Sie denn gerne studieren?
   n. ☐ Und wie alt sind Sie?
   o. ☐ Im wievielten Semester sind Sie?
   p. ☐ Kann ich Ihnen die Informationen per E-Mail schicken?

NACH DEM HÖREN

Die Rollen

S1: Sie sind Student/Studentin und möchten ein Jahr in Österreich studieren. Gehen Sie aufs Auslandsamt und sagen Sie, dass Sie ein Stipendium möchten. Beantworten Sie die Fragen des/der Angestellten. Sagen Sie am Ende des Gesprächs „Auf Wiedersehen".

S2: Sie arbeiten auf dem Auslandsamt der Universität. Ein Student / Eine Studentin kommt zu Ihnen und möchte ein Stipendium für Österreich. Fragen Sie nach den persönlichen Angaben und schreiben Sie auf: Name, E-Mail-Adresse, Telefon, Geburtstag, Studienfach. Sagen Sie „Auf Wiedersehen".

C. In der Tanzschule. Alle Schüler und Schülerinnen machen eine Pause. Nesrin und Willi sprechen miteinander.

NEUE VOKABELN

der Anfänger, - / die Anfängerin, -nen   *beginner*
schicken   *to send*
miteinander sprechen   *to talk to each other*
Lust haben   *to feel like*
weitermachen   *to continue*

Beantworten Sie die Fragen.

1. Was tanzt Nesrin gern?

    a. Rock 'n' Roll   b. Walzer   c. Salsa

2. Was ist die Adresse der Kneipe?

    Martin-Luther-Str. _____

3. Was ist Nesrins Handynummer?

    _____

Aussprache und Orthografie

Aussprache (1. Teil)

Unrounded Vowels

Unrounded German vowels have many similarities to unrounded English vowels. However, one must maintain the distinction between long and short vowels. Long vowels are formed with more tension, short vowels with less tension. An exception is the long, lax **ä**-sound, as in **ähnlich**. However, in the standard language this sound is becoming more like the tense **e**-sound as in **eben**. It is recommended to pronounce all long **ä**-sounds as **e**-sounds, even if they are written with <ä> or <äh>. Long vowels are not made into diphthongs — that is, their sounds remain pure.

A. Listen to the following examples.

    Familie **Mahne** kommt aus Aachen.
    Familie **Manne** kommt aus Kassel.
    Familie **Mehne** kommt aus Beesen.
    Familie **Menne** kommt aus Essen.
    Familie **Miene** kommt aus Kiel.
    Familie **Minne** kommt aus Wittenberg.

Listen to the family names a second time, and pronounce them after the speaker.

    Mahne – Manne
    Mehne – Menne
    Miene – Minne

Note: The short, lax **e** can also be written with the letter <ä>—for example, **die Fächer.** The pronunciation is the same as in the spelling <e> — that is, the family names **Männe** and **Menne** are pronounced exactly alike.

Replay the segment and repeat the sentences after the speaker. Pay attention to vowel length in the names of these towns.

B. Now imagine that all six families live together in an apartment building in Berlin. Listen, several times if necessary, and write the names in the appropriate apartment.

5	6
3	4
1	2

Now listen to the names and pronounce them after the speaker.

C. Now listen to the names again, this time in a different order. Fill in the missing letters and then write down the telephone number of the family. Listen several times, if necessary.

	1	2	3	4	5	6
Familie	M_____ne	M_____ne	M_____ne	M_____ne	M_____ne	M_____ne
Telefon						

Check your answers in the answer key. Replay the segment, this time pronouncing each sentence after the speaker.

D. Listen to the following words and organize them according to the length of the stressed vowel.

lesen	singen
liegen	tanzen
spielen	studieren
segeln	(Fahrrad) fahren
wandern	(ins Kino) gehen
schwimmen	essen
fliegen	

Long	Short

Check your answers in the answer key. Now read all words with long stressed vowels aloud; then read all words with short stressed vowels aloud.

E. Was machen Sie gern? Listen to each phrase and repeat after the speaker.

MODELL: (lesen) → Ich lese gern.

1. lesen
2. liegen
3. spielen
4. segeln
5. fliegen

6. studieren
7. fahren
8. gehen
9. wandern

10. schwimmen
11. singen
12. tanzen
13. essen

F. What written variations can you find for the different vowel sounds? Look for examples in the Wortschatz list of your textbook, **Einführung A** and **B** and **Kapitel 1**.

1. [a:] a. _____ b. _____ c. _____

2. [a] _____

3. [e:] a. _____ b. _____ c. _____

4. [ɛ] a. _____ b. _____

5. [i:] a. _____ b. _____ c. _____

6. [ɪ] _____

G. Vowel length: Which written variations are there for long vowels? for short vowels?

Long vowels: a. _____ b. _____ c. _____

Short vowels: _____

See the main text or eBook, **Appendix C,** for a complete overview of the written variations.

Orthografie (1. Teil)

A. Listen and write the words with short accented vowels.

1. _____   4. _____

2. _____   5. _____

3. _____   6. _____

B. Listen and write the words with long accented vowels.

1. _____   4. _____

2. _____   5. _____

3. _____   6. _____

Aussprache (2. Teil)

Melody*

Melody at the end of a sentence is similar in English and German: Statements and most question-word questions end with a falling melody, yes-no questions with a rising melody, and incomplete utterances with a neutral melody. In utterances, there are differences in the character of melody: In German, melody falls and rises more strongly and evenly, whereas in English melody has more short, graduated changes.

In the following examples, pay close attention to the melody.

A. Listen, but do not repeat.

> Das Wetter ...
> Wie ist das Wetter?
> Nicht schön.
> Aber es regnet nicht.
> Ist es kalt?
> Es ist kühl und sonnig.

Listen to the examples again, and repeat after the speaker.
Now replay the segment several times and pronounce the examples simultaneously with the speaker. Be sure to imitate the melody.

B. Listen to the sentences and supply the appropriate end punctuation. Then choose the correct arrow to indicate falling (↓), rising (↑), or neutral (→) sentence melody.

1. Was machst du heute Abend____

   (↑)   (↓)   (→)

   ____   ____   ____

2. Du gehst ins Kino____

   (↑)   (↓)   (→)

   ____   ____   ____

3. Und deine Schwester geht mit____

   (↑)   (↓)   (→)

   ____   ____   ____

4. Ach so____ du ...

   (↑)   (↓)   (→)

   ____   ____   ____

5. Wo treffen wir uns____

   (↑)   (↓)   (→)

   ____   ____   ____

6. Wo soll ich warten____

   (↑)   (↓)   (→)

   ____   ____   ____

7. Und wann____

   (↑)   (↓)   (→)

   ____   ____   ____

8. Gut____ Ruf mich bitte noch mal an____

   (↑)   (↓)   (→)

   ____   ____   ____

---

*For a detailed explanation of rules for melody, please refer to **Appendix C, IV** in the main text/eBook.

Aussprache (3. Teil)

r-Sounds

In German there are two fundamentally different **r**-sounds: One is pronounced as a consonant, the other as a vowel. As a rule, consonantal **r** appears before vowels. It is formed differently from the *r* in English: In standard German, it is a back fricative similar to the French **r;** that is, it is formed by creating friction in the back of the mouth. In southern Germany, Austria, and Switzerland it is usually pronounced with the tip of the tongue, not unlike the **r** in Spanish.*

When **r** is vocalized—that is, pronounced as a vowel—it appears after long vowels (in rapid, lax speech it often occurs after short vowels), as well as in the unstressed combination **-er-** (**Pete*r***). It sounds like a very short, weak, "dark" **a.**

A. Listen to the examples and pay attention to the pronunciation of <r>.

1. Peter – Katrin
2. fahren – (er) fährt
3. hören – hör (zu)
4. Jahr – Jahre
5. Ohr – Ohren
6. Uhr – Uhren

Listen to the examples again and underline all words that have a clearly consonantal **r**-sound.

B. Listen to each word, then provide the feminine form.

MODELL: der Schüler – die Schülerin

1. der Lehrer – _____
2. der Professor – _____
3. der Amerikaner – _____
4. der Engländer – _____
5. der Schweizer – _____

Replay the segment. This time, listen to both forms and pay attention to the different pronunciation of <r>. Repeat after the speaker.

Orthografie (2. Teil)

A. Listen and write the words with <r>.

1. _____
2. _____
3. _____
4. _____
5. _____
6. _____

B. Listen and write the words with <r>, <rr>, <R>.

1. _____
2. _____
3. _____
4. _____
5. _____
6. _____
7. _____
8. _____
9. _____

_____

*Many students find that the standard **r** is easier to learn, because it is so different from the American English *r* and because it is very close to the **ch**-sound after dark vowels (**ach**). The standard **r** is used in this *Arbeitsbuch* and Audio Program whenever the **r** is practiced explicitly.

Kulturecke

A. Wer weiß – gewinnt: Das Schulsystem in Deutschland. Lesen Sie den Text und schauen Sie die Grafik an. Markieren Sie dann die richtigen Antworten.

Das Schulsystem in Deutschland

Das Schulsystem in Deutschland

Im deutschen Schulsystem gibt es vier parallele Schultypen. Mit drei Jahren[1] können Kinder in den Kindergarten gehen. Der Kindergarten ist nicht obligatorisch. Mit sechs Jahren kommen alle Kinder in die Grundschule. Nach weiteren vier Jahren besuchen die Schüler entweder[2] die Hauptschule, die Realschule, das Gymnasium oder eine Gesamtschule. Hauptschüler gehen fünf oder sechs Jahre auf die Schule und lernen dann einen praktischen Beruf, wie Automechanikerin oder Bäcker. Die Realschule bereitet Schülerinnen und Schüler auf höherqualifizierte[3] Berufe vor[4], wie Grafikdesignerin oder Bankkaufmann. Die Realschule dauert[5] sechs Jahre. Das Gymnasium dauert acht Jahre und bereitet Schülerinnen und Schüler auf ein Universitätsstudium vor. Die Gesamtschule ist eine integrierte Schule. Auf dieser Schule kommen alle Schüler zusammen: Hauptschüler, Realschüler und Gymnasialschüler. Die Gesamtschule ist ähnlich[6] wie die High School in Nordamerika. An allen Schulen lernen die Schüler mindestens eine Fremdsprache, im Gymnasium mindestens[7] zwei. Die populärsten Fremdsprachen an deutschen Schulen sind Englisch, Französisch und Latein. Das Schulsystem ist in jedem Bundesland[8] ein bisschen anders[9].

[1]Mit . . . *At age three* (lit. *With three years*)
[2]*either*
[3]*more highly qualified*
[4]vorbereiten   *to prepare*
[5]*lasts*
[6]*similar*
[7]*at least*
[8]*each state*
[9]ein . . . *a little bit different*

1. In Deutschland besuchen alle Kinder _____.
   a. den Kindergarten
   b. die Grundschule
   c. die Hauptschule
   d. das Gymnasium

2. Man besucht _____, bevor man ein Universitätsstudium beginnt.
   a. die Hauptschule oder die Realschule
   b. das Gymnasium
   c. die Gesamtschule
   d. das Gymnasium oder die Gesamtschule

3. Das Gymnasium dauert _____.
   a. fünf Jahre
   b. sechs Jahre
   c. acht Jahre
   d. zwei Fremdsprachen

4. Die Hauptschule bereitet Schüler auf _____ vor.
   a. ein Universitätsstudium
   b. praktische Berufe
   c. die Grundschule
   d. höherqualifizierte Berufe

5. Die Gesamtschule besuchen _____.
   a. alle Schüler zusammen
   b. nur Realschüler und Hauptschüler
   c. nur Gymnasiasten und Hauptschüler
   d. Schüler aus anderen Ländern

6. Alle Schüler lernen _____.
   a. mindestens zwei Fremdsprachen
   b. mindestens eine Fremdsprache
   c. Französisch, Englisch und Latein
   d. Englisch und Französisch

B. Urlaub und Feiertage. Schauen Sie sich die Tabelle an und beantworten Sie die folgenden Fragen.

LAND	URLAUBSTAGE PRO JAHR	FEIERTAGE[1] PRO JAHR
Belgien	20,0	10,0
Deutschland	20,0	10,5
Finnland	25,0	9,0
Frankreich	25,0	11,0
Großbritannien	20,0	8,0
Niederlande	20,0	10,0
Österreich	25,0	13,0
Schweden	25,0	11,0
USA	15,0	10,0

1. a. Wie viele Tage Urlaub im Jahr hat man in Deutschland? _____

   b. In Österreich? _____

2. Wie viele Tage Urlaub im Jahr hat man in den USA? _____

3. In welchen Ländern gibt es zwanzig Urlaubstage pro Jahr? _____

   _____

4. a. Wie viele Feiertage im Jahr hat man in Deutschland? _____

   b. In den USA? _____

5. In welchen Ländern gibt es elf Feiertage im Jahr? _____

   _____

[1]holidays

Aufsatz-Training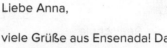

A. Steffis E-Mail aus den Ferien.
Steffi ist mit ihrer Schwester in Mexiko und schreibt ihrer Freundin Anna eine E-Mail.

> Liebe Anna,
>
> viele Grüße aus Ensenada! Das Wetter ist fantastisch: sonnig und warm. Wir wohnen in einem Hotel direkt am Strand. Wir bleiben noch eine Woche hier. Wir liegen jeden Tag in der Sonne, spielen Frisbee und schwimmen im Meer. Abends gehen wir essen und dann gehen wir tanzen. Wir haben viel Spaß hier! Schade, dass du nicht hier bist. Am Freitag sind wir wieder zu Hause.
>
> Bis dann!
>
> Viele Grüße,
>
> Deine Steffi

1. Lesen Sie Steffis E-Mail. Schreiben Sie dann die passenden deutschen Wörter in die Glossartabelle. Find in Steffi's e-mail what you think are probably the German equivalents to the following expressions. The English terms are listed in the order in which they occur in the German text. Salutations and closings depend on the gender of the person addressed and the person writing the e-mail or postcard. First record your guesses. Then verify them using a dictionary.

Glossartabelle

Description	English	German	Verified
salutation (woman)	*dear* <woman's name>		
salutation (man)	*dear* <man's name>	*Lieber Paul*	✓
typical opening in vacation correspondence	*hello from . . .* (lit. *many greetings from . . .*)		
common topic in vacation correspondence	*to stay* (overnight at a location) (lit. *to live*)		
common topic in vacation correspondence	*to stay* (for a time duration)		
typical expression in body of letter	*Too bad you're not here.*		
closing wish*	lit. *many greetings*		
closing (woman); similar to *Love, Steffi*	lit. *your* + <woman's name>		
closing (man); similar to *Love, Alexander*	lit. *your* + <man's name>	*Dein Alexander*†	✓

---

*Other closing wishes for personal correspondence include **Herzliche Grüße, Herzlichst,** and **Alles Liebe.**
†The use of **Dein** denotes intimacy among friends or family members.

2. **Jetzt sind Sie dran. Schreiben Sie eine E-Mail aus den Ferien.** Write an e-mail or postcard from your favorite vacation spot. Include information about weather, accommodations, length of stay, and three leisure activities. Start with the appropriate salutation and close with phrases modeled after Steffi's e-mail.

_____

_____

_____

_____

_____

_____

_____

_____

_____

_____

B. Mein Studentenalltag. Schreiben Sie einen Absatz[1] mit sechs Aktivitäten. Describe your daily routine on a typical school day, mentioning six activities.

Schreibhilfe

For variety, do not start every sentence with **ich.** Instead, vary your word order by starting some of the statements with a time expression or other adverb. Remember: The verb always comes second.

MODELLE:

I	II	III
Ich	(verb)	...
Um _____ Uhr	(verb)	ich
Dann	(verb)	ich
Normalerweise	(verb)	ich
Von _____ Uhr bis _____ Uhr	(verb)	ich

---

[1]paragraph

Mein Studentenalltag

_____

_____

_____

_____

_____

_____

_____

_____

_____

Besitz und Vergnügen

Besitz

Schriftliche Aktivitäten

Was haben Sie (nicht)? Nennen Sie fünf Sachen, die Sie haben, und fünf Sachen, die Sie nicht haben. Benutzen Sie die folgenden Listen. Schreiben Sie Ihre Antworten auf.

→ Lesen Sie Grammatik 2.1, „The accusative case" und 2.2, „The negative article: **kein, keine"**!

der	das	die	die (pl.)
CD-Spieler	Boot	Gitarre	Bilder
DVD-Spieler	Fahrrad	Kamera	Bücher
Fernseher	Handy	Katze	Lautsprecher
Flachbildschirm	Klavier	Küche	Ohrringe
Haartrockner	Pferd	Sonnenbrille	Skier
Hund	Piercing	Sporthose	Wanderschuhe
Laptop	Radio		
Schrank	Regal		
Schreibtisch	Smartphone		
Sessel	Zelt		
Wecker			

> **Achtung!** Masculine (**der**)
> Nom.   Akk.
> **ein**   →   **einen**
> **kein**   →   **keinen**

WAS SIE HABEN

    MODELL: Ich habe **einen** CD-Spieler.

1. _____
2. _____
3. _____
4. _____
5. _____

WAS SIE NICHT HABEN

Ich habe **keine** Lautsprecher.

1. _____
2. _____
3. _____
4. _____
5. _____

Hörverständnis

A. Dialog aus dem Text: Stefan zieht in sein neues Zimmer. Katrin trifft Stefan im Möbelgeschäft.

1. Wann zieht Stefan in sein neues Zimmer? _____

2. Was hat Stefan schon?

    a. _____ b. _____ c. _____

3. Wie viel Geld hat er? _____

4. Was ist besser für Stefan?

    a. das Möbelgeschäft   b. der Flohmarkt

B. Alexanders Zimmer. Alexander beschreibt sein Zimmer im Studentenheim.

Was hat Alexander in seinem Zimmer?

1. _____   7. _____

2. _____   8. _____

3. _____   9. _____

4. _____   10. _____

5. _____   11. _____

6. _____

Was möchte er für sein Zimmer?

1. _____   2. _____

Geschenke

Schriftliche Aktivitäten

Was möchten Sie? Was möchten Sie für Ihr Zimmer? Machen Sie eine Liste.

→ Lesen Sie Grammatik 2.3, „What would you like? **Ich möchte ...**"!

   MODELLE: Ich möchte einen Computer.
   Ich möchte Bilder.

1. _____

2. _____

3. _____

4. _____

5. _____

Hörverständnis

A. Dialog aus dem Text: Ein Geschenk für Josef. Melanie trifft Claire in der Mensa.

Richtig (R) oder falsch (F)? Korrigieren Sie die falschen Sätze.

1. _____ Josef hat am nächsten Donnerstag Geburtstag.

_____

_____

2. _____ Seine Hobbys sind Fußball spielen und fernsehen.

_____

_____

3. _____ Melanie und Claire kaufen ein Songbuch für Josef zusammen.

_____

_____

B. Geschenke. Frau Schulz spricht mit den Studenten im Deutschkurs über ihre Geburtstagswünsche[1].

NEUE VOKABELN
bestimmt   *surely*
die Allergie, -n   *allergy*
schade   *unfortunate, too bad*
niedlich   *cute*

Was möchten sie?

1. Was möchte Stefan?

   a. _____

   b. _____

2. Was möchte Nora? _____

3. Was möchte Monika? _____

4. Was möchte Albert? _____

[1]*birthday wishes*

Kleidung und Aussehen

Schriftliche Aktivitäten

A. **Wer hat das verloren?** Ergänzen Sie die Fragen mit Possessivartikeln. *Hint:* In posing the questions, assume that the items belong to the people listed.

➔ Lesen Sie Grammatik 2.4, „Possessive determiners"!

dein		**unser**
deine	**euer**	**unsere**
ihr	**seine**	
Ihre	**meine**	**sein**
euer	**mein**	
ihr	**ihre**	

Achtung!	NOMINATIVE CASE	
	neuter ⎫	
	masculine ⎭	*(no ending)*
	feminine ⎫	-e
	plural ⎭	

MODELLE: (Peter) → Ist das ____*seine*____ Sonnenbrille? (*f.*)

1. (ich) → Sind das _____ Socken? (*pl.*)

2. (Nora) → Ist das _____ Ring? (*m.*)

3. (du) → Ist das _____ Stirnband? (*n.*)

4. (Oliver und Robert) → Ist das _____ Katze? (*f.*)

5. (Vanessa und ich) → Sind das _____ Bücher? (*pl.*)

6. (du und Jens) → Sind das _____ Fahrräder? (*pl.*)

7. (Sie) → Ist das _____ Halskette? (*f.*)

B. Wie findest* du das? Ergänzen Sie die Sätze wie in den Modellen. *Hint:* The clothing and accessory items are direct objects and thus in the accusative case. Each possessive determiner must agree in gender and number with the noun it precedes.

Achtung!	ACCUSATIVE CASE	
	neuter }	*(no ending)*
	masculine }	**-en**
	feminine } plural }	**-e**

Armband *(n.)*   **Minirock** *(m.)*

Tennissocken *(pl.)*   **Handschuhe** *(pl.)*   **Lederjacke** *(f.)*

Sandalen *(pl.)*   **Kleid** *(n.)*

~~**Irokesenschnitt**[1] *(m.)*~~   **Nasenring** *(m.)*   **Schnurrbart** *(m.)*

Bluse *(f.)*   **Ohrringe** *(pl.)*

Tattoo *(n.)*   **Bart** *(m.)*   ~~**Krawatte** *(f.)*~~

Goldkette *(f.)*   **Piercing** *(n.)*

KOMMENTARE

[+]	[0]	[–]
schön	ganz gut	nicht gut
(sehr) gut	nicht schlecht	furchtbar
super		langweilig
toll		hässlich
todschick		zum Gähnen

MODELLE: *Krawatte* _____ (Großvater) →

Ich finde *seine Krawatte nicht schlecht.* _____

Irokesenschnitt (ich) →

Ich finde *meinen Irokesenschnitt toll.* _____

1. _____ (Bruder) →

Ich finde _____

[1]*mohawk* (haircut)

_____

*The verb **finden** in a question elicits an opinion in the sense of "How do you like that?" In an answer, it parallels English usage such as "I find that boring" or "I find that exciting."

2. _____ (Tante) →

   Ich finde _____

3. _____ (Eltern) →

   Ich finde _____

4. _____ (meine Freundin und ich) →

   Ich finde _____

5. _____ (du) →

   Ich finde _____

6. _____ (Sie) →

   Ich finde _____

7. _____ (du und Hans) →

   Ich finde _____

C. **Was tun Sie lieber?** Was tun Sie oder andere Personen lieber?

> **Achtung!** verb + **gern** = *like to*
> verb + **lieber** = *prefer to*

MODELLE: Sie / Tennis spielen oder Basketball spielen? →
Ich spiele lieber Tennis.

Ihr Bruder / einen Pulli tragen oder eine Jacke tragen? →
Mein Bruder trägt lieber einen Pulli.

1. Ihre Mutter / SMS schreiben oder telefonieren?

   _____

2. Ihre Eltern / ins Kino gehen oder fernsehen?

   _____

3. Sie und Ihr Freund (Ihre Freundin) / zu Hause kochen oder ins Restaurant gehen?

   _____

4. Ihr Freund (Ihre Freundin) / eine Katze oder einen Hund haben?

   _____

5. Sie / einen Laptop oder ein Smartphone haben?

   _____

Hörverständnis 🎧

A. Ausverkauf[1] im Kaufpalast. Sie hören Werbung für den Ausverkauf im Kaufpalast.

NEUE VOKABELN
Aufgepasst! *Attention please!*
die Elektroabteilung *appliance department*
die Größe, -n *size*
die Gartengeräte (*pl.*) *gardening equipment*
Greifen Sie zu! *Go for it!*

Setzen Sie die fehlenden Waren[2] in den Text ein!

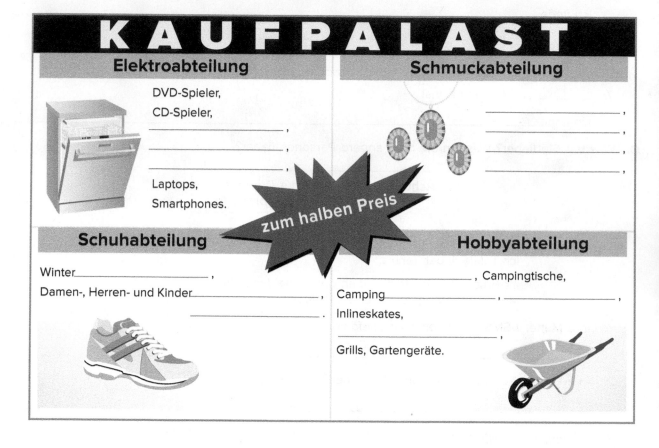

B. **Das ist Geschmackssache[1]!** Jutta Ruf und ihre Mutter sind bei Karstadt, einem großen Kaufhaus[2]. Frau Ruf möchte etwas für Jutta kaufen, aber Jutta findet nichts[3] schön, was ihre Mutter möchte. Und was Jutta kaufen möchte, findet ihre Mutter hässlich.

NEUE VOKABELN
die Lederjacke, -n   *leather jacket*
unmöglich   *impossible*

Welches Wort passt?

1. Jutta findet die Jeans *teuer / billig*.

2. Frau Ruf findet die Jeans sehr *schön / alt*.

3. Der Rock ist *schwarz und lang / schwarz und kurz*.

4. Jutta findet das gelbe Kleid *schön / hässlich*.

5. Jutta möchte einen Ring aus *Gold / Silber* kaufen.

6. Jutta möchte *einen Nasenring / Ohrringe* kaufen.

[1]*a matter of taste*
[2]*department store*
[3]*nothing*

Vergnügen

Schriftliche Aktivitäten

A. Was machst du gern? Sie suchen einen neuen Mitbewohner / eine neue Mitbewohnerin. Stellen Sie sechs Fragen über den Tagesablauf und die Freizeitaktivitäten der möglichen Kandidaten.

→ Lesen Sie Grammatik 2.5, „The present tense of stem-vowel changing verbs"!

NÜTZLICHE VERBEN

arbeiten	essen	lesen
früh aufstehen	fernsehen	SMS schicken
duschen	laute Musik hören	schlafen
einladen	kochen	telefonieren

NÜTZLICHE FRAGEWÖRTER

wann	wie lange	wie viel
was	wie oft	wo

MODELLE: Kochst du? Wie oft?
Was isst du gern?

1. _____
2. _____
3. _____
4. _____
5. _____
6. _____

B. Was ich gern mache. Jetzt beantworten Sie Ihre Fragen selbst!

MODELLE: Nein, ich koche nicht.
Ich esse gern Spaghetti und Pizza.

1. _____
2. _____
3. _____
4. _____
5. _____
6. _____

Hörverständnis

A. Bildgeschichte: Ein Tag in Silvias Leben.

1. Verbinden Sie die richtigen Satzteile!

   _____ Silvia schläft

   _____ Vor[1] dem Frühstück

   _____ Heute trägt sie

   _____ Sie fährt

   _____ Um 12 Uhr isst

   _____ Sie trifft

   _____ Jürgen lädt sie

   _____ Nach dem Essen geht sie

   _____ Dann liest sie

   _____ Um 12.30 Uhr

   a. zum Abendessen ein.
   b. sie in der Mensa.
   c. schläft sie ein.
   d. noch eine halbe Stunde im Bett.
   e. nach Hause und sieht fern.
   f. mit dem Bus zur Uni.
   g. läuft sie fünf Kilometer.
   h. Jürgen.
   i. Jeans und eine Jacke.
   j. bis 8 Uhr.

2. Und Sie? Was machen Sie? Beantworten Sie die Fragen mit ganzen Sätzen.

   a. Wie lange schlafen Sie? _____

   b. Was machen Sie vor dem Frühstück? _____

   c. Was tragen Sie heute? _____

   d. Wann fahren Sie zur Uni? _____

   e. Wann essen Sie zu Mittag? _____

[1]before

(continued)

f. Wen[1] treffen Sie heute Nachmittag? _____

g. Was machen Sie heute Abend? _____

h. Wann gehen Sie ins Bett? _____

B. Rollenspiel: Am Telefon.

Andreas telefoniert mit Ilona. Er hat morgen Geburtstag und möchte sie zur Party einladen. Ilona stellt Fragen über die Party.

VOR DEM HÖREN

Imagine you are planning a party. Your prospective guests want to know why, when, and where your party is taking place and who will be there. Jot down that information about your party in the blanks below to help you answer their questions.

> MODELLE: Warum? Es ist Freitag!
> Wann? Freitag, den 2. Oktober 2015, ab 20 Uhr*
> Wo? Bei mir,† Main St. 400, Greensville
> Wer kommt? Meine Nachbarn und Kollegen

Warum? _____

Wann? (Tag, Datum, Uhrzeit) _____

Wo? (bei wem? Straße, Hausnummer, Wohnort) _____

_____

Wer kommt? _____

WÄHREND DES HÖRENS

1. Wie lädt Andreas Ilona zur Party ein? Was sagt er? Kreuzen Sie an!

    a. ☐ Ich habe mein Abitur gemacht und wir machen morgen eine Party bei mir.

    b. ☐ Ich habe morgen Geburtstag und wir machen eine Party bei mir.

    c. ☐ Ich möchte dich gerne dazu einladen.

    d. ☐ Sie sind herzlich eingeladen.

    e. ☐ Glauben Sie, Sie könnten kommen?

    f. ☐ Kannst du kommen?

2. Welche Fragen stellt Ilona? Kreuzen Sie an!

    a. ☐ Wann [fängt die Party] denn [an]?

    b. ☐ Wo findet die Party statt?

    c. ☐ Wo wohnst du denn jetzt?

    d. ☐ Wer kommt denn noch am Samstag?

    e. ☐ Kommt dein Freund Bernd?

    f. ☐ Kannst du deinen Freund Bernd auch einladen?

[1]*whom*

---

*ab 20 Uhr *starting at 8 p.m.;* other time phrases: um 20 Uhr *at 8 p.m.;* von 20 Uhr bis 24 Uhr *from 8 p.m. to 12 midnight*

†bei mir *at my house;* other phrases: bei Mary *at Mary's house,* bei John *at John's house.* Note that the equivalent of *house* is not included in the German expression.

NACH DEM HÖREN

Die Rollen

S1: Sie rufen einen Freund / eine Freundin an. Sie machen am Samstag eine Party. Laden Sie Ihren Freund / Ihre Freundin ein.

S2: Das Telefon klingelt. Ein Freund / Eine Freundin ruft an. Er/Sie lädt Sie ein. Fragen Sie: wo, wann, um wie viel Uhr, wer kommt mit. Sagen Sie „ja" oder „nein" und sagen Sie „tschüss".

C. Ein echtes Vergnügen! Rolf Schmitz sitzt in einem Café in Berkeley mit Sabine, einer Studentin aus Deutschland. Sie sprechen über Freizeitaktivitäten in Berkeley.

NEUE VOKABELN
jede Menge   *plenty, a lot of*
der Wilde Westen   *the Wild West*

Was macht Rolf gern? Setzen Sie die fehlenden Substantive[1] und Verbformen ein.

> **Achtung!**   Beachten Sie die Verbformen.
> Rolf sagt: Ich gehe spazieren.
> Sie schreiben: Er *geht* spazieren.

1. Rolf geht gern _____ oder ins Kino.

2. Er _____ auch gern ins Theater oder ins _____.

3. Er fährt gern _____.

4. Er _____ gern Sport.

5. Er _____ nächsten Samstag Fußball.

[1]*nouns*

Aussprache und Orthografie

Aussprache (1. Teil) 🎧

Rounded Vowels

The rounded vowels are formed with rounded lips (as when you whistle). Look in a mirror to see if your lips are actually rounded when you pronounce these sounds. As with the unrounded vowels, there are long (tense) and short (lax) rounded sounds.

A. Listen to the following examples.

1. Familie **Bohme** kommt aus Koblenz.
2. Familie **Bomme** kommt aus Bonn.
3. Familie **Buhme** kommt aus Suhl.
4. Familie **Bumme** kommt aus Fulda.
5. Familie **Böhme** kommt aus Bad Kösen.
6. Familie **Bömme** kommt aus Köln.
7. Familie **Bühme** kommt aus Lübeck.
8. Familie **Bümme** kommt aus München.

Listen to the family names a second time and pronounce them after the speaker.

Bohme – Bomme
Buhme – Bumme
Böhme – Bömme
Bühme – Bümme

Note: If you have difficulties pronouncing the **ö**- and **ü**-sounds, then first form **e**- and **i**-sounds, respectively, and leaving your tongue in the same position, round your lips. Be sure your tongue does not slip back.

Make out of:

[eː] as in **Tee**, an [øː] as in **Böhme**

[ɛ] as in **es**, an [œ] as in **Bömme**

[iː] as in **sie**, an [yː] as in **Bühme**

[ɪ] as in **in**, an [ʏ] as in **Bümme**

Replay the segment, and repeat the sentences after the speaker. Pay attention to vowel length in the town names as well.

B. Now imagine that all eight families live together in an apartment building on the island of Rügen. Listen, several times if necessary, and write the names in the appropriate apartment.

7	8
5	6
3	4
1	2

Now listen to the names and pronounce them after the speaker.

C. Now listen to the names again, this time in a different order. Fill in the missing letters and then write down how many books each family has. Listen several times, if necessary.

	1	2	3	4	5	6	7	8
Familie	B____me	B____me	B____me	B____me	B____me	B____me	B____me	B____me
Bücher								

Check your answers in the answer key. Replay the segment, this time pronouncing each sentence after the speaker.

D. Look for examples of words with the following vowel sounds in the **Wortschatz** list of your textbook, **Einführung A** and **B** and **Kapitel 1** and **2**. Write your examples in the appropriate column.

long ö ([ø:])	short ö ([œ])	long ü ([y:])	short ü ([ʏ])
schön	können	kühl	Rücken
Österreich			

Read the words in each column aloud.
Now use several of the words in each group in a sentence. Write your sentences down and read them aloud.

MODELLE: Österreich ist schön.

1. _____

2. _____

3. _____

4. _____

E. What written variations can you find for the different vowel sounds? Look for examples in the chart in **Übung D.**

1. [oː] a. _____ b. _____ c. _____

2. [ɔ] _____

3. [uː] a. _____ b. _____

4. [ʊ] _____

5. [øː] a. _____ b. _____

6. [œ] _____

7. [yː] a. _____ b. _____ c. _____

8. [ʏ] a. _____ b. _____

F. Vowel length. Which written variations are there for long vowels? for short vowels?

Long vowels: a. _____ b. _____

Short vowels: _____

See main text, **Appendix D** for a complete overview of the written variations.

G. **Ö-** and **ü**-sounds frequently occur in plurals. Provide the plural form for the following words.

1. der Sohn – die _____   5. der Boden – die _____

2. die Tochter – die _____   6. der Stuhl – die _____

3. die Mutter – die _____   7. das Buch – die _____

4. der Bruder – die _____   8. der Fuß – die _____

Check your answers in the answer key, then listen to the answers and repeat after the speaker. Listen several times, if necessary.

Now form sentences with these words and read them aloud.

Ich sehe ein/eine/einen ...   Ich sehe fünf/zwölf ...

Orthografie (1. Teil)

A. Listen and write the words you hear with the umlauted vowel **ä**.

1. _____
2. _____
3. _____

4. _____
5. _____
6. _____

B. Listen and write the words you hear with the regular vowel **a**.

1. _____
2. _____
3. _____

4. _____
5. _____
6. _____

C. Listen and write the words you hear with the umlauted vowel **ö**.

1. _____
2. _____
3. _____

4. _____
5. _____
6. _____

D. Listen and write the words you hear with the regular vowel **o**.

1. _____
2. _____
3. _____

4. _____
5. _____
6. _____

E. Listen and write the words you hear with the umlauted vowel **ü**.

1. _____
2. _____
3. _____

4. _____
5. _____
6. _____

F. Listen and write the words you hear with the regular vowel **u**.

1. _____
2. _____
3. _____

4. _____
5. _____
6. _____

Aussprache (2. Teil) 🎧

Vocalic *r* and Schwa

In **Kapitel 1** you became familiar with the **r**-sounds. North American speakers frequently have difficulties pronouncing the German **r**. This is especially true in the case of vocalic **r,** which is written as the consonant <r> but is pronounced as a vowel. Vocalic **r**([ɐ]) is very similar to schwa ([ə]); indeed, sometimes it is difficult to distinguish the two sounds. Vocalic **r** is pronounced:

- when written as <-er-> in unstressed syllables, for example: **Peter**, **ver*heiratet.**
- when written as <r> after vowels, for example: **Uhr**, **fäh*rt.**

Written <e> is pronounced as a schwa [ə]:

- in the ending **-e,** for example: **bitte**, **danke**.
- and in the prefixes **be-, ge-,** for example: ***Be*ruf**, ***ge*boren.**

In the ending **-en** the schwa usually disappears altogether (see **Kapitel 10**).

A. Listen, but do not repeat.

1. eine – einer
2. keine – keiner
3. jede – jeder
4. welche – welcher

5. liebe – lieber
6. Deutsche – Deutscher
7. spiele – Spieler
8. lese – Leser

Now you will hear only one of the words in each pair. Underline the word you hear.

B. Listen to the following sentences, several times if necessary, and complete the blanks with <e>, <er>, <r>, or nothing <->.

Was haben Sie in Ihrem Zimmer?

Alb_____t sagt_____: In meinem Zimm_____ sind ein_____ Klavie_____, vie_____ Bild_____,

ein_____Weck _____, ein_____ Lamp_____, viel_____ Büch_____, ein_____ Gitarr_____,

zwei Stühl_____, ein_____ Tisch_____, ein_____ Regal_____ und ein_____ Schrank_____.

Check your answers in the answer key. Then replay the segment, several times if necessary, and repeat after the speaker.

Orthografie (2. Teil) 🎧

Listen and write the words with <r>, <er>, or <e>.

1. _____
2. _____
3. _____
4. _____
5. _____

6. _____
7. _____
8. _____
9. _____
10. _____

Kulturecke

A. Wissenswertes zum Euro. Ergänzen Sie die Sätze mit dem passenden Wort aus dem Wortkasten.

Dollar	**Schweiz**	**Franc**	**Estland**
Finnland	**Euro**		**Schweizer Franken**
botanischen Garten	**Luxemburg**	**Belgien**	**Mark**
Straßen		**Brücken**	**Personen**
Bertha von Suttner		**Polen**	**Stefansdom**

1. Die Währung in Deutschland und sechzehn anderen Ländern heißt _____.

2. Nennen Sie drei Länder, die den Euro seit 2002 haben.

   a. _____ b. _____ c. _____

3. Auf den Geldscheinen sieht man _____ und Tore.

4. Die _____ ist nicht Mitglied der EU.

5. Die Währung in der Schweiz heißt _____.

B. Wer weiß – gewinnt: *Lola rennt.* Markieren Sie die richtigen Antworten.

1. Manni ist _____.

   a. Lolas Freund
   b. Lolas Bruder

   c. Lolas Mitbewohner
   d. Lolas Vater

2. Wie sieht Lola aus? Sie hat _____.

   a. ein Piercing
   b. rote Haare

   c. eine Halskette
   d. ein Tattoo

3. Was macht Manni? Er _____.

   a. arbeitet für die Mafia
   b. arbeitet in einer Bank

   c. arbeitet nicht
   d. verkauft Kleidung und Schmuck

4. Wo vergisst Manni das Geld?

   a. auf der Straße
   b. zu Hause

   c. in der U-Bahn
   d. Er weiß es nicht.

5. Lola hat _____, um das Geld zu holen.

   a. 12 Stunden
   b. 30 Minuten

   c. 5 Stunden
   d. 20 Minuten

6. Wie kommt Lola zu ihrem Vater? Sie _____.

   a. rennt
   b. fährt im Krankenwagen

   c. fährt mit dem Fahrrad
   d. fährt mit dem Auto

7. Lola bittet _____ um Geld.

   a. ihren Vater
   b. ihre Mutter

   c. ihre Schwester
   d. ihre Oma

8. Am Ende des Filmes _____.

   a. findet Manni das Geld
   b. gewinnt Lola 100.000 DM im Casino

   c. stirbt Manni
   d. reisen sie in die Türkei

Aufsatz-Training

A. Kevins Freizeit: Monika fragt Kevin. Monika spricht mit Kevin, einem Studenten aus ihrem Deutsch-kurs, über Freizeitaktivitäten. Lesen Sie den Dialog.

MONIKA: Was machst du gern in deiner Freizeit?

KEVIN: In meiner Freizeit fahre ich gern Motorrad oder ich laufe.

MONIKA: Und was noch?

KEVIN: Ich treffe auch gern Freunde oder lade sie zum Essen ein.

MONIKA: Was isst du denn gern?

KEVIN: Am liebsten esse ich mexikanisch.

MONIKA: Und abends? Siehst du abends gern fern?

KEVIN: Nein. Abends sehe ich nicht gern fern. Ich lese lieber Bücher und Comics.

MONIKA: Was machst du gern am Wochenende?

KEVIN: Freitagabends und samstagabends gehe ich oft auf Partys.

MONIKA: Kommst du dann spät nach Hause?

KEVIN: Ja. Ich komme oft erst frühmorgens nach Hause und dann schlafe ich meistens bis Mittag.

MONIKA: Wirklich? Und dann?

KEVIN: Na ja, manchmal wasche ich sonntagnachmittags mein Motorrad.

MONIKA: Und wie steht's mit Hausaufgaben?

KEVIN: Na, leider vergesse ich oft meine Hausaufgaben.

B. Kevins Freizeit: Monika schreibt Katrin. Monikas Freundin Katrin ist nicht im Deutschkurs. Sie möchte aber mehr über Kevin wissen. Monika schreibt alles, was sie über ihn weiß. Sie benutzt alle Verben und Zeitausdrücke, die in Kevins Antworten unterstrichen[1] sind. Ergänzen Sie den Brief.

Achtung! Vergessen Sie nicht:
ich → er
mein → sein
meine → seine
meiner → seiner

[1]underlined

Liebe Katrin,

hier ist alles, was ich über Kevin weiß. In seiner Freizeit fährt Kevin gern Motorrad oder er _____

_____

_____

_____

_____

_____

_____

_____

Viele Grüße,

Deine Monika

C. **Jetzt sind Sie dran!** Schreiben Sie einen Absatz über einen guten Freund oder eine gute Freundin von Ihnen. Benutzen Sie möglichst viele Verben[1] aus der Liste, aber auch andere Verben.

Schreibhilfe

VERBEN MIT VOKALWECHSEL

aussehen	geben	sprechen
einladen	laufen	tragen
essen	lesen	treffen
fahren	nehmen	vergessen
fernsehen	schlafen	waschen

Also remember that in German you can vary your word order by starting some of the sentences with an adverb such as a time expression. Keep in mind: The verb always comes second in main clauses.

_____

_____

_____

_____

_____

_____

_____

_____

[1]möglichst ... *as many verbs as possible*

Talente, Pläne, Pflichten

Talente und Pläne

Schriftliche Aktivitäten

Was können Sie gut? Was können Sie nicht gut? Verwenden Sie Aktivitäten aus der folgenden Liste.

→ Lesen Sie Grammatik 3.1, „The modal verbs **können, wollen, mögen**"!

Witze erzählen	Schlittschuh laufen	Deutsch, Französisch, Spanisch,
fotografieren	Autos reparieren	Russisch sprechen
Motorrad fahren	schwimmen	stricken
Ski fahren	singen	tanzen
kochen	Fußball, Tennis, Tischtennis,	zeichnen
Rollschuh laufen	Volleyball spielen	
	Geige, Gitarre, Klavier spielen	

KOMMENTARE

[+]	[0]	[–]
ausgezeichnet	ganz gut	nicht so gut
sehr gut	nur ein bisschen	gar nicht
gut		kein bisschen

ICH KANN ...

MODELL: Ich kann ausgezeichnet Spaghetti kochen.

1. _____

   _____

2. _____

   _____

3. _____

   _____

4. _____

   _____

5. _____

   _____

ICH KANN NICHT ...

MODELL: Ich kann kein bisschen stricken.

1. _____

   _____

2. _____

   _____

3. _____

   _____

4. _____

   _____

5. _____

   _____

Hörverständnis 🎧

A. Talente. Wer kann was? Markieren Sie die richtigen Antworten.

NEUE VOKABELN
der Knoblauch *garlic*

1. Monika kann _____.
   a. gut stricken   b. gut kochen   c. windsurfen   d. nicht stricken

2. Peter kann _____.
   a. stricken   b. gut windsurfen   c. gut Gitarre spielen   d. gut kochen

3. Nora kann _____.
   a. gut kochen   b. gut stricken   c. gut Gitarre spielen   d. gut windsurfen

4. Stefan kann _____.
   a. windsurfen   b. gut Gitarre spielen   c. gut kochen   d. gut stricken

B. Dialog aus dem Text: Ferienpläne. Ergänzen Sie die Sätze mit den Phrasen, die Sie hören.

1. Melanie will _____ und eine Ausstellung für Fotografie

    _____ .

2. Außerdem will sie _____ .

3. Sie _____ viel Querflöte _____ .

4. Im Sommerurlaub muss man auch verreisen, irgendwohin, wo man

    _____ kann.

5. Josef will in den Ferien mindestens _____ .

6. Am liebsten möchte er _____ .

7. Er möchte jeden Tag _____ .

8. Vorher muss er noch die Garage _____ und

    _____ .

C. Pläne. Jürgen Baumann erzählt seinem Freund Hans, was er für seine Ferien plant.

NEUE VOKABELN
die „Ente"   *an old Citroën*
genießen   *to enjoy*

Beantworten Sie die folgenden Fragen mit ganzen Sätzen.

1. Wie viele Monate muss Jürgen noch arbeiten? _____

2. Was will er lernen? _____

3. Wie viele Wochen Ferien will er machen? _____

4. Wohin möchten Silvia und Jürgen fahren? _____

5. Was kann Silvia gut? _____

6. Was kann Jürgen gut? _____

7. Was wollen sie kaufen? _____

Pflichten

Schriftliche Aktivitäten

A. Lydia will fernsehen. Lydia Frisch möchte einen Krimi[1] im Fernsehen sehen. Sie fragt ihre Mutter. Benutzen Sie **können, dürfen** oder **müssen.**

→ Lesen Sie Grammatik 3.2, „The modal verbs **müssen, sollen, dürfen**"!

LYDIA: Mami, heute Abend kommt ein Krimi im Fernsehen. _____[a] ich den sehen?

FRAU FRISCH-OKONKWO: Wann denn?

LYDIA: Um 9 Uhr.

FRAU FRISCH-OKONKWO: Nein, Lydia, das ist zu spät. Du _____[b] doch morgen früh zur Schule!

LYDIA: Aber, Mami, ich gehe auch sofort nach dem Film ins Bett.

FRAU FRISCH-OKONKWO: Lydia, du bist erst 12. Ein Kind in deinem Alter _____[c] mindestens acht Stunden schlafen.

LYDIA: Aber ich _____[d] doch acht Stunden schlafen!

FRAU FRISCH-OKONKWO: Wie denn? Du _____[e] um Viertel vor sieben aufstehen!

LYDIA: Wenn ich nach dem Film um halb elf ins Bett gehe und gleich einschlafe, sind es genau acht Stunden bis Viertel vor sieben.

FRAU FRISCH-OKONKWO: Wer weiß, ob du da gleich einschläfst.

LYDIA: Ach, Mami, _____[f] ich ihn sehen? Bitte?

FRAU FRISCH-OKONKWO: Nein, Lydia, tut mir leid, aber es geht einfach nicht.

LYDIA: Ach, Mami, du bist gemein[2] ... Alle in meiner Klasse _____[g] ihn sehen, nur ich nicht.

B. Andrea Wagner ist erst 10 Jahre alt. Was möchte Andrea? Aber was muss und darf sie? Schreiben Sie sechs Aktivitäten, zwei Aktivitäten für jedes der drei Modalverben.

AKTIVITÄTEN

Chips essen
Cola trinken
jeden Tag Hausaufgaben machen
jeden Tag in die Schule gehen
um 7 Uhr aufstehen
um 8 Uhr „Die Simpsons" gucken[3]
um 10 Uhr mit Freunden ins Kino gehen
um 12 Uhr ins Bett gehen

[1]*crime thriller, "whodunit"*
[2]*mean*
[3]*watch*

1. Andrea möchte _____

   und _____.

2. Andrea muss _____

   und _____.

3. Andrea darf _____

   und _____.

Und Sie? Was möchten Sie? Was müssen Sie? Was dürfen Sie *nicht*? Schreiben Sie sechs neue Aktivitäten, zwei Aktivitäten für jedes der drei Modalverben.

4. Ich möchte _____

   und _____.

5. Ich muss _____

   und _____.

6. Ich darf nicht _____

   und _____.

Hörverständnis

A. Dialog aus dem Text: Rolf trifft Katrin in der Cafeteria.

Richtig (R) oder falsch (F)?

1. _____ Rolf stört Katrin beim Lernen.

2. _____ Morgen hat Katrin eine Prüfung.

3. _____ Katrin muss noch das Arbeitsbuch kaufen.

4. _____ Katrin kann heute Abend fernsehen.

B. Pflichten. Ernst Wagner möchte einen Hund. Ernst spricht mit seiner Mutter. Er fragt, ob er einen Hund haben darf.

NEUE VOKABELN
füttern   *to feed*
der Spinat   *spinach*
die Eisdiele, -n   *ice-cream parlor*

Was ist richtig?

1. Ernst möchte _____.
   a. einen kleinen Hund mit kurzen Ohren
   b. einen kleinen Hund mit langen Ohren
   c. einen großen Hund mit kurzen Ohren
   d. einen großen Hund mit langen Ohren

2. Hunde dürfen _____ essen.
   a. keine Wurst
   b. keinen Spinat
   c. keine Butter
   d. keine Tomaten

3. Ernst muss mit dem Hund jeden Tag _____ gehen.
   a. in den Park
   b. in die Schule
   c. an die Uni
   d. ins Kino

4. Ernsts Freund Hubert nimmt _____ in die Schule mit.
   a. seine Katze
   b. seinen Hamster
   c. seinen Hund
   d. seine Maus

5. Ernst will mit seinem Hund spazieren gehen, ihn kämmen, ihn füttern und _____.
   a. ihn baden
   b. mit ihm sprechen
   c. mit ihm spielen
   d. auf ihm reiten

6. Frau Wagner _____.
   a. will Ernst einen Hund kaufen
   b. will Ernst keinen Hund kaufen
   c. will mit ihrem Mann darüber sprechen
   d. will mit Jutta darüber sprechen

Ach, wie nett!

Schriftliche Aktivitäten

Geschmacksfragen. Wie finden Sie ihn, sie oder es? Beantworten Sie die Fragen.

→ Lesen Sie Grammatik 3.3, „Accusative case: personal pronouns"!

KOMMENTARE

VERSTÄRKUNG*	ABSCHWÄCHUNG†	[+]	[−]
sehr	total	ausgezeichnet	blöd[2]
einfach	ziemlich	fantastisch	dumm
besonders	ganz	freundlich	hässlich
		gut aussehend[1]	langweilig
		hübsch	schlecht
		interessant	schwierig
		lustig	traurig
		schön	uninteressant
		talentiert	untalentiert
		toll	verrückt

Wie finden Sie mein Halstuch?

Ich finde es sehr schön.

[1]gut ... *good-looking*
[2]*stupid, silly*

---

*To be more emphatic in your commentary, you can add **sehr** *very*, **einfach** *simply*, **besonders** *in particular*, or **total** *totally*; for example, **einfach toll** or **total blöd.**
†To tone down your commentary, you can add **ziemlich** *rather* or **ganz** *fairly, pretty*; for example, **ziemlich langweilig** or **ganz gut.**

> **Achtung! Ich finde** + Akkusativ
>
> *masculine*   ihn
> *neuter*   es
> *feminine*   sie
> *plural*   sie

MODELLE: Wie finden Sie Bradley Cooper? → Ich finde **ihn** sehr gut aussehend.
           Wie finden Sie seine Filme? → Ich finde **sie** einfach fantastisch.

1. Wie finden Sie Jennifer Lawrence? Ich finde _sie_ _____

2. Wie finden Sie ihren letzten Film? Ich finde _____.

3. Wie finden Sie Justin Timberlake? Ich finde _____.

4. Wie finden Sie seine Musik? Ich finde _____.

5. Wie finden Sie das amerikanische Fernsehen? Ich finde _____.

6. Wie finden Sie „Die Simpsons"? Ich finde _____.

7. Wie finden Sie moderne Kunst? Ich finde _____.

8. Wie finden Sie italienisches Essen? Ich finde _____.

9. Wie finden Sie Ihren Deutschkurs? Ich finde _____.

10. Wie finden Sie die Universität oder das College? Ich finde _____

Hörverständnis

A. Dialog aus dem Text: Heidi sucht einen Platz in der Cafeteria.

Beantworten Sie die Fragen mit ganzen Sätzen.

1. Woher kommt Stefan? _____

2. Woher kommt Heidi? _____

Richtig (R) oder falsch (F)? Korrigieren Sie die falschen Sätze. Schreiben Sie ganze Sätze.

3. _____ Heidi studiert Kunstgeschichte. _____

4. _____ Stefan will bei einer deutschen Firma arbeiten. _____

B. Rollenspiel: In der Mensa.

Zwei Studenten, Adrianna und Tom, lernen einander in der Mensa an der Uni Heidelberg kennen.
Adrianna setzt sich zu Tom und fragt ihn, woher er kommt und was er studiert. Dann erzählt sie ihm
vom Heidelberger Nachtleben.

NEUE VOKABELN
die Kneipe, -n   *bar, tavern*

Wie spricht Adrianna Tom an[1]? Welche Fragen stellt sie ihm? Wie versucht sie, mit ihm in Kontakt zu kommen? Ergänzen Sie den Text!

ADRIANNA: _____

TOM: Ja.

ADRIANNA: _____ in dem Englischseminar von Professor Hartmann?

TOM: Stimmt.

ADRIANNA: _____ so tolle Tennisschuhe an und sprichst so gut

Englisch ... _____

TOM: Genau ... aus Amerika, aus Washington, um genau zu sein ...

ADRIANNA: _____ hier in Heidelberg?

TOM: Nein, dies ist mein erstes Semester. Eigentlich studiere ich Informatik. Ich will später bei einer internationalen Firma arbeiten.

ADRIANNA: _____

TOM: Nachtleben? Was für 'n Nachtleben?

ADRIANNA: Na, die Kneipen und Diskos in der Altstadt.

TOM: Nein, keine Ahnung. Wo denn?

ADRIANNA: _____ ins Kino ein, und dann gehen wir

in eine Kneipe oder vielleicht essen ...

TOM: Hmmm, also eigentlich ... eigentlich muss ich arbeiten ...

ADRIANNA: Und morgen Abend? Wir können ja auch morgen gehen. _____

TOM: Morgen abend ... muss ich auch arbeiten.

ADRIANNA: Okay, okay, _____,

dann rufe ich dich an ...

TOM: Ich habe leider noch kein Telefon und muss jetzt auch gehen. Ich habe ein Seminar um 4 Uhr. Tschüss! Viel Spaß in der Kneipe!

NACH DEM HÖREN

Was sagen Sie, wenn Sie jemanden kennenlernen wollen oder mit ihm/ihr ausgehen möchten?

1. _____

2. _____

3. _____

[1]spricht an   *addresses*

Die Rollen

S1: Sie sind Student/Studentin an der Uni in Regensburg. Sie gehen in die Mensa und setzen sich zu jemand an den Tisch. Fragen Sie, wie er/sie heißt, woher er/sie kommt und was er/sie studiert.

S2: Sie sind Student/Studentin an der Uni in Regensburg und sind in der Mensa. Jemand möchte sich an Ihren Tisch setzen. Fragen Sie, wie er/sie heißt, woher er/sie kommt und was er/sie studiert.

C. Ach, wie nett! Frau Frisch-Okonkwo geht mit ihrer Tochter Yamina durch die Stadt. Frau Frisch-Okonkwo ist in Eile, Yamina aber nicht. Yamina will alles haben und sieht sich alle Schaufenster[1] an.

Welches Wort passt?

1. Yamina findet den blauen Mantel *schön / hässlich / warm*.

2. Yamina will *eine Geige / ein Klavier / eine Trompete* kaufen.

3. Yamina möchte *eine Orange / einen Apfel / eine Banane* haben.

4. Sie sagt, sie hat *Hunger / Durst*.

Körperliche und geistige Verfassung

Schriftliche Aktivitäten

A. Körperliche Verfassung. Sagen Sie, warum Sie das machen wollen.

→ Lesen Sie Grammatik 3.4, „Word order: dependent clauses" und Grammatik 3.5, „Dependent clauses and separable-prefix verbs"!

MODELLE: zur Bibliothek gehen → Ich gehe zur Bibliothek, weil ich ein Buch brauche.
schlafen gehen → Ich gehe schlafen, weil ich müde bin.

1. zur Bank gehen

_____

2. Pizza essen

_____

3. Wasser trinken

_____

[1]*display windows, store windows*

(continued)

4. zum Supermarkt gehen

_____

5. zum Arzt gehen

_____

B. Geistige Verfassung. Sagen Sie, was Sie machen, wenn Sie sich so fühlen. Beachten Sie die Wortstellung!

MODELLE: Was machen Sie, wenn Sie Langeweile haben? →
Wenn ich Langeweile habe, rufe ich meine Freundin an.

Was machen Sie, wenn Sie traurig sind? →
Wenn ich traurig bin, esse ich ein Eis.

1. Was machen Sie, wenn Sie deprimiert sind?

Wenn _____ bin, _____

_____

2. Was machen Sie, wenn Sie glücklich sind?

Wenn _____

_____

3. Was machen Sie, wenn Sie wütend sind?

Wenn _____

_____

4. Was machen Sie, wenn Sie müde sind?

Wenn _____

_____

5. Was machen Sie, wenn Sie Angst haben?

Wenn _____

_____

Hörverständnis

Der arme Herr Ruf. Herr Ruf ist bei seiner Ärztin.
Es geht ihm nicht gut.

1. Was sind Herrn Rufs Beschwerden? Kreuzen Sie an!

a. ☐ Er hat oft Kopfschmerzen.

b. ☐ Er hat Magenschmerzen.

c. ☐ Er ist immer müde.

d. ☐ Er schläft den ganzen Tag.

e. ☐ Er kann nicht schlafen.

f. ☐ Er hat schwere Beine.

g. ☐ Er macht sich Sorgen um sein Geld.

h. ☐ Er hat Augenschmerzen.

NEUE VOKABELN
die Kopfschmerzen (*pl.*)   *headache*
der Roman, -e   *novel*
der Wal, -e   *whale*
die Beratung, -en   *consultation*

2. Was rät ihm die Ärztin? Kreuzen Sie an!

    a. ☐ Er soll nicht mehr rauchen.

    b. ☐ Er soll Kopfschmerztabletten nehmen.

    c. ☐ Er soll nicht mit dem Auto zum Supermarkt fahren.

    d. ☐ Er soll jeden Tag schwimmen gehen.

    e. ☐ Er soll zu einer psychologischen Beratung gehen.

Aussprache und Orthografie

Aussprache (1. Teil)

Sentence Rhythm, Pauses, and Stress

As in sentence melody, great similarities exist in German and English sentence rhythm, pauses, and stress. In the following exercises you will be made aware of the small, yet significant, differences between German and English. They can be found above all in the type and phonetic features of the rhythmic grouping. As you work through the following exercises, pay attention to the pauses and to the main stresses of the rhythmic groups that occur between two pauses. One of these group stresses is the *sentence stress,* the heaviest stress in the sentence. In German it is often at the end of a sentence.

A. Listen, but do not repeat.

    1. Wenn ich Hunger habe, gehe ich ... ins Restaurant.
    2. Wenn ich Durst habe, gehe ich ... nach Hause.
    3. Wenn ich müde bin, gehe ich ... ins Bett.
    4. Wenn ich traurig bin, gehe ich ... zu meiner Freundin.
    5. Wenn ich krank bin, gehe ich ... ins Krankenhaus.
    6. Wenn ich Langeweile habe, gehe ich ... ins Museum.

Replay the segment and mark the pauses (/) in the sentences where you hear them.

B. What rhythm do the following place names have in the sentences in **Übung A**? Listen as the place names are read again and match each with the appropriate rhythm sequence (• = unstressed syllable, ● = stressed syllable).

    1. _____ ins Restaurant   a. ● ●

                                               b. ● ● ●

    2. _____ nach Hause   c. ● ● ● ●

    3. _____ ins Bett   d. ● ● ● ●

                                               e. ● ● ● ●

    4. _____ zu meiner Freundin   f. ● ● ● ● ●

    5. _____ ins Krankenhaus

    6. _____ ins Museum

Check your answers in the answer key. Read the place names aloud, and tap on your table when you say the stressed syllable (large dot). Then underline the stressed syllable in the place names in the numbered list above.

C. Listen as the sentences from **Übung A** are read once more, and underline the stressed syllable in each of the first two rhythmic groups.

1. Wenn ich Hunger habe, gehe ich … ins Restaurant.
2. Wenn ich Durst habe, gehe ich … nach Hause.
3. Wenn ich müde bin, gehe ich … ins Bett.
4. Wenn ich traurig bin, gehe ich … zu meiner Freundin.
5. Wenn ich krank bin, gehe ich … ins Krankenhaus.
6. Wenn ich Langeweile habe, gehe ich … ins Museum.

Replay the segment, this time paying attention to the pauses and stresses in the sentences. Underline twice the syllable that carries the main sentence stress.

Replay the segment several times and pronounce the sentences along with the speaker. Then read the sentences aloud. Be sure to insert appropriate pauses, and pay attention to the sentence stress.

Suggestion: Practice this with other sentences and texts. Mark the pauses, underline the stressed syllables in each rhythm group, underline twice the syllable that carries the main sentence stress, and read the sentences aloud.

Orthografie (1. Teil)

Punctuation

Listen to the following text. Fill in the missing letters and punctuation. Be sure to capitalize all words that begin a sentence.

__ieber Peter__ __ie geht es dir__ __ ch bin nun schon seit zwei Wochen in Dallas__ __ch wohne

bei meinem Freund Kevin__ __ir sind jeden Tag mit dem Auto unterwegs__ __enn es gibt hier so viel

zu sehen__ __eider muss ich schon am Sonntag zurück nach Wien__ __nd du__ __ann sehen wir uns

wieder__ __eine Karin

Aussprache (2. Teil)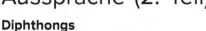

Diphthongs

Three diphthongs (combinations of two vowel sounds in one syllable) occur in German: [aɛ], spelled <ei, ai, ey, ay>; [aɷ], spelled <au>; and [ɔø], spelled <eu, äu>. They roughly correspond to English <i> (*sight*), <ou> (*house*), and <oy> (*boy*).

A. Listen, but do not repeat.

1. heute: Freitag, 9. Mai
2. Paul: um neun aufstehen
3. fleißig sein
4. im Haus sauber machen
5. aufräumen
6. zeichnen, schreiben, geigen
7. um drei zu Heiner ins Krankenhaus
8. in Eile sein

Replay the segment and repeat the word groups after the speaker. Pay close attention to lip rounding in the diphthongs <au> and <eu, äu>.

B. Create sentences out of the word groups in **Übung A** to describe Paul's day. Write them down, then read them aloud.

1. _____

2. _____

3. _____

4. _____

5. _____

6. _____

7. _____

8. _____

C. Listen and fill in the missing diphthongs in the following geographic names.

1. (die) Schw_____z

2. Österr_____ch

3. D_____tschland

4. St_____ermark

5. B_____ern

6. B_____r_____th

7. _____gsburg

8. K_____sersl_____tern

9. H_____delberg

10. Gr_____bünden

11. N_____enburg

12. Pass_____

Replay the segment and repeat the words after the speaker.

D. Now organize the geographic names in **Übung C** according to the following three diphthongs. Note: Some names may belong in more than one column.

[aȩ]	[aǫ]	[ɔ̸]

Check your answers in the answer key. Replay the segment for **Übung C,** several times if necessary, and repeat the words after the speaker. Then read the names in each of the columns.

Do you know all these geographic names? If not, locate them on the map in the front of your textbook/eBook.

Orthografie (2. Teil) 🎧

A. Listen and write only the words with the diphthong **ei.**

1. _____   4. _____

2. _____   5. _____

3. _____   6. _____

B. Listen and write only the words with the diphthong **eu.**

1. _____   4. _____

2. _____   5. _____

3. _____   6. _____

C. Listen and write only the words with the diphthong **äu.**

1. _____   3. _____

2. _____   4. _____

D. Listen and write only the words with the diphthong **au.**

1. _____   4. _____

2. _____   5. _____

3. _____   6. _____

Kulturecke

A. Jugendschutz in Deutschland. In welchem Alter darf man das machen? Kreuzen Sie an!

Man darf ...	MIT 13	MIT 15	MIT 16	MIT 18
1. ... bis 24.00 Uhr in die Disko gehen.	☐	☐	☐	☐
2. ... im Restaurant ohne die Eltern Bier oder Wein trinken.	☐	☐	☐	☐
3. ... den Führerschein für ein Motorrad machen.	☐	☐	☐	☐
4. ... mit Erlaubnis[1] der Eltern in den Ferien arbeiten.	☐	☐	☐	☐
5. ... rauchen.	☐	☐	☐	☐
6. ... wählen.	☐	☐	☐	☐
7. ... mit der Arbeit anfangen.	☐	☐	☐	☐
8. ... mit Erlaubnis der Eltern heiraten.	☐	☐	☐	☐
9. ... ohne Erlaubnis der Eltern heiraten.	☐	☐	☐	☐
10. ... im Kino alle Filme sehen.	☐	☐	☐	☐

[1]permission

B. Wer weiß – gewinnt! Markieren Sie die richtigen Antworten.

1. Besondere Formen der schnellen Kommunikation sind die Verwendung[1] von _____.
   - a. Sternchen
   - b. Akronymen
   - c. verbalen Nachrichten

2. Was bedeutet die SMS-Abkürzung *knuddel*?
   - a. ich drück dich
   - b. ich küss dich
   - c. hab dich lieb

3. Was bedeutet das SMS-Akronym LG?
   - a. Unverständnis zeigen
   - b. lass uns gehen
   - c. liebe Grüße

4. Was bedeutet das SMS-Akronym N8?
   - a. ich verstehe dich nicht
   - b. gute Nacht
   - c. Nummer acht

5. Was bedeutet das SMS-Akronym kk?
   - a. keine Kontrolle
   - b. kein Kommentar
   - c. Komme gleich!

6. Was bedeutet das SMS-Akronym HDGDL?
   - a. hab dich ganz doll lieb
   - b. hab dich nicht mehr lieb
   - c. hab dich lieb

C. Sommerferien 2016. Schauen Sie sich den Ferienkalender an und markieren Sie die richtigen Antworten.

1. In wie vielen Bundesländern beginnen die Sommerferien am 27. Juni?
   - a. zwei
   - b. drei
   - c. vier
   - d. fünf

2. In welchem Bundesland enden die Sommerferien erst am 12. September?
   - a. Hessen
   - b. Bayern
   - c. Sachsen
   - d. Thüringen

3. Wie lange dauern die Sommerferien ungefähr[2]?
   - a. 6 Wochen
   - b. 3 bis 4 Wochen
   - c. eine Woche
   - d. einen Monat

4. In wie vielen Bundesländern sind die Sommerferien am 3. August zu Ende?
   - a. zwei
   - b. drei
   - c. vier
   - d. fünf

Ferienkalender
Sommerferien 2016
Bundesrepublik Deutschland

BUNDESLAND	DATEN
Baden-Württemberg	28.07. – 10.09.
Bayern	30.07. – 12.09.
Berlin	20./21.07. – 02.09.
Brandenburg	21.07. – 03.09.
Bremen	23.06. – 03.08.
Hamburg	21.07. – 31.08.
Hessen	18.07. – 26.08.
Mecklenburg-Vorpommern	25.07. – 03.09.
Niedersachsen	23.06. – 03.08.
Nordrhein-Westfalen	11.07. – 23.08.
Rheinland-Pfalz	18.07. – 26.08.
Saarland	18.07. – 27.08.
Sachsen	27.06. – 05.08.
Sachsen-Anhalt	27.06. – 10.08.
Schleswig-Holstein	25.07. – 03.09.
Thüringen	27.06. – 05.08.

Für die Richtigkeit dieser Angaben wird keine Gewähr übernommen!

[1]*use*
[2]*approximately*

Aufsatz-Training

A. Haralds Urlaubspläne: Vera fragt. Harald spricht mit seiner Bekannten Vera über Pläne für einen Winterurlaub. Lesen Sie den Dialog!

VERA: Hast du schon Pläne für deinen Winterurlaub?

HARALD: Ja, ich <u>möchte</u> mit den Kindern nach Österreich <u>fahren</u>.

VERA: Wann denn?

HARALD: Im Januar.

VERA: Wie soll das Wetter sein?

HARALD: Es <u>soll</u> sonnig <u>sein</u> und vorher <u>muss</u> es viel <u>schneien</u>.

VERA: Und warum?

HARALD: Dann <u>kann</u> ich gut <u>snowboarden</u> und hinterher in der Sonne <u>liegen</u> und die Kinder können Schlitten fahren und einen Schneemann bauen.

VERA: Wo <u>wollt</u> ihr <u>übernachten</u>?

HARALD: In einer Skihütte. Aber die Unterkunft[1] <u>darf</u> nicht zu teuer <u>sein</u>.

VERA: Wie lange <u>wollt</u> ihr <u>bleiben</u>?

HARALD: Zwei Wochen.

VERA: Was hast du noch vor?

HARALD: In der zweiten Woche <u>möchte</u> ich einfach nur <u>faulenzen</u>, vielleicht <u>lesen</u> und auch ein bisschen <u>spazieren gehen</u>. Die Kinder können in der Zeit Skiunterricht nehmen.

VERA: Was wollt ihr abends machen?

HARALD: Abends <u>wollen</u> wir <u>essen gehen</u> und Schlittschuh <u>laufen</u>.

VERA: Na, das klingt alles sehr toll. Viel Spaß!

HARALD: Danke.

die Skihütte

[1]*accommodations*

B. Vera erzählt. Am Abend erzählt Vera ihrem Mann über Haralds Pläne. Ergänzen Sie den folgenden Dialog mit den unterstrichenen Informationen aus dem Dialog in **Übung A**.

Achtung!	first person / second person → third person

MODELLE: HARALD: Ich möchte nach Österreich fahren. → Er möchte nach Österreich fahren.
VERA: Wie lange wollt ihr bleiben? HARALD: Zwei Wochen. → Sie wollen zwei Wochen bleiben.

Vera erzählt

VERA: „Heinz, weißt du was? Harald plant einen super Winterurlaub. Stell dir vor,[1]

im Januar _____*möchte*_____ (Modalverb)^a er nach Österreich _____*fahren*_____ (Infinitiv)^b. Das Wetter

_____ (Modalverb)^c sonnig _____ (Infinitiv)^d und vorher _____ (Modalverb)^e es viel

_____ (Infinitiv)^f. Dann _____ (Modalverb)^g er gut _____ (Infinitiv)^h und

hinterher in der Sonne _____ (Infinitiv)ⁱ. Sie _____ (Modalverb)^j in einer

Skihütte _____ (Infinitiv)^k. Die Unterkunft _____ (Modalverb)^l aber nicht zu

teuer _____ (Infinitiv)^m. Sie _____ (Modalverb)ⁿ zwei Wochen

_____ (Infinitiv)^o. In der zweiten Woche _____ (Modalverb)^p er

_____ (Infinitiv)^q, _____ (Infinitiv)^r und auch ein bisschen _____ (Infinitiv)^s

_____ (Infinitiv)^t. Abends _____ (Modalverb)^u sie _____ (Infinitiv)^v

_____ (Infinitiv)^w und Schlittschuh _____ (Infinitiv)^x."

HEINZ: Na, das klingt alles sehr toll.

VERA: Das habe ich ja auch gesagt!

[1]Stell ... *Just imagine*

C. Jetzt sind Sie dran! Schreiben Sie über Ihre Pläne für einen Sommer- oder Winterurlaub. Beschreiben Sie die Jahreszeit oder den Monat, das Reiseziel, das Wetter, die Unterkunft, die Aufenthaltslänge und minimal fünf Aktivitäten. Benutzen Sie die Modalverben **wollen, möchten, müssen, sollen, dürfen** und **können** wie im Dialog zwischen Vera und Harald in **Übung A**.

Schreibhilfe

NÜTZLICHE AUSDRÜCKE

REISEZIEL

nach New York fahren

nach Australien fliegen

nach Vancouver reisen

Es muss (nicht)*
Es soll (nicht)
Es darf (nicht)

WETTER

regnen.

schneien.

bedeckt sein.

heiß sein.

kalt sein.

schön sein.

sonnig sein.

warm sein.

windig sein.

UNTERKUNFT / HOTEL

Die Ferienwohnung
Die Skihütte
Das Hotel
Das Hotelzimmer

muss (nicht)
soll (nicht)
darf (nicht)

einen Blick haben.

ein Restaurant haben.

ein Schwimmbad haben.

direkt am Strand liegen.

billig sein.

komfortabel sein.

teuer sein.

AUFENTHALTSLÄNGE

ein paar Tage

eine Woche

zwei Wochen

vierzehn Tage bleiben

einen Monat

drei Monate

ein Jahr

Read your composition aloud and revise it to confirm that you completed the task, conjugated the verbs, and varied the word order.

---

*Remember: **muss nicht** means *need not*, but **darf nicht** means *must not*.

Meine Urlaubspläne

_____

_____

_____

_____

_____

_____

_____

_____

_____

_____

_____

KAPITEL 4

Ereignisse und Erinnerungen

Der Alltag

Schriftliche Aktivitäten

A. Kreuzworträtsel: Das Perfekt. Tragen Sie die Partizipien der folgenden Verben ein.

→ Lesen Sie Grammatik 4.1, „Talking about the past: the perfect tense" und Grammatik 4.2, „Strong and weak past participles"!

WAAGERECHT

1. schlafen
2. arbeiten
3. nehmen
4. trinken

SENKRECHT

1. spielen
2. essen
3. kochen
4. sehen
5. bekommen

B. Sofie und Willi sind ins Kino gegangen. Was ist logisch? Setzen Sie die fehlenden Partizipien ein. Verwenden Sie die folgenden Verben.

essen   gehen   sehen
finden   schlafen   trinken

Sofie ist gestern Abend mit Willi ins Kino _____[1]. Sie haben den Film *Drakula*

_____[2]. Nach dem Film haben Sofie und Willi ein Eis _____[3]

und eine Limonade _____[4]. Sofie hat *Drakula* sehr unheimlich

_____[5]; sie hat die ganze Nacht nicht _____[6].

C. Ihr Tagesablauf. Was haben Sie heute Morgen oder heute Vormittag gemacht?

TYPISCHE AKTIVITÄTEN

aufstehen*	in einen Kurs gehen*	schlafen
duschen	losfahren*	E-Mails schreiben
in einem Kurs einschlafen*	Gymnastik machen	einen Kaffee trinken
frühstücken	den Bus nehmen	mir die Haare waschen

> ***Achtung!   Hilfsverb *sein***

MODELLE: Ich habe heute Morgen bis 8 Uhr geschlafen.
Ich bin um halb zehn losgefahren.

1. _____

2. _____

3. _____

4. _____

5. _____

Hörverständnis

A. Dialog aus dem Text: Das Fest. Silvia und Jürgen sitzen in der Mensa und essen zu Mittag.

Ergänzen Sie den Dialog. Was sagt Jürgen?

SILVIA: Ich bin furchtbar müde.

JÜRGEN: _____

SILVIA: Ja. Ich bin heute früh erst um vier Uhr nach Hause gekommen.

JÜRGEN: _____

SILVIA: Auf einem Fest.

JÜRGEN: _____

SILVIA: Ja, ich habe ein paar alte Freunde getroffen und wir haben uns sehr gut unterhalten.

JÜRGEN: _____

B. Jutta hatte einen schweren Tag. Jutta ruft gerade ihre Freundin Angelika an. Der Tag war nicht leicht für Jutta.

NEUE VOKABELN
blöd *stupid*
das Klassenfest, -e *class party*
versprechen (verspricht), versprochen *to promise*

Wer ist es?

1. _____ Sie telefoniert mit Angelika.

2. _____ Sie ist wütend, weil Jutta die
Hausaufgaben nicht gemacht hat.

3. _____ Er ist wütend, weil Jutta gestern
Abend im Kino war.

4. _____ Er hat Juttas Shampoo benutzt.

5. _____ Er hat nicht angerufen.

6. _____ Er hat schon zweimal angerufen.

7. _____ Sie hat Billy versprochen, mit ihm
zum Klassenfest zu gehen.

8. _____ Sie hat Juttas neuen Pullover ruiniert.

a. Jutta
b. die Katze
c. Juttas Bruder Hans
d. Juttas Freund Billy
e. Juttas Mutter
f. der dicke, schüchterne Junge aus
dem Tanzkurs
g. Juttas Vater
h. Jutta

C. Stefan weiß mehr, als er glaubt. Stefan ist im Büro von Frau Schulz.

Was hat Stefan gemacht? Kreuzen Sie an.

1. ☐ Stefan hat das Kapitel im Deutschbuch verstanden.

2. ☐ Stefan hat das Kapitel gelesen.

3. ☐ Stefan hat die Übungen gemacht.

4. ☐ Er hat Physikaufgaben gemacht und einen Roman gelesen.

5. ☐ Stefan hat zum Geburtstag eine Katze bekommen.

6. ☐ Stefan hat als Kind seine Großeltern besucht.

7. ☐ Stefan benutzt das Perfekt falsch.

Urlaub und Freizeit

Schriftliche Aktivitäten

A. Silvias Freitag. Stellen Sie Silvia zehn Fragen über ihren Tagesablauf am Freitag. Bilden Sie Fragen im Perfekt, mit und ohne Fragewörter.

FRAGEWÖRTER

wann
was
wen
wie lange
wie weit
wo
um wie viel Uhr

AKTIVITÄTEN

schlafen (bis)   zum Essen einladen
laufen*   fernsehen
tragen   lesen
den Bus nehmen   einschlafen*
Mittag essen
treffen

> ***Achtung! Hilfsverb _sein_**

1. Wie lange hast du geschlafen?

2.

3.

4.

5.

6.

7. _____

8. _____

9. _____

10. _____

B. Was haben Sie gemacht, als Sie in die Oberschule gingen? Schreiben Sie ganze Sätze.

NÜTZLICHE AUSDRÜCKE

vor der Schule	nach der Schule	am Wochenende
in der Schule	morgens	auf Partys
in den Pausen	pünktlich	in den Ferien

MODELLE: In der Schule → In der Schule **habe** ich immer **geschlafen**.
Morgens → Morgens **habe** ich nie **gefrühstückt**.

1. _____

2. _____

3. _____

4. _____

5. _____

Hörverständnis

A. Richards Wochenende.

1. Sie hören, was Richard am Wochenende gemacht hat. Setzen Sie die fehlenden Verbformen in die folgende Geschichte ein.

Am Samstag _____ ist _____ ᵃ Richard um halb neun aufgestanden. Zuerst hat er

_____ geduscht _____ ᵇ und _____ ᶜ. Dann hat er seinen Rucksack

_____ ᵈ und _____ ᵉ zum Strand gefahren. Er hat am

Strand _____ ᶠ und er hat Freunde _____ ᵍ. Am Nachmittag

_____ ʰ er ins Wasser gegangen und er _____ ⁱ

geschwommen. Danach hat er Eis _____ ʲ. Später hat er auch Frisbee

_____ ᵏ und eine Limo _____ ˡ. Dann hat er in der Sonne

_____ ᵐ. Um fünf Uhr _____ ⁿ er nach Hause gefahren und

zu Hause hat er noch eine Stunde _____ ᵒ.

2. Was haben Sie gemacht, als Sie das letzte Mal am Strand oder an einem See¹ waren? Schreiben Sie einen Absatz mit fünf Aktivitäten. Beginnen Sie nicht jeden Satz mit „ich", sondern variieren Sie die Wortstellung.

TYPISCHE AKTIVITÄTEN

eine Sandburg bauen	schlafen
essen	schwimmen
Wasserski fahren	spazieren gehen
laufen	Frisbee spielen
lesen	Volleyball spielen
in der Sonne liegen	surfen gehen
Fotos machen	trinken

_____

_____

_____

_____

_____

_____

¹lake

B. Erlebnisse. Es ist Montagmorgen in Regensburg und Melanie Staiger spricht mit Jochen, einem anderen Studenten.

NEUE VOKABELN
Du Ärmster! / Du Ärmste!   *You poor thing!*
das Referat, -e   *class presentation*

Was haben sie gesagt?

1. MELANIE: Ich _____ am Samstag mit ein paar Freunden zum Waldsee

    _____.

2. MELANIE: Wir sind viel _____. Wir haben viel _____ und

    _____.

3. JOCHEN: Ich _____ leider das ganze Wochenende _____.

4. JOCHEN: Am Samstag habe ich zuerst _____ und dann habe ich an einem

    Referat für Kunstgeschichte _____.

5. JOCHEN: Am Sonntag _____ ich für meinen Französischkurs _____

    und dann das Referat fertig _____.

Richtig (R) oder falsch (F)?

1. _____ Melanies Wochenende war schön.

2. _____ Jochen muss noch ein Geschichtsreferat machen.

3. _____ Melanie hat ihr Referat schon fertig gemacht.

Was haben Sie am Wochenende gemacht? Schreiben Sie drei Aktivitäten auf, je eine für
Freitagabend, Samstag und Sonntag.

_____

_____

_____

C. Hausaufgaben für Deutsch. Heute ist Montag. Auf dem Schulhof[1] des Albertus-Magnus-Gymnasiums
sprechen Jens, Jutta und ihre Freundin Angelika übers Wochenende.

NEUE VOKABELN
aufhaben   *to have assigned*
keine Ahnung   *no idea*
wenigstens   *at least*
überhaupt   *actually*
eine ganze Menge   *a whole lot*

[1]schoolyard

Was haben Jutta und Angelika übers Wochenende *nicht* gemacht? Ergänzen Sie die Sätze.

1. Jutta und Angelika <u>haben</u> _____.

2. Jutta und Angelika _____.

3. Jutta und Angelika _____.

Was haben Jutta und Angelika übers Wochenende gemacht? Ergänzen Sie die Sätze.

4. Angelika <u>hat</u> _____.

5. Angelika _____.

6. Jutta und Angelika _____.

7. Jutta und Angelika _____.

8. Jutta _____.

9. Jutta _____.

Geburtstage und Jahrestage

Schriftliche Aktivitäten

→ Lesen Sie Grammatik 4.3, „Dates and ordinal numbers", Grammatik 4.4, „Prepositions of time: **um**, **am**, **im**" und Grammatik 4.5, „Past participles with and without **ge**-"!

Geburtsdaten. Schreiben Sie die Geburtsdaten dieser Personen auf.

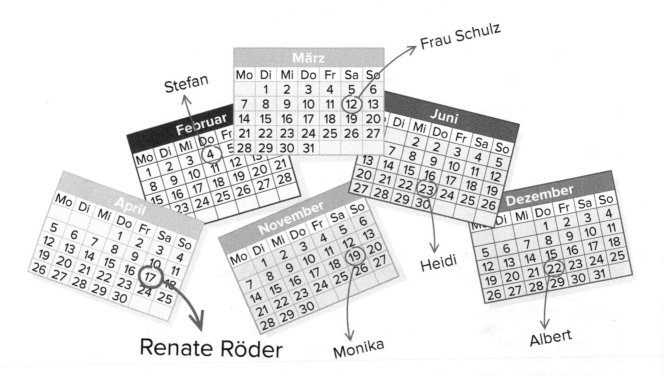

MODELLE: Renate Röder ist am siebzehnten April geboren. *oder*
Renate Röder hat am siebzehnten April Geburtstag.

1. _____

2. _____

3. _____

4. _____

5. _____

6. Wann sind Sie geboren? _____

Hörverständnis

A. Dialog aus dem Text: Welcher Tag ist heute? Nesrin und Sofie sitzen im Café.

Beantworten Sie die Fragen!

1. Wann hat Willi Geburtstag? _____

2. Wann hat Christian Geburtstag? _____

3. Hat Sofie schon ein Geschenk für Willi? _____

B. Ein Informationsspiel. Es ist Dienstagabend. Ernst Wagner und sein Vater machen ein Spiel.

NEUE VOKABELN
die Röntgenstrahlen *X-rays*
die Glühbirne, -n *lightbulb*

Setzen Sie die fehlenden Informationen ein.

Wer?	Was?	Wann?
	das Auto	*1893*
	Röntgenstrahlen	
	ins Bett gehen	

Ereignisse

Schriftliche Aktivitäten

Eine Kurzreise. Ergänzen Sie **um, am, im, in** oder -.

Meine Freundin hat mir _____[1] 2016 zu meinem Geburtstag eine Kurzreise nach München geschenkt.

_____[2] 15. Juli, an meinem Geburtstag also, sind wir _____[3] 7 Uhr mit dem Taxi zum Flughafen gefahren.

Das Flugzeug ist _____[4] 8 Uhr 15 von Düsseldorf abgeflogen und der Flug hat nur eine Stunde gedauert.

_____[5] Vormittag sind wir durch die Stadt gegangen und haben uns alles angesehen. Es war heiß, denn

_____[6] Sommer ist das Wetter in München immer schön. _____[7] 2 Uhr haben wir in einem typisch

bayrischen Restaurant mit Biergarten zu Mittag gegessen. _____[8] Nachmittag sind wir zuerst in die Neue

und die Alte Pinakothek gegangen. Das sind zwei große Museen in München. Danach, _____[9] frühen

Abend, haben wir auf der Leopoldstraße in einem Café gesessen und Wein getrunken. Später haben wir

in einem italienischen Restaurant zu Abend gegessen. Wir hatten genug Zeit, denn unser Flug war erst

_____[10] Mitternacht. Mitten _____[11] der Nacht waren wir wieder zu Hause. Es war so schön, dass ich ihr

_____[12] September, an ihrem Geburtstag, eine Kurzreise für einen Tag nach Hamburg schenke.

Hörverständnis

A. Rollenspiel: Das Studentenleben.

Eine Reporterin aus Österreich macht ein Interview mit einem amerikanischen Studenten zum Thema „Studentenleben in den USA". Sie fragt ihn, wie ein typischer Tag in seinem Leben aussieht.

WÄHREND DES HÖRENS

1. Wie beginnt die Reporterin das Interview? Was sagt sie genau?

   _____

   _____

2. Welche Fragen stellt die Reporterin dann?

   a. _____

   b. _____

   c. _____

   d. _____

NACH DEM HÖREN

1. Schreiben Sie zwei zusätzliche[1], eigene[2] Fragen zum Thema Studentenleben.

   a. _____

   b. _____

2. Beantworten Sie alle sechs Fragen mit Ihren persönlichen Informationen.

   a. _____

   b. _____

   c. _____

   d. _____

   e. _____

   f. _____

Die Rollen

S1: Sie sind Reporter/Reporterin einer Unizeitung in Österreich und machen ein Interview zum Thema: Studentenleben in Ihrem Land. Fragen Sie, was Ihr Partner / Ihre Partnerin gestern alles gemacht hat: am Vormittag, am Mittag, am Nachmittag und am Abend.

S2: Sie sind Student/Studentin an einer Uni in Ihrem Land. Ein Reporter / Eine Reporterin aus Österreich fragt Sie viel und Sie antworten gern. Sie wollen aber auch wissen, was der Reporter / die Reporterin gestern alles gemacht hat: am Vormittag, am Mittag, am Nachmittag und am Abend.

B. Ein schöner Urlaub. Melanie Staiger beschreibt ihren letzten Sommerurlaub.

Richtig (R) oder falsch (F)? Korrigieren Sie die falschen Sätze.

1. _____ Melanie hat im Sommer gearbeitet. _____

2. _____ Melanie ist im Sommer nach Amerika geflogen. _____

3. _____ Melanie hat oft Freunde besucht. _____

4. _____ Melanie hat mit ihren Freunden manchmal gekocht. _____

5. _____ Melanie hat viele Romane gelesen. _____

[1]additional   [2]own (= of your own)

Aussprache und Orthografie

Aussprache (1. Teil)

Word Stress in Compound Words

In **Einführung B**, we learned about stress in simple, non-compound words. In this chapter, we focus on stress in compound words. In compounds, it is important to stress the correct syllable. Remember that stressed syllables are clearer, louder, and formed with more muscle tension than unstressed syllables, which are often greatly reduced. Stressed short vowels, therefore, must not be lengthened.

COMPOUND VERBS

In German, verbs often have prefixes. If the prefixes are inseparable, the verb stem carries the word stress. If the prefixes are separable, the prefix carries the primary word stress.

A. Listen to the following verbs and organize them in the table according to stress.

ansehen
verstehen
anziehen
unterschreiben
entdecken
erzählen
übersetzen
mitbringen
aussehen
beginnen
anfangen

Separable Prefix (Prefix Stressed)	Inseparable Prefix (Verb Stem Stressed)

Check your answers in the answer key. Now replay the segment and repeat the words after the speaker. Then read the words aloud and tap on your table when you say the stressed syllable in each word.

B. Read some nouns that are derived from verbs. Then give the infinitive and the third-person plural (**sie**) form for each verb.

Derived Noun	Verb	Third-Person Plural
(der) Anfang	anfangen	sie fangen an
(die) Bezahlung		
(die) Vorlesung		
(die) Einladung		
(die) Unterschrift		
(der) Einkauf		
(die) Übersetzung		
(der) Anzug		
(die) Beschreibung		
(der) Beginn		

Listen to the answers and mark all the stressed vowels (___ = long stressed vowel, . = short stressed vowel).

Now read the nouns, along with their definite article, and the verbs in the infinitive and third-person plural forms. As you do so, tap on your table when you pronounce the stressed syllables.

COMPOUND NOUNS

C. Create compound nouns, using the elements provided. Watch out for word order. Be sure to give the correct definite article.

1. Tennis – Schläger _____

2. Telefon – Auto _____

3. Ball – Fuß _____

4. Motor – Rad _____

5. Wörter – Buch _____

6. Uhr – Arm – Band _____

7. Kamera – Video _____

8. Studenten – Leben _____

D. Listen to the compound words, making any necessary corrections in **C.**

- Then replay the segment and mark all stressed vowels (___ = long stressed vowel, . = short stressed vowel).
- Replay the segment a third time, and pronounce the words after the speaker.
- Now read the compound nouns aloud and, as you pronounce each stressed syllable, tap on your table.

Orthografie (1. Teil)

One or More Words?

Listen and complete the missing words.

1. die _____
2. das _____
3. zusammen _____
4. das _____
5. wir fahren _____

6. wir fahren _____ Wien
7. noch _____ , bitte
8. das _____
9. das Buch ist _____
10. das ist _____

Check your answers in the answer key. Replay the segment and repeat each phrase after the speaker.

Aussprache (2. Teil)

Ich- and *ach-*Sounds

There are several sounds for the letters <ch>:

1. a harsher one called the **ach**-sound, produced in the back of the mouth, and
2. a softer one called the **ich**-sound, which is produced in the front of the mouth.

These two sounds will be the focus here.

At the beginning of a word, the letters <ch> are pronounced:

- as [k] (as in charakteristisch, Chemnitz),
- as [ʃ] (as in Chef, Chance), and
- as [tʃ] (as in Checkliste, Chile)

A. Listen to the following words and organize them in the table according to their sound.

Woche	Buch
wöchentlich	Bücher
Fach	Bauch
Fächer	Bäuche
sprechen	richtig
Sprache	leicht

ach-Sounds	**ich**-Sounds

Replay the segment, and pronounce the words after the speaker.

What are the rules for the pronunciation of **ch?**

ach-sounds: after _____

ich-sounds: after all other _____

B. Listen to the following adjectives and nouns. Underline all **ich**-sounds.

1. wichtig
2. langweilig
3. billig
4. lustig

5. Bücher
6. Gedichte
7. Geschichten
8. Gespräche

Orthografie (2. Teil)

A. Listen and write words with **ch** and/or **sch.**

1. _____
2. _____
3. _____
4. _____
5. _____

6. _____
7. _____
8. _____
9. _____
10. _____

B. Listen and write words with **ch** and/or **ig.**

1. _____
2. _____
3. _____
4. _____
5. _____

6. _____
7. _____
8. _____
9. _____

Kulturecke

A. Universität und Studium in den USA (USA) und in Deutschland (D). Welche Antworten treffen zu für Deutschland, für die USA, welche für beide Länder? Kreuzen Sie an!

		USA	D
1.	Circa 30% der Studenten bekommen finanzielle Hilfe vom Staat.	☐	☐
2.	Viele Studenten arbeiten während des Studiums.	☐	☐
3.	1% der Studenten studiert im Ausland.	☐	☐
4.	12% der Studenten kommen aus dem Ausland.	☐	☐
5.	Man muss teilweise sehr hohe Studiengebühren bezahlen.	☐	☐
6.	Nach 4 oder 5 Jahren schließt man mit dem Bachelor ab.	☐	☐
7.	Nach 5 bis 6 Jahren schließt man mit dem Master ab.	☐	☐
8.	Normalerweise braucht man das Abitur, wenn man studieren will.	☐	☐

Deutsche Studenten im Hörsaal
© dpa picture alliance archive/Alamy

B. Wer weiß – gewinnt: *Jenseits der Stille*. Markieren Sie die richtigen Antworten.

1. Welche Sprachen muss Lara für ihre Eltern übersetzen?
   a. Englisch – Deutsch
   b. Englisch – Zeichensprache
   c. Zeichensprache – Deutsch
   d. Deutsch – Berlinerisch

2. Welche Welt lernt Lara außerhalb der Stille zu Hause kennen?
   a. die Schule
   b. die Musik
   c. Berlin
   d. ihre Tante Clarissa

3. Warum ist ihr Vater eifersüchtig?
   a. Weil Lara auf das Konservatorium nach Berlin gehen will.
   b. Weil Laras Mutter bei einem Verkehrsunfall[1] ums Leben kommt[2].
   c. Weil Lara ständig Klarinette spielt.
   d. Weil er Lara im Konzertsaal sieht.

4. Warum will Lara aufs Konservatorium?
   a. Weil sie zu Hause immer übersetzen muss.
   b. Weil ihre Mutter bei einem Verkehrsunfall ums Leben gekommen ist.
   c. Weil ihr Vater eifersüchtig ist.
   d. Weil sie Musikerin werden möchte.

5. Warum versöhnen sich[3] Lara und ihr Vater?
   a. Weil Lara Talent hat.
   b. Weil Lara vor die Prüfungskommmmission des Konservatoriums tritt[4].
   c. Weil ihr Vater nach Berlin kommt. Er will sie spielen sehen.
   d. Weil sich das angespannte Verhältnis[5] zwischen Vater und Tochter bessert.

C. Wer weiß – gewinnt: Feiertage und Brauchtum. Markieren Sie die richtigen Antworten.

1. Ein Adventskalender hat _____ Türchen.
   a. 6
   b. 31
   c. 25
   d. 24

2. Der Adventskalender ist _____ alt.
   a. 50 Jahre
   b. über 100 Jahre
   c. 90 Jahre
   d. fast 1000 Jahre

3. Am liebsten feiern die Deutschen Weihnachten _____.
   a. bei Freunden
   b. in der Kneipe
   c. im Urlaub
   d. zu Hause

[1]*car accident* [2]*ums Leben kommen ... die* [3]*versöhnen ... become reconciled* [4]*treten vor (tritt) ... appear*
[5]*angespannte Verhältnis ... tense relationship*

Aufsatz-Training

A. Der Besuch. Lesen Sie den Bericht über das Wochenende der Kohls.

Die Kohls haben im Sommerurlaub Herrn und Frau Gauthier, ein nettes Ehepaar aus Straßburg, kennengelernt und sie zu einem Besuch in Stuttgart eingeladen. An einem Wochenende im Oktober sind die Gauthiers dann zu Besuch gekommen. Am Donnerstag hat Herr Kohl zuerst das Gästezimmer aufgeräumt und danach die Fenster geputzt. Frau Kohl hat das Bett gemacht und zum Schluss hat sie noch frische Blumen auf den Tisch gestellt.

Am Freitagabend hat Herr Kohl die Gauthiers vom Bahnhof abgeholt. Zu Hause haben die Kohls ihre Gäste mit einem Glas Sekt begrüßt und dann sind sie essen gegangen. Hinterher sind sie noch durch die Altstadt gebummelt.

Am Samstag haben alle zuerst einmal ausgeschlafen. Nach dem Frühstück sind die beiden Frauen auf den Markt gegangen und haben für das Grillfest am Abend eingekauft. Die Männer haben ein Fußballspiel im Fernsehen angeschaut. Schließlich haben alle zusammen auf der Terrasse gesessen, über Urlaubserinnerungen gesprochen und viel gelacht. Herr Kohl hat saftige Steaks gegrillt und dazu haben sie einen neuen französischen Rotwein probiert. Zum Schluss haben sie noch ein bisschen Karten gespielt. Am Sonntagmittag sind die Gauthiers mit dem Zug wieder nach Hause gefahren. Es war ein schönes Wochenende!

1. **Glossar.** Schreiben Sie die passenden deutschen Wörter in die Glossartabelle. *Note: The English verb phrases are listed in the order in which they occur in the German text. List the verb phrases in their infinitive forms. Verify your guesses using a dictionary.*

ENGLISCH	DEUTSCH	VERIFIZIERT
a. to invite for a visit	*zu einem Besuch einladen*	✓
b. to come for a visit		
c. to put fresh flowers on the table		
d. to welcome with a glass of champagne		
e. to stroll through the old town		
f. to sleep in		
g. to watch a soccer game on TV		
h. to sit on the patio		
i. to reminisce about one's vacation		
j. to barbecue juicy steaks		
k. to sample a new French red wine		
l. to take the train back home		

2. Welche Zeitausdrücke[1] gehören zusammen?

a. ____ zuerst   i. *after that*
b. ____ dann   ii. *afterward*
c. ____ danach   iii. *finally*
d. ____ hinterher   iv. *first*
e. ____ zum Schluss   v. *then*

B. Jetzt sind Sie dran! Schreiben Sie über einen Besuch, den Sie bekommen haben. Wer ist gekommen? Wie haben Sie sich auf den Besuch vorbereitet? Was haben Sie gemacht? Schreiben Sie zehn Sätze.

Schreibhilfe

NÜTZLICHE AUSDRÜCKE

am Freitag	am Sonntagnachmittag	hinterher	um halb fünf
am Samstagabend	danach	im Herbst	um neun Uhr
am Samstagvormittag	dann	im Mai	zuerst

Remember that you can also start a sentence with a time expression. Even if the subject is not in first position, the verb comes second in main clauses. Revise your writing to make sure that you varied your word order, conjugated verbs, and spelled words correctly. Use a dictionary if necessary to look up the meaning or spelling of German words.

Der Besuch

_____

_____

_____

_____

_____

_____

_____

_____

_____

_____

_____

_____

_____

_____

_____

[1]*time expressions*

KAPITEL 5

Geld und Arbeit

Geschenke und Gefälligkeiten

Schriftliche Aktivitäten

A. Geschenke. Alle Ihre Freunde und Verwandten haben bald Geburtstag. Weil Sie nicht so viel Geld haben, können Sie nur ein paar Geschenke kaufen. Was kaufen Sie wem? Was machen Sie für die anderen?

→ Lesen Sie Grammatik 5.1, „Dative case: articles and possessive adjectives"!

LEUTE	DINGE	VERBEN
Mutter, Vater, Oma, Opa, Tante, Onkel, Vetter, Kusine, Freund(in), Schwester, Bruder, Sohn, Tochter, Mitstudent(in), Professor(in), ?	Brief (m.), Buch (n.), CD (f.), E-Mail (f.) Geheimnis (n.), Hausaufgaben (pl.), Konzertkarte (f.), Kuchen (m.), Pizza (f.), Pullover (m.), Schuhe (pl.), SMS (f.) Suppe (f.), Witz (m.), Zelt (n.), ?	backen, bringen, erklären, erzählen, geben, kaufen, kochen, leihen, machen, schenken, schreiben, tun, verkaufen, ?

MODELLE: Meiner Tante schenke ich eine Kette.
Meinem Sohn backe ich einen Kuchen.

1. _____
2. _____
3. _____
4. _____
5. _____
6. _____
7. _____
8. _____

B. Wer, wen oder wem? Sie sprechen mit einem Freund im Deutschkurs, aber Sie können ihn nicht verstehen. Sie wollen wissen, von wem er spricht. Fragen Sie nach dem unterstrichenen Teil.

→ Lesen Sie Grammatik 5.2, „Question pronouns: **wer, wen, wem**"!

MODELLE: IHR FREUND: Ich habe <u>unserem Professor</u> gestern einen Apfel gegeben.
SIE: **Wem** hast du einen Apfel gegeben?

IHR FREUND: Unserem Professor. <u>Heidi</u> hat ihm auch einen Apfel gegeben.
SIE: **Wer** hat ihm auch einen Apfel gegeben?

1. IHR FREUND: Ich habe gestern mit meiner Familie <u>meine Tante und meinen Onkel</u> besucht.

    SIE: _____

2. IHR FREUND: Meine Tante und meinen Onkel. Meine Tante hat <u>meiner Schwester</u> ein Buch gegeben.

    SIE: _____

3. IHR FREUND: Meiner Schwester. <u>Ich</u> habe meiner Tante Witze erzählt.

    SIE: _____

4. IHR FREUND: Ich! Meine Tante hat <u>mich</u> nicht hören können.

    SIE: _____

5. IHR FREUND: Mich!

    SIE: **Ich** kann dich auch nicht hören! Vielleicht solltest du lauter sprechen!

Hörverständnis

A. Rolfs Dilemma. Rolf wohnt mit Niko, einem Italiener, und Christoph, einem anderen deutschen Austauschstudenten, in einer Wohngemeinschaft in der Nähe vom Campus der Universität Berkeley. Heute hat er ein kleines Problem.

NEUE VOKABELN
ausleihen, lieh aus, ausgeliehen   *to lend*
abgeben   *to hand in*
versprechen (verspricht), versprochen   *to promise*

Ergänzen Sie die Sätze.

> **Achtung!**   *masculine* → **seinem**
>
> *feminine* → **seiner**

1. Rolf hat sein_____ Mitbewohner, Christoph, sein _____ ausgeliehen.

2. Niko hat sein Fahrrad ein_____ deutschen _____ verkauft.

3. Rolf hat sein_____ Professorin versprochen, dass er seine _____ persönlich abgibt.

4. Niko hat sein_____ Freundin sein _____ ausgeliehen.

5. Niko sagt: „Schick dein_____ Dozentin eine _____."

6. Rolf ruft an und erklärt d_____ Assistentin die _____.

B. Geschenke. Herr und Frau Wagner sind im Kaufhaus und überlegen, was für Weihnachtsgeschenke sie kaufen können.

NEUE VOKABELN
der Rollschuh, -e   *roller skate*
die Puppe, -n   *doll*
das Märchen, -   *fairy tale*

1. Richtig (R) oder falsch (F)?

    a. _____ Herr und Frau Wagner kaufen ihrer Tochter Andrea ein Fahrrad.
    b. _____ Sie kaufen ihrer Tochter Paula eine Puppe.
    c. _____ Herr Wagner findet die Puppe sehr schön.
    d. _____ Die Wagners haben Paula schon zum Geburtstag eine Puppe geschenkt.
    e. _____ Frau Wagner findet das Märchenbuch zu teuer.
    f. _____ Herr und Frau Wagner wollen mit den Kindern Fußball spielen.
    g. _____ Frau Wagner schenkt ihrer Mutter einen Pullover.
    h. _____ Sie wollen Frau Wagners Vater ein Buch schenken.

2. Und Sie? Wem haben Sie was geschenkt? Schreiben Sie fünf Sätze.

    NÜTZLICHE AUSDRÜCKE

    zum Geburtstag
    zum Muttertag
    zum Valentinstag
    zum Vatertag
    zu Weihnachten

    MODELL: Zum Valentinstag habe ich meinem Freund ein Handy geschenkt.
               Zu Weihnachten habe ich meinen Eltern Konzertkarten geschenkt.

    a. _____

    b. _____

    c. _____

    d. _____

    e. _____

C. Gefälligkeiten. Jürgen fährt mit Silvia zum Skifahren in die Alpen. Er bittet Claudia, eine andere Studentin in seiner Wohngemeinschaft[1], um Gefälligkeiten.

Was gehört zusammen?

1. _____ Jürgen fährt zum Skifahren
2. _____ Klaus hat eine Skihose,
3. _____ Jürgen gießt die Blumen
4. _____ Claudia leiht Jürgen eine Skibrille

a. einmal in der Woche.
b. aber keine Skier.
c. und Claudia gießt für ihn die Blumen.
d. die Jürgen passt.
e. weil seine Skibrille kaputt ist.
f. für Silvia.
g. weil Claudia zum Skifahren fährt.

Berufe

Schriftliche Aktivitäten

A. Kreuzworträtsel. Setzen Sie die fehlenden Berufe ein.

SENKRECHT

1. Er macht kranke Menschen wieder gesund.
2. Er pflegt kranke Menschen im Krankenhaus.
3. Sie verteidigt den Angeklagten.
4. Er arbeitet im Gericht.

WAAGERECHT

5. Sie fliegt ein Flugzeug.
6. Er plant ein Haus.
7. Sie schreibt Romane.
8. Sie unterrichtet in einer Schule.

[1]*shared apartment/house*

B. **Was wollen sie werden?** Was wollen die folgenden Personen werden? Verbinden Sie die Satzteile auf der nächsten Seite!

Ernst   Eske & Damla   Jutta   Thomas

Katrin   Nora   Jens   Peter   Melanie

1. _____ Ernst will
2. _____ Eske und Damla wollen
3. _____ Jutta will
4. _____ Thomas will
5. _____ Katrin will
6. _____ Nora will
7. _____ Jens will
8. _____ Peter will
9. _____ Melanie will

a. Mechaniker werden.
b. Polizist werden.
c. Schriftstellerinnen werden.
d. Friseurin werden.
e. Architektin werden.
f. Koch werden.
g. Lehrerin werden.
h. Dirigentin werden.
i. Arzt werden.

C. Warum nicht? Machen Sie für jede Situation zwei Berufsvorschläge von den folgenden Listen.

MASKULIN	FEMININ
Anwalt	Anwältin
~~Architekt~~	~~Architektin~~
Arzt	Ärztin
~~Bauarbeiter~~	~~Bauarbeiterin~~
Bibliothekar	Bibliothekarin
~~Dirigent~~	~~Dirigentin~~
Hausmeister	Hausmeisterin
Krankenpfleger	Krankenpflegerin
Mechaniker	Mechanikerin
~~Musiker~~	~~Musikerin~~
Richter	Richterin
Schriftsteller	Schriftstellerin

→ Lesen Sie Grammatik 5.3, „Expressing change: the verb **werden**"!

MODELLE: LINDA: Ich möchte Häuser bauen. →

SIE: Warum _wirst_ du nicht _Bauarbeiterin_ oder _Architektin_?

FRAU KELLER: Mein Sohn hat Interesse an Musik. →

SIE: Warum _wird_ er nicht _Musiker_ oder _Dirigent_?

1. CHRISTOPH: Ich habe Interesse an Medizin.

SIE: Warum _____ du nicht _____ oder _____?

2. HERR MOSER: Meine Tochter möchte auf dem Gericht arbeiten.

SIE: Warum _____ sie nicht _____ oder _____?

3. FRAU GERBER: Ich lese gern.

SIE: Warum _____ Sie nicht _____ oder _____?

4. FRAU LOHMAR: Mein Sohn repariert gern Dinge.

SIE: Warum _____ er nicht _____ oder _____?

5. Und Sie? Was interessiert Sie und was möchten Sie werden?

_____

_____

Hörverständnis

A. Bildgeschichte: Was Michael Pusch schon alles gemacht hat.

Ergänzen Sie die Sätze mit den folgenden Ausdrücken.

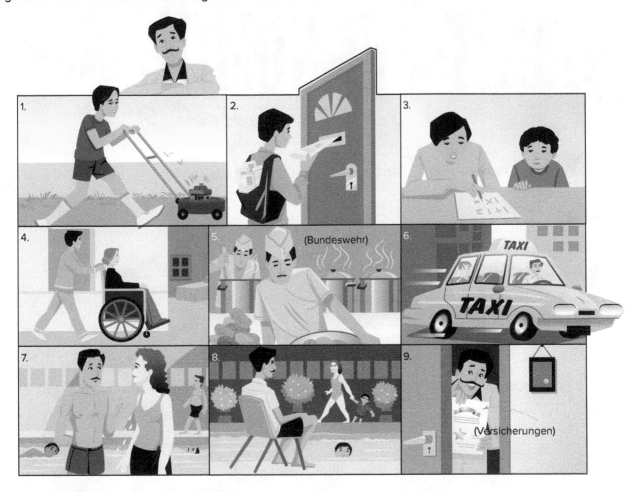

als Koch arbeiten
in einem Schwimmbad als Bademeister arbeiten
Zeitungen austragen
dem Jungen von nebenan Nachhilfe in
   Mathematik geben

Maria kennenlernen
als Taxifahrer arbeiten
den Nachbarn den Rasen mähen
Krankenpfleger lernen
Versicherungen verkaufen

a. Als Michael 10 war, _____

b. Als er 12 war, _____

c. Als er 14 war, _____

d. Als er mit der Schule fertig war, _____

e. Als er bei der Bundeswehr war, _____

f. Nach der Bundeswehr _____

g. Als er 25 war, _____

h. Damals _____

i. Später _____

B. Der neue Trend: „Kombi-Berufe".

BERUF
SPORT-ÖKONOMIN *Schon mal gehört?*

NEUE VOKABELN
der Sportler, - / die Sportlerin, -nen   *person who participates in sports*
der Sportverein, -e   *sports club*
das Recht   *law*
brutto   *gross*

Setzen Sie die fehlenden Wörter ein.

Interessieren Sie sich für Sport und _____[1], Technik und _____[2] oder

Sprachen und Wirtschaft? Jetzt gibt es die neuen „Kombi-Ausbildungen". Hier ein Beispiel:

Sport-_____[3] oder Sport-_____[4].

Es gibt in der Bundesrepublik _____[5] Millionen organisierte _____[6]

und Hobbysportler. Man sucht immer mehr Sportmanager und -managerinnen, die bei

Sportartikelfirmen, Sportvereinen und in _____[7]- und Fitness-Centern

_____[8]. Deshalb kann man jetzt an der _____[9] Bayreuth Sport-

Ökonomie _____[10]. Neben Sport stehen dort Wirtschaft, Recht und

_____[11] auf dem Stundenplan. Wenn Sie Geschäftsführer bei einem großen

_____[12] werden, haben Sie schon am Anfang ein reichliches Einkommen im Monat.

Arbeitsplätze

Schriftliche Aktivitäten

A. Wo macht man was? Kombinieren Sie die Verben mit den Orten.

→ Lesen Sie Grammatik 5.4, „Location: **in, an, auf** + dative case"!

> **Achtung!** *Location:* **in, an, auf** + Dativ
> *Masculine, neuter:* **dem**; *feminine:* **der**
> *Contractions:* **an + dem → am**
>   **in + dem → im**

arbeiten			Bank (*f.*)
Briefmarken kaufen			Bibliothek (*f.*)
Bücher finden			Buchhandlung (*f.*)
einkaufen	an		Büro (*n.*)
Filme sehen	auf		Kino (*n.*)
ein Konto eröffnen	in		Post (*f.*)
lesen			Schwimmbad (*n.*)
schwimmen			Supermarkt (*m.*)
studieren			Universität (*f.*)

MODELLE: Man kauft Briefmarken **auf der** Post.
          Man kauft **im** Supermarkt ein.

1. _____

2. _____

3. _____

4. _____

5. _____

6. _____

7. _____

B. Warum arbeitet Nora? Nora hat nicht viel Freizeit, denn abends und am Wochenende arbeitet sie. Sie wohnt mit drei Mitbewohnern in einem Haus und sie braucht Geld für Miete und Essen. Sie hat auch ein Auto und muss das Benzin und die Autoversicherung selbst zahlen. Dieses Semester jobbt sie 20 bis 25 Stunden pro Woche in einem Buchladen. Sie arbeitet an der Kasse, bedient Kunden und stellt Bücher weg. Ihr Stundenlohn ist $10.00. Das ist jedoch nicht ihr erster Job. Ihr erster Job war im 12. Schuljahr. Sie hat in einem Supermarkt gearbeitet. Dort hat sie Lebensmittel in die Regale eingeräumt und Einkaufswagen auf dem Parkplatz eingesammelt. In den Sommerferien hat sie auch einmal als Hilfsköchin in einem mexikanischen Restaurant gearbeitet. Dort hat sie Salsa gemacht und die Salsa dann den Gästen mit Chips serviert. Manchmal hat sie gutes Trinkgeld bekommen.

1. **Glossar.** Schreiben Sie die passenden deutschen Wörter in die Glossartabelle. *Note: The English terms are listed in the order in which they occur in the German text. First record your guesses. Circle the appropriate article for nouns. List verbs or verb phrases in their infinitive form. Then verify them in a dictionary.*

ENGLISCH	DEUTSCH	VERIFIZIERT
a. rent	der/(die)/das *Miete*	✓
b. gasoline	der/die/das	
c. to work (at a temporary job)		
d. bookstore	der/die/das	
e. to wait on		
f. male customer	der/die/das	
g. to shelve, to put away		
h. hourly wage	der/die/das	
i. groceries	der/die/das	
j. to collect		
k. female kitchen help	der/die/das	
l. tip	der/die/das	

2. Richtig (R) oder falsch (F)?

   a. _____ Nora arbeitet, weil sie Geld für Kleidung und Unterhaltung braucht.
   b. _____ Dieses Semester hat sie einen Job als Hilfsköchin in einem mexikanischen Restaurant.
   c. _____ Als Hilfsköchin hat sie manchmal gutes Trinkgeld bekommen.

3. Ein Interview mit Nora. Schreiben Sie fünf Fragen und beantworten Sie die Fragen mit Informationen aus dem Text.

   MODELLE: SIE: *Wann arbeitest du?*

   NORA: *Ich arbeite abends und am Wochenende.*

   a. SIE: _____

       NORA: _____

b.　SIE: _____

　　NORA: _____

c.　SIE: _____

　　NORA: _____

d.　SIE: _____

　　NORA: _____

e.　SIE: _____

　　NORA: _____

Hörverständnis 🎧

A. Rollenspiel: Bei der Berufsberatung.

Richard macht im Frühling die Matura und weiß nicht, was er danach machen will. Er geht zu einer Berufsberaterin und spricht mit ihr über seine Interessen.

NEUE VOKABELN
die Matura　*college-prep-school degree in Austria and Switzerland*
überhaupt nicht　*not at all*

WÄHREND DES HÖRENS

1. Wie beginnt die Berufsberaterin das Gespräch? Was sagt sie genau?

_____

_____

2. Welche Fragen stellt die Berufsberaterin? Hier sind Richards Antworten. Schreiben Sie nur die Fragen auf.

BERUFSBERATERIN: _____

　　RICHARD: Jetzt im Frühling.

BERUFSBERATERIN: _____

　　RICHARD: Eigentlich nicht. Nur Geisteswissenschaften interessieren mich überhaupt nicht.

BERUFSBERATERIN: _____

　　RICHARD: Ich weiß nicht. Eigentlich habe ich erstmal genug von Büchern.

BERUFSBERATERIN: _____

　　RICHARD: In Mathematik und Naturwissenschaften bin ich ganz gut. Und ich fotografiere gern.

3. Beantworten Sie die Fragen.

a. Was für eine Ausbildung empfiehlt die Berufsberaterin?

_____

b. Wie endet das Gespräch?

_____

_____

NACH DEM HÖREN

Die Rollen

S1: Sie arbeiten bei der Berufsberatung. Ein Student / Eine Studentin kommt in Ihre Sprechstunde. Stellen Sie ihm/ihr Fragen zu diesen Themen: Schulbildung, Interessen und Hobbys, besondere Kenntnisse, Lieblingsfächer.

S2: Sie sind Student/Studentin und gehen zur Berufsberatung, weil Sie nicht wissen, was Sie nach dem Studium machen sollen. Beantworten Sie die Fragen des Berufsberaters / der Berufsberaterin.

B. Berufe erraten. Frau Schulz und ihre Klasse machen ein Ratespiel. Ein Student / Eine Studentin sagt, *wo* er/sie arbeiten möchte, und die anderen raten, was er/sie werden will.

NEUE VOKABELN
Sie sind dran.   *It's your turn.*
das Rathaus, -˝er   *city hall*
der Schauspieler, -   *actor*

Setzen Sie die fehlenden Informationen ein!

Student(in)	Arbeitsplatz	Beruf
Stefan	*in einer Schule*	
Heidi		
Peter		

In der Küche

Schriftliche Aktivitäten

A. In der Küche. Jochen Ruf ist Schriftsteller und Hausmann. Hier ist ein Stück aus seinem neuen Roman *Kinder, Küche und ein Mann*. Setzen Sie die richtigen Wörter ein: **Backofen, Geschirrspüler, Herd, Küche, Küchenlampe, Küchenwaage, Kühlschrank, Schublade, Spülbecken, Wasserhahn.**

Abends kommt er noch einmal in die _____¹, allein. Dort

sieht es wieder schrecklich aus. Die Kinder haben das schmutzige Geschirr nicht in den

_____² gestellt. Auf dem _____³

steht noch eine benutzte Pfanne. Auch die _____⁴, in der das

Besteck ist, steht offen. Im _____⁵ steht ein leerer Topf und auf der

_____⁶ steht eine Flasche. Der _____⁷

tropft und das _____⁸ ist voll Wasser. Es ist chaotisch! Aber die

_____⁹ brennt und der _____¹⁰

brummt leise in der Ecke und irgendwie ist es gemütlich.

B. Jeden Tag eine gute Tat! Ernst hat zwei Hobbys: Er kocht gerne und er ist bei den Pfadfindern¹. Setzen Sie die Personalpronomen ein.

→ Lesen Sie Grammatik 5.5, „Dative case: personal pronouns"!

1. Am Montag hat Ernst seine Oma besucht. Er hat _____ beim Geschirrspülen geholfen.

2. Am Dienstag war sein Freund Markus traurig. Ernst hat _____ einen Milchshake gemacht.

3. Am Mittwoch hatten seine Schwestern Hunger. Ernst hat _____ Spaghetti gekocht.

4. Am Donnerstag hatte sein Hund einen schlechten Tag. Ernst hat _____ Hundekuchen gegeben.

5. Am Freitag hat Andrea eine Geburtstagsparty gefeiert. Ernst hat _____ eine Schokoladentorte gebacken.

6. Am Samstag war sein Vater krank. Ernst hat _____ einen Tee gekocht.

7. Am Sonntag war Pfadfindertreffen. Da hat Ernst alle seine Freunde getroffen und _____ von seinen guten Taten erzählt.

Hörverständnis

Josef Bergmanns Küche. Josef hat sehr gern Gäste und kocht sehr gern. Er beschreibt, wie seine Küche aussieht.

NEUE VOKABELN
hintere   *back*
das Gewürz, -e   *spice*
der Haken, -   *hook*
vordere   *front*

¹Boy Scouts

1. Wo ist das?

   a. _____ Wo ist der Kühlschrank?
   b. _____ Wo ist das Spülbecken?
   c. _____ Wo sind die Messer?
   d. _____ Wo sind Teller und Gläser?
   e. _____ Wo hängen die Tassen?
   f. _____ Wo steht der Tisch?
   g. _____ Wo sitzt Josef oft?
   h. _____ Wo sind die Gewürze?

   i. unter dem Regal
   ii. im Gewürzregal
   iii. an dem großen Tisch
   iv. rechts in der hinteren Ecke
   v. unter dem Fenster
   vi. an dem Magneten
   vii. in der vorderen linken Ecke
   viii. im Regal

2. Welches Bild zeigt Josefs Küche, **Bild A** oder **Bild B**?

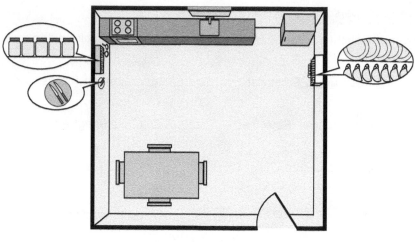

Bild A _____

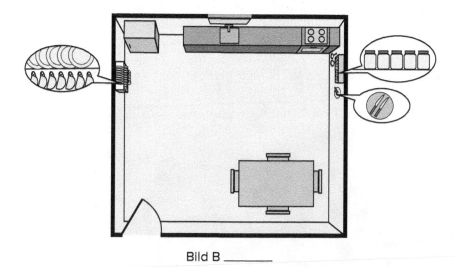

Bild B _____

Aussprache und Orthografie

Aussprache (1. Teil)

Word Stress in German and Foreign Words with *Ur-/ur-*, *Un-/un-*, *-ei*

The prefixes **Ur-/ur-** and **Un-/un-,** as well as the ending **-ei,** are always stressed—for example: ***Ur*laub, *Ur*kunde, *ur*sprünglich, *Un*fall, Bäcker*ei*, Tür*kei*.** In such German words, the word stress is easily recognizable. However, rules and exceptions apply to foreign words used in German: Stress depends on the original pronunciation of the word and on the degree to which it has been Germanized.

Often foreign words have the stress on the last syllable, especially when the last vowel is long—for example, words ending in:

- **-ion,** such as **Na*tion***;
- **-al,** such as **natio*nal***;
- **-ös,** such as **ner*vös***;
- **-ie,** such as **Fotogra*fie***;
- **-ör** or **-eur,** such as **Fri*seur*** or **Fri*sör***;
- **-ik** (when \<i\> is long), such as **Mu*sik*.***

The second-to-last syllable is stressed in words ending in:

- **-ieren,** such as **stu*die*ren;**†
- **-or,** such as **Dok*tor*.**‡

A. Listen and complete the prefixes in **Ur-/ur-** or **Un-/un-.**

1. Eine _____kunde für _____gewöhnliche Leistungen.

2. _____laub in _____garn.

3. Das Wetter ist sehr _____freundlich – ein richtiges _____wetter.

4. Ein _____glücklicher _____fall.

5. Ein _____sympathischer _____bekannter.

Check your answers in the answer key. Replay the segment and repeat the sentences after the speaker. Be sure to stress the prefixes.

Some words that are similar in German and English have different word stress.

B. Listen to the German words and indicate the stressed vowel (_ = long, . = short).

1. Adresse (   )
2. Zigarette (   )
3. robust (   )
4. Idee (   )
5. Aristokrat (   )
6. Akzent (   )
7. Person (   )
8. Kontakt (   )
9. Romanze (   )

Replay the segment and indicate whether the stress is the same (=) in English or different (≠).
Replay the segment once more and pronounce the words after the speaker. Tap on your table when you pronounce the stressed syllables.

_____

*When \<i\> is short, often the stress falls on the previous syllable—for example: **In*for*matik.**

†This holds true for derivations such as **Kass*ie*rer** (*cashier*) from **kass*ie*ren.** In other forms, the syllable with **-ie** may occur at the end of a word: **er stud*iert*.**

‡In the plural the stress shifts to the syllable with **-or: Dok*to*ren.**

C. Listen to the following words and organize them in the table according to whether the first, second-to-last, or last syllable is stressed.

interessieren
Polizei
Universität
Urlaub
Information
Biologie
Chemie
Unfall

Physik
Religion
Professorin
Mathematik
Professor
Cafeteria
Grammatik
Kultur

Stress on First Syllable	Stress on Second-to-Last Syllable	Stress on Last Syllable

Check your answers in the answer key. Then replay the segment and pronounce the words after the speaker.

Read the words aloud and tap on your table as you pronounce the stressed syllables.

Orthografie (1. Teil)

Foreign Words

Listen and write the following words.

1. _____

2. _____

3. _____

4. _____

5. _____

6. _____

7. _____

8. _____

Aussprache (2. Teil)

l-Sound

German has only one pronunciation of the letter <l>, which is very similar to the *l*-sound in English words such as *million* and *billion*. Concentrate on using the same sound in all German words with <l> or <ll>.

A. Listen and repeat.

lila	lange
lila Bälle	langweilig
Fußball spielen	ein Telefon
die Leute	ein Bildtelefon
viele Leute	

B. Listen and repeat.

Viele Leute spielen Fußball.
Fußbälle sind nicht lila.
Für Ulla ist Fußballspielen langweilig.
Ulli liebt Fußball.
Ulla und Ulli haben Bildtelefone.
Sie telefonieren immer sehr lange.

C. Find more words with <L, l, ll> in the chapter vocabularies of **Einführung A** and **B** and **Kapitel 1–5** and read them aloud. Remember: All <l>s are pronounced the same.

L/l (at the Beginning of a Word)	l (at the End of a Word)	ll (in the Middle of a Word)	ll (at the End of a Word)

Orthografie (2. Teil) 🎧

Listen and write words with <l> and/or <ll>.

1. _____   5. _____

2. _____   6. _____

3. _____   7. _____

4. _____   8. _____

Kulturecke

A. Ausbildung, Beruf und Studentenjob. Markieren Sie die richtigen Antworten.

1. Junge Menschen, die eine Berufsausbildung machen, nennt man _____.

   a. Azubis   b. Ausbilder   c. Schüler   d. Studenten

2. Eine Berufsausbildung dauert _____.

   a. ein Jahr   b. zwei Jahre   c. drei Jahre   d. vier Jahre

3. Die theoretische Ausbildung findet _____ statt.

   a. am Gymnasium   c. an der Berufsschule

   b. an der Universität   d. an der Realschule

4. Der Unterricht beträgt _____ Stunden pro Woche.

   a. 4–6   b. 8–10   c. 14–16   d. 18–20

5. Neben den berufsspezifischen Fächern hat man auch Fächer wie _____.

   a. Latein und Französisch   c. Musik und Sport

   b. Wirtschaft und Englisch   d. Religion und Kunst

6. Die praktische Seite des Berufs lernt man _____.

   a. in der Schule   b. auf der Straße   c. bei den Eltern   d. in einem Betrieb

7. Die Prüfung am Ende der Ausbildung nennt man _____.

   a. Diplom   b. Abitur   c. Azubiprüfung   d. Gesellenprüfung

8. Wenn man die Ausbildung erfolgreich abgeschlossen hat, ist man _____.

   a. Meister(in)   b. Praktikant(in)   c. Facharbeiter(in) d. Lehrer(in)

9. Mehr als _____ der Studenten arbeiten neben dem Studium und in den Semesterferien.

   a. ein Viertel   b. ein Drittel   c. die Hälfte   d. ein Fünftel

10. Welcher Job ist bei Studenten besonders beliebt?

   a. als Taxifahrer arbeiten   c. als Kellner arbeiten

   b. in der Bibliothek arbeiten   d. in einer Bäckerei arbeiten

B. Leipzig. Wählen Sie die richtigen Antworten aus dem Wörterkasten.

Bach Leipzig Festival **Leipziger Buchmesse** **Studenten**

Bücher **Messen** **Universität**

Dichter **Montagsdemonstrationen** **Wiedervereinigung**

Heldenstadt **Musikstadt** **Wirtschaftszentrum**

Komponisten **Schule**

---

1. Leipzig hat 530 000 Einwohner und ist ein wichtiger Verkehrsknotenpunkt und wichtiges

   _____ in Ostdeutschland.

2. Leipzig hat eine _____. Sie wurde 1409 gegründet und ist nach Heidelberg

   die zweitälteste in Deutschland. An ihr studieren heute ca. 28 000 _____.

3. Leipzig ist als _____ bekannt. Berühmte Musiker arbeiteten dort wie zum

   Beispiel Johann Sebastian Bach. Jedes Jahr im Juni findet das _____ statt.

4. Leipzig spielte eine wichtige Rolle 1989. Dort begannen die _____. Sie

   führten zum Fall der Mauer und zur _____ Deutschlands. Viele Menschen

   nennen Leipzig die „_____".

5. In Leipzig gibt es auch viele _____. Jedes Jahr im März findet die

   _____ statt. Nur die in Frankfurt am Main ist größer.

Das alte Rathaus von Leipzig

Aufsatz-Training

A. Christians Zukunftspläne. Christian ist 18 Jahre alt und besucht ein Gymnasium. Er möchte gern Meeresbiologe werden. Er taucht seit seinem neunten Lebensjahr. Er findet die Unterwasserwelt sehr interessant. Als Meeresbiologe muss man Wasserproben und Fische untersuchen und man muss Berichte schreiben. Für diesen Beruf braucht Christian das Abitur und ein Studium. Er muss Meeresbiologie studieren. Man braucht auch einen Tauchschein. Christians Traum ist es, einmal als Meeresforscher für die Organisation von Jacques Cousteau zu arbeiten. Christian ist sehr sportlich. Er treibt gern Wassersport, wie schwimmen und tauchen. Aber er fährt auch gern Fahrrad und er spielt in einer Fußballmannschaft. Er möchte später auch einmal heiraten und eine Familie haben, aber nicht mehr als zwei Kinder. Aber zuerst möchte er viele weite Reisen in ferne Länder machen und Abenteuer erleben.

1. **Glossar.** Schreiben Sie die passenden deutschen Wörter in die Glossartabelle. *Note: The English terms are listed in the order in which they occur in the German text. First record your guesses. Circle the appropriate article for nouns. List verbs or verb phrases in their infinitive form. Then verify them in a dictionary.*

ENGLISCH	DEUTSCH	VERIFIZIERT
a. marine biologist	der/die/das	
b. water samples	der/die/das	
c. to examine		
d. report	der/die/das	
e. marine biology	der/die/das	
f. diving license	der/die/das	
g. marine researcher	der/die/das	
h. journey, trip	der/die/das	
i. adventure	der/die/das	
j. to experience		

2. Machen Sie ein Interview mit Christian. Schreiben Sie sieben Fragen und beantworten Sie die Fragen mit Informationen aus dem Text.

MODELL: SIE: *Wie alt bist du?* _____

          CHRISTIAN: *Ich bin 18.* _____

a.   SIE: _____

          CHRISTIAN: _____

b.   SIE: _____

          CHRISTIAN: _____

c.   SIE: _____

CHRISTIAN: _____

d.   SIE: _____

CHRISTIAN: _____

e.   SIE: _____

CHRISTIAN: _____

f.   SIE: _____

CHRISTIAN: _____

g.   SIE: _____

CHRISTIAN: _____

B. Jetzt sind Sie dran! Was sind Ihre Zukunftspläne? Schreiben Sie zwölf (12) Sätze.

Schreibhilfe

Beantworten Sie in Ihrem Aufsatz die folgenden Fragen.

- Was wollen Sie werden? Warum?
- Braucht man dazu ein Studium oder eine Ausbildung?
- Was ist Ihr Traumjob? Warum?
- Wo wollen Sie einmal arbeiten? Warum?
- Wie soll Ihr Privatleben aussehen? Möchten Sie einmal heiraten und eine Familie haben?
- Was wollen Sie in Ihrer Freizeit machen? Warum?

Read your composition several times and revise it. Make sure that you have varied the word order and included a couple of longer sentences. You can use a dictionary if you are unsure exactly what a word means or how to spell it.

Meine Zukunftspläne

_____

_____

_____

_____

_____

_____

_____

_____

_____

_____

_____

6

Wohnen

Haus und Wohnung

Schriftliche Aktivitäten

A. Was ist das? Diese Dinge finden Sie im Haus. Setzen Sie die Wörter waagerecht ein. Wie heißt das Lösungswort?

1. In ihr liegt man, wenn man badet.
2. Das ist eine Art Veranda im ersten oder zweiten Stock.
3. In ihm bleiben Lebensmittel kühl.
4. Man benutzt ihn zum Fegen.
5. In diesem Zimmer arbeitet man.
6. In diesem Zimmer duscht oder badet man.
7. Man benutzt sie zum Wäschewaschen.
8. In diesem Zimmer schläft man.
9. In ihm backt man Kuchen, Pizza oder Brot.
10. Man benutzt ihn zum Staubsaugen der Teppiche.

Wenn alles richtig ist, finden Sie hier das Lösungswort.

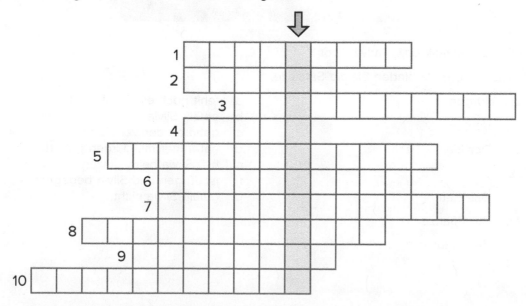

Das Lösungswort heißt: _____

Kleine Hilfe: Man sitzt dort mit Gästen oder sieht dort fern.

B. Silvias neues Zimmer. Silvia hat jetzt endlich ein Zimmer. Silvias Freund Jürgen will ihr beim Umzug[1] helfen. Auf dem Weg haben sie zufällig[2] Rolf getroffen, also hilft er auch mit. Das neue Zimmer ist im fünften Stock, gleich unter dem Dach, hell und möbliert. Die Vermieterin hat Silvia ein Bett, einen Tisch und zwei Stühle hingestellt[3]. Silvia findet den kleinen Tisch sehr schön und die beiden Stühle ganz hübsch. Aber sie mag das Bett nicht so sehr. Es sieht nicht so schön aus. Das Zimmer hat auch einen neuen Teppichboden, aber Silvia hat noch keinen Staubsauger. Weil das Zimmer so hell ist, hat Jürgen ihr seine Zimmerpflanze gegeben.

→ Lesen Sie Grammatik 6.1, „Dative verbs"!

Was passt zusammen? Verbinden Sie die Satzteile!

1. _____ Jürgen
2. _____ Rolf
3. _____ Der kleine Tisch
4. _____ Silvia
5. _____ Das Bett
6. _____ Die Pflanze
7. _____ Zwei Stühle

a. fehlt noch ein Staubsauger.
b. gefällt Silvia sehr.
c. gehören der Vermieterin.
d. hat früher mal Jürgen gehört.
e. hilft Silvia beim Umzug.
f. ist Jürgen und Silvia begegnet.
g. gefällt Silvia nicht.

[1]*move*
[2]*by chance*
[3]*furnished*

Hörverständnis

A. Ein alter Nachbar. Frau Frisch-Okonkwo trifft einen alten Nachbarn, Herrn Übele, in einem Geschäft im Zentrum von Zürich.

NEUE VOKABELN
das Erdgeschoss   *first floor*
der Neubau   *new building*

Beantworten Sie die Fragen.

1. Warum wird Herr Übele fast verrückt? _____

2. Welche Vorteile[1] hat das Haus? _____

_____

3. Wie alt ist das Haus? _____

4. Setzen Sie die Namen der Zimmer in den Plan ein:

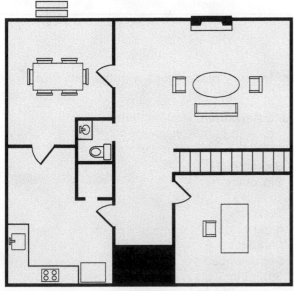

Erdgeschoss

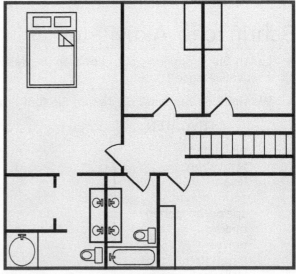

erster Stock

[1]*advantages*

B. Alte Möbel. Herr Siebert ist bei Frau Gretter. Sie sprechen über Frau Gretters neue Möbel.

NEUE VOKABELN

das Holz, ¨er   *wood*
der Stahl   *steel*
ganz unter uns   *just between us*

Beantworten Sie die Fragen.

1. In welchem Zimmer sind Frau Gretter und Herr Siebert? _____

2. Ist der Tisch neu? _____

3. Aus welchem Material sind die Stühle in der Essecke? _____

4. Was für Möbel möchte Herr Siebert für sein Wohnzimmer, antike oder moderne? _____

5. Von wem hat Frau Gretter den Esszimmerschrank? Von wem die Stühle? _____

Das Stadtviertel

Schriftliche Aktivitäten

→ Lesen Sie Grammatik 6.2, „Location vs. destination: two-way prepositions with the dative or accusative case"!

A. Wo machen Sie was? Schreiben Sie fünf Fragen und Antworten.

AKTIVITÄTEN		ORTE
einkaufen		Balkon (*m.*)
fernsehen		Bibliothek (*f.*)
lesen		Café (*n.*)
schwimmen		Disko (*f.*)
spazieren gehen	an	Meer (*n.*)
tanken	auf	Park (*m.*)
tanzen	in	Schwimmbad (*n.*)
einen Kaffee trinken		Strand (*m.*)
Volleyball spielen		Supermarkt (*m.*)
?		Tankstelle (*f.*)
		Wohnzimmer (*n.*)
		?

> **Achtung!** *Location:* **an, auf, in** + Dativ
> *Masculine, neuter:* **dem**; *feminine:* **der**
> *Contractions:* **an** + **dem** → **am**
> **in** + **dem** → **im**

MODELL: A: Wo tanzen Sie?
B: Ich tanze in der Disko.

1. A: *Wo* _____?

   B: *Ich* _____

2. A: _____

   B: _____

3. A: _____

   B: _____

4. A: _____

   B: _____

5. A: _____

   B: _____

B. Wohin gehen Sie? Schreiben Sie fünf Fragen und Antworten.

> **Achtung!** *Destination:* **an, auf, in** + Akkusativ
> *Masculine:* **den**; *neuter:* **das**; *feminine:* **die**
> *Contractions:* **an** + **das** → **ans**
> **auf** + **das** → **aufs**
> **in** + **das** → **ins**

MODELL: A: Wohin gehen Sie, wenn Sie tanzen wollen?
B: Ich gehe in die Disko.

1. A: *Wohin* _____?

   B: *Ich* _____.

2. A: _____

   B: _____

3. A: _____

   B: _____

4. A: _____

   B: _____

5. A: _____

   B: _____

C. Ich habe viel zu tun! Wann muss ich wohin und warum?

WANN?	WOHIN?	WARUM?
am Mittwoch	in die Bäckerei	Geld abheben[1]
am Freitag	auf die Bank	meine Freundin abholen
um 8 Uhr	in die Drogerie	ein Paket abholen
um 14 Uhr	zum Flughafen	einen Flug buchen[2]
heute	zum Friseur	eine Strafanzeige erstatten[3]
heute Vormittag	in die Metzgerei	Brötchen holen
heute Abend	auf die Polizei	Fleisch und Wurst kaufen
morgen	auf die Post	eine Geburtstagskarte kaufen
morgen früh	in die Reinigung	mir neue Schuhe kaufen
morgen Nachmittag	ins Reisebüro	Zahnpasta und Toilettenpapier kaufen
nächsten Dienstag	ins Schreibwarengeschäft	einen Anzug reinigen lassen
nächste Woche	ins Schuhgeschäft	mir die Haare schneiden lassen
?	?	?

MODELLE: Ich muss heute in die Drogerie, denn ich will Zahnpasta und Toilettenpapier kaufen.
Ich muss morgen zum Friseur, denn ich will mir die Haare schneiden lassen.

1. Ich muss _____,

    denn _____.

2. Ich muss _____,

    denn _____.

3. Ich muss _____,

    denn _____.

4. Ich muss _____,

    denn _____.

5. Ich muss _____,

    denn _____.

Hörverständnis

Ein Interview mit Richard. Richard Augenthaler ist in der Stadt. Ein Mann auf der Straße will ein Interview mit ihm machen, aber er hat keine Zeit.

[1]*withdraw*   [2]*einen ... book a flight*   [3]*eine ... report an offense*

Wohin will Richard? Bringen Sie die folgenden Zeilen in die richtige Reihenfolge.

_____ in die Reinigung

_____ zur Bank

_____ zum Supermarkt

_____ ins Kaufhaus

Was will der Mann auf der Straße wissen? _____

Auf Wohnungssuche

Schriftliche Aktivitäten

A. Wie wohnen Sie? Wie möchten Sie wohnen? Kreuzen Sie an.

WIE WOHNEN SIE JETZT?	WIE MÖCHTEN SIE WOHNEN?
☐ Ich wohne im Studentenwohnheim.	☐ im Studentenwohnheim
☐ Ich wohne in einem Apartmenthaus.	☐ in einem Apartmenthaus
☐ Ich wohne in einem Hochhaus.	☐ in einem Hochhaus
☐ Ich wohne allein.	☐ allein
☐ Ich wohne bei meinen Eltern.	☐ bei meinen Eltern
☐ Ich wohne mit Freunden zusammen.	☐ mit Freunden zusammen
☐ Ich wohne in einer WG.	☐ in einer WG
☐ Ich habe ein großes Zimmer.	☐ in einem großen Zimmer
☐ Mein Zimmer ist klein.	☐ in einem kleinen Zimmer
☐ Ich habe viel Platz.	☐ mit viel Platz
☐ Ich habe wenig Platz.	☐ mit wenig Platz
☐ Meine Wohngegend ist ruhig.	☐ in einer ruhigen Wohngegend
☐ Meine Wohngegend ist laut.	☐ in einer lauten Wohngegend
☐ Ich wohne in der Stadt.	☐ in der Stadt
☐ Ich wohne auf dem Land.	☐ auf dem Land

B. Meine Wohnsituation. Beantworten Sie die folgenden Fragen.

➔ Lesen Sie Grammatik 6.1, „Dative verbs"!

1. Was gefällt Ihnen an Ihrer jetzigen Wohnsituation?

   _____

   _____

   _____

2. Was gefällt Ihnen nicht? Was möchten Sie stattdessen[1]?

_____

_____

_____

3. Was fehlt Ihnen noch in Ihrem Haus / Ihrer Wohnung?

_____

_____

_____

4. Was gehört Ihnen nicht in Ihrem Haus / Ihrer Wohnung? Wem gehört es? Wie lange haben Sie es schon und warum haben Sie es?

_____

_____

_____

5. Wer hilft Ihnen normalerweise bei der Wohnungssuche und beim Umziehen[2]?

_____

_____

_____

Hörverständnis

A. Dialog aus dem Text: Auf Wohnungssuche. Silvia ist auf Wohnungssuche.

Richtig (R) oder falsch (F)? Korrigieren Sie die falschen Sätze.

1. _____ Das Zimmer ist in Frankfurt-Nord. _____

2. _____ Das Zimmer liegt im fünften Stock. _____

3. _____ Es gibt keinen Aufzug. _____

4. _____ Das Zimmer ist nicht möbliert. _____

5. _____ Das Zimmer hat kein Bad. _____

6. _____ Silvia kommt morgen vorbei. _____

B. Rollenspiel: Zimmer zu vermieten.

Gunther sucht eine neue Wohnung und geht zu Frau Holz, weil sie eine Wohnung in ihrem Haus vermieten will. Frau Holz zeigt ihm alle Zimmer der Wohnung und sie besprechen die Miete und Nebenkosten.

[1]instead [2]moving

VOR DEM HÖREN

Was fragen Sie, wenn Sie eine Wohnung mieten wollen?

1. _____

2. _____

3. _____

4. _____

5. _____

WÄHREND DES HÖRENS

Schreiben Sie die vier Fragen auf, die Sie im Dialog hören.

1. _____

2. _____

3. _____

4. _____

NACH DEM HÖREN

Die Rollen

S1: Sie sind Student/Studentin und suchen ein schönes, großes Zimmer. Das Zimmer soll hell und ruhig sein. Sie haben nicht viel Geld und können nur bis zu 400 Euro Miete zahlen, inklusive Nebenkosten. Sie sind ruhig und hören keine laute Musik. Fragen Sie den Vermieter / die Vermieterin, wie groß das Zimmer ist, was es kostet, ob es im Winter warm ist, ob Sie kochen dürfen und ob Ihre Freunde Sie besuchen dürfen. Sagen Sie dann, ob Sie das Zimmer mieten möchten.

S2: Sie möchten ein Zimmer in Ihrem Haus vermieten. Das Zimmer ist 25 Quadratmeter groß und hat Zentralheizung. Es kostet warm 410 Euro im Monat. Es hat große Fenster und ist sehr ruhig. Das Zimmer hat keine Küche und auch kein Bad, aber der Mieter / die Mieterin darf Ihre Küche und Ihr Bad benutzen. Der Mieter / Die Mieterin darf Freunde einladen, aber sie dürfen nicht zu lange bleiben. Sie haben kleine Kinder, die früh ins Bett müssen. Fragen Sie, was der Student / die Studentin studiert, ob er/sie oft laute Musik hört, ob er/sie Haustiere hat, ob er/sie Möbel hat.

C. Die Wohnungssuche. „Hier ist Radio Bremen mit den Kurznachrichten. Doch zuvor noch etwas Werbung ..."

NEUE VOKABELN
der Hauswirt, -e / die Hauswirtin, -nen   *landlord / landlady*
der Waldblick   *forest view*
erreichen   *to reach*

Setzen Sie die fehlenden Informationen ein.

1. Man kann im Apartmenthaus „Waldblick" eine Wohnung _____.

2. Die Apartments sind _____ und _____.

3. Die Apartments haben _____ Zimmer, eine _____, ein Bad und einen Balkon.

4. Die Küche hat einen _____, einen Kühlschrank und einen _____.

5. Jede Wohnung hat einen _____.

Hausarbeit

Schriftliche Aktivitäten

Arbeit im Haushalt.

→ Lesen Sie Grammatik 6.5, „Separable-prefix verbs: the present tense and the perfect tense"!

1. Wer (Sie, Mitbewohner/Mitbewohnerin, Bruder, Schwester, Mutter, Vater, usw.) hat in Ihrem Haushalt letzte Woche was gemacht?

   NÜTZLICHE AUSDRÜCKE

den Tisch abräumen	die Blumen gießen	den Rasen sprengen[1]
den Tisch abwischen	das Essen kochen	das Geschirr spülen
das Wohnzimmer aufräumen	den Rasen mähen	die Wäsche waschen
einkaufen	Staub saugen	wischen

   MODELLE: Meine Mutter hat letzte Woche das Essen gekocht.
   Ich habe letzte Woche eingekauft.

   a. _____

   b. _____

   c. _____

   d. _____

   e. _____

2. Wer macht diese Woche oder nächste Woche was im Haushalt?

   MODELLE: Ich sauge nächste Woche Staub.
   Mein Sohn räumt diese Woche sein Zimmer auf.

   a. _____

   b. _____

   c. _____

   d. _____

   e. _____

[1]to water

Hörverständnis

A. Bildgeschichte: Der Frühjahrsputz.

1. Was haben sie gemacht? Ergänzen Sie die Sätze mit den richtigen Partizipien.

abtrocknen   die Fenster putzen
den Keller aufräumen   das Geschirr spülen
sein Zimmer aufräumen   im ganzen Haus Staub saugen
die Terrasse fegen   die Flaschen wegbringen
fernsehen

a. Gestern war bei Wagners der große Frühjahrsputz. Alle haben geholfen.

b. Herr Wagner hat zuerst _____.

c. Dann hat er _____.

d. Frau Wagner hat zuerst _____.

e. Dann hat sie _____.

f. Jens hat zuerst _____.

g. Und Ernst hat zuerst _____.

h. Dann hat Jens _____.

i. Und Ernst hat _____.

j. Und Andrea? Andrea war bei ihrer Freundin und hat _____.

2. Was haben Sie im letzten Monat gemacht? Nennen Sie vier Hausarbeiten, die Sie im letzten Monat gemacht haben und vier, die Sie nicht gemacht haben. Schreiben Sie ganze Sätze.

MODELL:

Ich habe den Tisch abgewischt.

_____

_____

_____

MODELL:

Ich habe den Rasen nicht gemäht.

_____

_____

_____

B. Die Hausarbeit. Rolf und Nora haben geplant, nach San Francisco zu fahren, um ins Kino zu gehen. Aber Nora hat viel zu tun. Jetzt ruft Rolf sie an.

1. Was muss Nora alles tun? Kreuzen Sie an!

a. ☐ die Garage aufräumen

b. ☐ die Wäsche waschen

c. ☐ Geschirr spülen

d. ☐ Staub saugen

e. ☐ einkaufen gehen

f. ☐ das Auto waschen

g. ☐ ihr Zimmer aufräumen

h. ☐ den Rasen mähen

i. ☐ die Fenster putzen

2. An welches Stereotyp denkt Noras Vater? _____

Aussprache und Orthografie

Aussprache (1. Teil)

e-Sounds

In **Kapitel 1** we focused on the unrounded German vowels. In that chapter, we concentrated on the **e**-sounds. Native speakers of English who are learning German may experience some difficulty with the **e**-sounds: The letters <e, ee> are pronounced differently in English, and English does not have the combinations of <eh, ä, äh>. In English, the lax **e**-sounds are often diphthongized to [ei].

In German there are as many as four different realizations of the **e**-sound:

1. long, tense **e** ([e:], as in **eben, Tee, sehen**);
2. short lax **e** ([ɛ], as in **Bett, Bälle**);
3. long lax **e** ([ɛ:], as in **spät, ähnlich**); and
4. schwa ([ə] as in **bitte**).

As we described in **Kapitel 1,** the long, lax **e**-sound is pronounced in the standard language more and more as a long, tense **e**-sound. We recommend that you pronounce all long **e**-sounds the same—that is, as long, tense [e:], even if they are written as <ä> or <äh>.

Schwa (as in English *ago*) was practiced in **Kapitel 2**; it often disappears completely in the ending **-en** (see **Kapitel 10**).

A. Listen to and read the information in the following table. Underline all long, tense **e**-sounds, as in **Dr**e**sden.**

Name	Wohnort	Berufswunsch	Hobbys
Jens	Dresden	Bäcker	essen, Freunde treffen
Mehmet	Bremen	Fernsehreporter	fernsehen
Ken	Gera	Apotheker	lesen, zelten
Peggy	Bern	Lehrerin	segeln, Tennis spielen

Replay the segment, and mark all short, lax **e**-sounds with a dot below the vowel, as in **Jẹns.**
All unmarked letters <e> are pronounced as schwa or, in combination with <r>, as a vocalic **r.**
Check your answers in the answer key. Replay the segment and pronounce the names and words after the speaker.

B. Schreiben Sie über Jens, Mehmet, Ken und Peggy. Verwenden Sie die Wörter aus der Tabelle.

1. Jens wohnt in _____. Er möchte _____ werden.

   Seine Hobbys sind _____.

2. Mehmet _____

   _____.

3. Ken _____

   _____

4. Peggy _____

   _____

Orthografie (1. Teil)

e-Sounds

Listen and write the words with <E, e, ee, eh, ä>.

1. _____   5. _____

2. _____   6. _____

3. _____   7. _____

4. _____   8. _____

Aussprache (2. Teil)

Word Stress in Compounds

In **Kapitel 4** we focused on stress in compound words. We are revisiting this topic here, because this is an area in which speakers of English often make two mistakes: (1) They put equal stress on the individual parts of a compound; and (2) they pronounce short, stressed vowels with greater muscle tension. Neither of these phenomena occurs in German.

A. Form compounds using the words in the box. You should be able to use all the words. Indicate the gender of each of your compounds. Some compounds use three words.

Geschäft	**Zimmer**	**Wasch**	**Büro**	**Innen**
Wohn	**Waren**	**Heizung**	**Putz**	
Garten	**Kinder**	**Jahrs**	**Sauger**	
Schreib	**Tisch**	**Maschine**	**Reise**	
Zentral	**Früh**	**Staub**	**Stadt**	

1. _____   6. _____

2. _____   7. _____

3. _____   8. _____

4. _____   9. _____

5. _____

Check your answers in the answer key.

B. Listen to the nine compound words in **Übung A**. Indicate whether the vowel with the main stress is long (including diphthongs) or short.

		LONG	SHORT
1.	die Waschmaschine	☐	☐
2.	der Kindergarten	☐	☐
3.	die Zentralheizung	☐	☐
4.	der Frühjahrsputz	☐	☐
5.	der Staubsauger	☐	☐
6.	das Reisebüro	☐	☐
7.	die Innenstadt	☐	☐
8.	das Schreibwarengeschäft	☐	☐
9.	der Wohnzimmertisch	☐	☐

Check your answers in the answer key. Replay the segment and pronounce the words after the speaker. Tap on your table as you pronounce the stressed syllables. Remember: As a rule, the first element in a compound word is the determining word, which is stressed.

C. Form phrases using prepositions (**an, auf, für, in, zu**) and the nouns from **Übung B**. Pronounce the words aloud, paying close attention to the stressed syllable.

    MODELL: die Waschmaschine → in der Waschmaschine

1. die Waschmaschine: _____

2. der Kindergarten: _____

3. die Zentralheizung: _____

4. der Frühjahrsputz: _____

5. der Staubsauger: _____

6. das Reisebüro: _____

7. die Innenstadt: _____

8. das Schreibwarengeschäft: _____

9. der Wohnzimmertisch: _____

D. In some compound words the first element is not stressed. Listen to the weather forecast, several times if necessary, and underline the words in which the second element is stressed.

Im Südosten bleibt es kalt. Die Tagestiefsttemperatur liegt bei minus 3 Grad Celsius. Im Südwesten wird es freundlicher, die Tageshöchsttemperatur erreicht 15 Grad Celsius. Aber auch hier wird in den nächsten Tagen der Nordostwind stärker und es fällt Schneeregen.

    Check your answers in the answer key. Replay the segment, several times if necessary, and read along with the speaker. Now read the weather forecast aloud.

Orthografie (2. Teil)

Numbers

Listen and write out the numbers and times you hear.

1. _____
2. _____
3. _____
4. _____
5. _____
6. _____
7. _____
8. _____
9. _____
10. _____

Kulturecke

A. Wohnen in den USA (USA) und in Deutschland (D). Kreuzen Sie an, zu welchem Land die folgenden Aussagen eher passen.

	USA	D
1. Im Durchschnitt wohnen 80 Menschen auf einer Quadratmeile.	☐	☐
2. Das Dach ist oft mit Holzschindeln gedeckt.	☐	☐
3. Das Dach ist meistens aus Ziegeln.	☐	☐
4. Den Stock über dem Keller nennt man den 1. Stock.	☐	☐
5. Ein modernes Einfamilienhaus ist massiv und aus Stein gebaut.	☐	☐
6. Fast alle Häuser haben einen Keller.	☐	☐
7. Nur 30% der Bevölkerung wohnt im eigenen Heim.	☐	☐
8. Viele Häuser sind aus Holz gebaut.	☐	☐
9. Das typische Haus ist von einem Zaun, einer Mauer oder Hecke umgeben[1].	☐	☐

B. Wer weiß – gewinnt: *Good bye Lenin!* Markieren Sie die richtigen Antworten. Hinweis: In manchen Sätzen sind mehrere Antworten möglich.

1. Während Christiane Kerner im Krankenhaus liegt, _____.
   a. hört die DDR auf zu existieren.
   b. hängt man ein Fast-Food-Plakat am Haus gegenüber auf.
   c. stirbt sie.
   d. wird die Bundesrepublik Deutschland ein Teil der DDR[2].

[1]*surrounded*
[2]*ein ... part of the GDR*

2. Warum sagt Alex seiner Mutter nichts von den politischen Veränderungen?
   a. Weil sie eine überzeugte Sozialistin ist.
   b. Weil sie sich nicht aufregen[1] darf.
   c. Weil Alex entschlossen und kreativ ist.
   d. Weil selbst Freunde und Nachbarn mitspielen.

3. Es gibt keine Lebensmittel und Möbel aus DDR-Produktion mehr, weil _____.
   a. Christiane Kerner im Krankenhaus liegt.
   b. Alex und Ariane ein Problem haben.
   c. Fast-Food-Restaurants nun den Osten überrollen.
   d. es die DDR nicht mehr gibt.

4. In Alex' Wunsch-DDR _____.
   a. ist der Staatschef ein Kosmonaut.
   b. wollen alle Menschen leben.
   c. gibt es gefälschte Fernsehsendungen.
   d. erfährt Mutter Christiane vom Zusammenbruch der DDR.

C. Deutsch und Englisch als germanische Sprachen. Beantworten Sie die folgenden Fragen.

1. Welche der folgenden Sprachen ist keine germanische Sprache?
   a. Deutsch
   b. Englisch
   c. Spanisch
   d. Schwedisch

2. Wie hoch ist der Prozentsatz des englischen Wortschatzes aus dem Germanischen?
   a. 25%
   b. 10%
   c. 50%
   d. 30%

3. Welcher der folgenden ist kein germanischer Stamm?
   a. die Deutschen
   b. die Angeln
   c. die Sachsen

4. In welchen Teilen von Europa waren die Germanen ansässig?
   a. in Südeuropa
   b. in Mitteleuropa
   c. in Nordeuropa
   d. in Westeuropa

5. Verwandte Wörter im Englischen und Deutschen haben immer dieselbe Bedeutung.
   a. Richtig
   b. Falsch

[1]sich aufregen *to get upset*

Aufsatz-Training

A. Juttas Traumwohnung. Lesen Sie diese Beschreibung von Juttas Traumwohnung.

Jutta liebt die Großstadt und möchte gern in einer Altbauwohnung im Süden Deutschlands wohnen, vielleicht in München oder Augsburg. Sie will mitten in der Stadt wohnen, weil da immer viel los ist. Die Zimmer müssen eine hohe Decke und viele Fenster haben. Die Wohnung soll hell und warm sein und die Küche darf nicht zu klein sein, weil sie Hobbyköchin ist. Im Bad möchte sie eine große, alte Badewanne. Jutta möchte allein dort wohnen, aber sie will oft Freunde zu Partys einladen. Deshalb soll ihr Wohnzimmer groß und gemütlich sein, vielleicht mit einem Kamin[1]. Die Wände müssen gut isoliert[2] sein, weil sie gern laute Musik hört.

Markieren Sie jede Aussage mit richtig (R) oder falsch (F). Korrigieren Sie dann die falschen Aussagen mit ganzen Sätzen.

1. _____ Jutta möchte vielleicht in Bayern leben. _____

2. _____ Juttas Wohnung soll im Stadtzentrum liegen. _____

3. _____ Jutta kocht nicht gern. _____

4. _____ Jutta möchte mit Freunden zusammen wohnen. _____

5. _____ Juttas Wohnung soll vielleicht einen Kamin haben. _____

B. Jetzt sind Sie dran! Beschreiben Sie Ihr Traumhaus oder Ihre Traumwohnung. Schreiben Sie zehn Sätze.

Schreibhilfe

Beantworten Sie in Ihrem Aufsatz die folgenden Fragen:

- In welchem Bundesstaat oder Land möchten Sie wohnen? Warum?
- Wie soll die Wohnlage/Wohngegend sein? Warum?
- Wie soll Ihr Traumhaus oder Ihre Traumwohnung aussehen?
- Was soll es haben? Warum?
- Was sollen Ihre Traumküche und Ihr Traumbad haben? Warum?
- Mit wem möchten Sie dort wohnen?
- Was möchten Sie in Ihrer Wohnung / Ihrem Haus Besonderes machen?

To spice up your description, mention specific details and avoid using too many adjectives. Use **weil** clauses to explain why you want to live the way you do and remember that in German you can change word order to add variety. Read Jutta's description again and notice the varied word order. Suggestion: Read your composition out loud and revise it if necessary to make sure you have varied the word order and sentence length.

_____

_____

_____

_____

_____

[1]_fireplace_ [2]_insulated_

_____

_____

_____

_____

_____

_____

_____

_____

_____

_____

_____

KAPITEL

7

Unterwegs

Geografie

Schriftliche Aktivitäten

A. Kreuzworträtsel: Geografische Begriffe. Setzen Sie die Wörter waagerecht ein.

1. eine Erhebung[1], die nicht so hoch wie ein Berg ist
2. Niederung[2], die zwischen zwei Bergen liegt
3. Wasser, das meistens Richtung Meer fließt
4. eine Gruppe von Bergen
5. große Fläche, die mit Gras bewachsen ist
6. sandiges Land, das am Meer liegt
7. Land, das trocken und sandig ist
8. salziges Wasser, das große Teile der Erde bedeckt
9. Fläche, die dicht mit Bäumen bewachsen ist

Wenn alles richtig ist, finden Sie hier das Lösungswort.

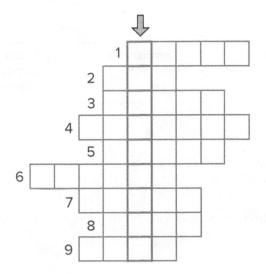

Das Lösungswort heißt _____.

Kleine Hilfe: Land, das nicht ganz von Wasser umgeben ist.

[1]*rise in the earth*
[2]*depression*

B. Satzpuzzle. Peter hat letzten Sommer in der Schweiz gearbeitet. Jetzt hält er im Deutschkurs von Frau Schulz ein Referat über seine Erfahrungen in der Schweiz. Er zeigt Fotos von den Orten, wo er gewesen ist. Was sagt er zu den Bildern? Bilden Sie Sätze aus den gegebenen Elementen und lösen[1] Sie das Satzpuzzle.

→ Lesen Sie Grammatik 7.1, „Relative clauses"!

MODELLE: Der Bodensee ist der See   (trennt / Deutschland / der / von der / Schweiz) →
Der Bodensee ist der See, der Deutschland von der Schweiz trennt.

Das ist der Strand   (ich / habe / an dem / gelegen / in der Sonne) →
Das ist der Strand, an dem ich in der Sonne gelegen habe.

1. Das ist der Berg   (habe / auf dem / ich / gewohnt)

   _____

2. Das ist das Tal   (ich / gearbeitet / in dem / habe)

   _____

3. Das ist das Kind   (im See / ist / das / jeden Tag / geschwommen)

   _____

4. Das ist der Fluss (durch / der / fließt / das Tal)

   _____

5. Das ist ein Wald (ich / besucht / den / habe)

   _____

C. Vergleiche. Bilden Sie Vergleiche und benutzen Sie den Komparativ und den Superlativ.

→ Lesen Sie Grammatik 7.2, „Making comparisons: the comparative and superlative forms of adjectives and adverbs"!

Achtung!	Komparativ	Superlativ
hoch →	höher	→ am höchsten
viel →	mehr	→ am meisten

MODELL:

(lang sein):   der Amazonas (6 400 km)
der Nil (6 671 km)
der Jangtsekiang (6 300 km)

→ *Der Amazonas ist länger als der Jangtsekiang, aber der Nil ist am längsten.*

[1]*solve*

1. alt sein: Trier/Deutschland (um 16 v. Chr. gegründet[1])
   Byblos/Libanon (um 5000 v. Chr. gegründet)
   Auckland/Neuseeland (1840 gegründet)

   _____

   _____

2. tief liegen: das Tote Meer (−396 m)
   das Kaspische Meer (−28 m)
   das Tal des Todes (−86 m)

   _____

   _____

3. groß sein: die Wüste Gobi (1 040 000 km^2)
   die Sahara (8 700 000 km^2)
   die Mojave-Wüste (65 000 km^2)

   _____

   _____

4. klein sein: die Vatikanstadt (0,44 km^2)
   Monaco (1,85 km^2)
   Gibraltar (6,5 km^2)

   _____

   _____

5. hoch sein: der Mount Everest (8 848 m)
   der Kilimandscharo (5 889 m)
   der Mount McKinley (6 194 m)

   _____

   _____

6. viel kosten: eine 5-tägige Safari in Afrika (circa € 7 000)
   ein Flug von Frankfurt nach Kathmandu (circa € 2 500)
   eine Expedition auf den Mount Everest (circa € 28 000)

   _____

   _____

7. jung sein: die Universität Wien (1365 gegründet)
   die Universität Tübingen (1477 gegründet)
   die Universität Marburg (1527 gegründet)

   _____

   _____

8. schön sein: Hawaii*
   Tahiti
   Teneriffa

   _____

   _____

[1]founded

*Ihre subjektive Meinung. Sie können diese Inseln durch andere ersetzen.

Hörverständnis

Geografie. Ernst und Andrea Wagner spielen ein Ratespiel über Geografie. Wenn der eine einen geografischen Begriff[1] nennt, muss der andere einen bestimmten Ort in der Welt nennen, zu dem der geografische Begriff passt.

Füllen Sie die Tabelle aus. Welche Begriffe nennen Ernst und Andrea? Was sind ihre Antworten? Nennen Sie dann noch ein weiteres Beispiel für den genannten geografischen Begriff.

Geografischer Begriff	Ernsts und Andreas Antworten	Ihre Antworten
eine Insel	England	
ein _____		
ein Tal		
eine _____	arabische	
ein _____		
eine Wüste		
ein _____		
eine _____		

[1]term, concept

Transportmittel

Schriftliche Aktivitäten

A. Womit fahren Sie?

TRANSPORTMITTEL

die Rakete	der Lastwagen	das Flugzeug
die Straßenbahn	der Zug	das Motorrad
die U-Bahn	das Auto	das Pferd
der Bus	das Fahrrad	das Taxi
der Kinderwagen		

Achtung!	mit + Dativ	
	der/das	→ mit dem
	die	→ mit der

1. Sie sind in New York, in der Bronx, und wollen nach Manhattan. Womit fahren Sie? _____

2. Sie sind in San Francisco und wollen nach Hawaii. Wie kommen Sie dahin? _____

3. Sie sind Tourist in San Francisco und wollen sich die Stadt ansehen, aber nicht zu Fuß laufen. Womit fahren Sie? _____

4. Sie sind auf einem Fest und wollen nach Hause. Leider haben Sie etwas getrunken und können nicht mehr Auto fahren. Wie kommen Sie nach Hause? _____

5. Es ist Sonntag, das Wetter ist schön und Sie brauchen ein bisschen Bewegung. Womit fahren Sie? _____

6. Es ist das Jahr 2100. Sie haben in der Lotterie eine Reise zum Mond gewonnen. Wie kommen Sie dahin? _____

7. Sie ziehen um, mit allen ihren Möbeln, von Chicago nach Santa Fe. Womit fahren Sie? _____

8. Sie wollen von Ottawa nach Toronto fahren, haben aber kein Auto. Womit fahren Sie? _____

9. Sie sind in München und wollen ohne Stress nach Hamburg fahren. Womit fahren Sie? _____

10. Sie wollen im Urlaub die Route 66 entlang fahren. Womit fahren Sie? _____

11. Sie sind in Montana und wollen einen Ausflug in die Berge machen. Womit machen Sie das? _____

12. Sie wollen mit Ihren Kindern in den Zoo. Die Kinder können noch nicht laufen. Womit transportieren Sie die Kinder? _____

13. Sie sind in Deutschland und wollen mit 170 km/h auf der Autobahn fahren. Womit fahren Sie? _____

B. Was ist logisch? Finden Sie für jeden Satz das richtige Bild.

➜ Wiederholen Sie Grammatik 6.2, „Location vs. destination: two-way prepositions with the dative or accusative case"!

a.

b.

c.

d.

e.

f.

g.

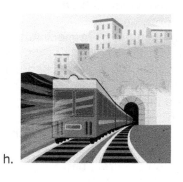

h.

i.

j.

1. _____ Das Kind schwimmt im Wasser.

2. _____ Das Auto fährt auf der Autobahn.

3. _____ Das Flugzeug steigt in die Luft.

4. _____ Das Taxi fährt in der Stadt.

5. _____ Die Straßenbahn fährt in den Tunnel.

6. _____ Das Flugzeug fliegt in der Luft.

7. _____ Das Auto fährt auf die Autobahn.

8. _____ Das Kind läuft in das Wasser.

9. _____ Das Taxi fährt in die Stadt.

10. _____ Die Straßenbahn fährt im Tunnel.

Hörverständnis

A. Dialog aus dem Text: Eine Bahnfahrt online buchen.

Richtig (R) oder falsch (F)?

1. _____ Renate und Mehmet möchten nach München fahren.

2. _____ Sie möchten so früh wie möglich fahren.

3. _____ Die Hin- und Rückfahrt kostet 140 Euro pro Person.

4. _____ Sie reservieren zwei Plätze in der ersten Klasse.

B. Rollenspiel: Am Fahrkartenschalter.

Ein Fahrgast spricht mit einer Angestellten am Fahrkartenschalter. Er möchte eine Fahrkarte nach München kaufen.

WÄHREND DES HÖRENS

Welchen Zug nimmt der Fahrgast? _____

Wie viel kostet das? _____

Wann kommt der Zug in München an? _____

NACH DEM HÖREN

Die Rollen

S1: Sie stehen am Fahrkartenschalter im Bahnhof von Bremen und wollen eine Fahrkarte nach München kaufen. Sie wollen billig fahren, müssen aber vor 16.30 Uhr am Bahnhof in München ankommen. Fragen Sie, wann und wo der Zug abfährt und über welche Städte der Zug fährt.

S2: Sie arbeiten am Fahrkartenschalter im Bahnhof von Bremen. Ein Fahrgast möchte eine Fahrkarte nach München kaufen. Hier ist der Fahrplan.

Bremen → München

	Abfahrt	Ankunft	1. Klasse Euro	2. Klasse Euro
IC	4.25	15.40	237,–	142,–
ICE	7.15	14.05	249,–	152,–
IC	7.30	20.45	237,–	142,–

Alle Züge fahren über Hannover und Würzburg.

Welchen Zug muss der Fahrgast nehmen, um billig zu fahren und um vor 16.30 Uhr in München anzukommen?

_____

C. Ausflug nach Wien. Claire trinkt gerade mit Josef einen Kaffee und erzählt, dass sie über das Wochenende einen Ausflug nach Wien gemacht hat.

NEUE VOKABELN
vielseitig *versatile*
erreichen *to reach*
die Jugendherberge, -n *youth hostel*
dicht *dense, busy*
sogenannt *so-called*

1. Welche Transportmittel hat Claire in Wien benutzt? Welche nicht?

benutzt	nicht benutzt

2. Was machen Wiener gern auf der Donauinsel? Nennen Sie drei Tätigkeiten.

   a. _____

   b. _____

   c. _____

Das Auto

Schriftliche Aktivitäten

A. Was macht man mit diesen Teilen des Autos? Benutzen Sie die **da**-Verbindungen: **darauf, daran, darin, damit** und definieren Sie die Teile des Autos. Benutzen Sie **man** als Subjekt.

→ Lesen Sie Grammatik 7.3, „Referring to and asking about things and ideas: **da**-compounds and **wo**-compounds"!

NÜTZLICHE AUSDRÜCKE

das Auto anhalten   Koffer verstauen
Musik und Nachrichten hören   andere Leute warnen
sich setzen   die Scheiben wischen

MODELLE: das Lenkrad → Damit lenkt man den Wagen.
           das Nummernschild → Daran erkennt man, woher das Auto kommt.

1. die Bremsen

   _____

2. der Kofferraum

   _____

3. die Scheibenwischer

   _____

4. die Sitze

   _____

5. das Autoradio

   _____

6. die Hupe

   _____

B. Melanie will nach Hamburg fahren. Sie spricht mit Claire über die Reise. Claire hat viele Fragen. Welche? Lesen Sie die Antworten und schreiben Sie die Fragen. Benutzen Sie die **wo**-Verbindungen.

NÜTZLICHE AUSDRÜCKE

einen großen Koffer brauchen **für**   handeln **von**
denken **an**   sich kümmern **um**[1]
nach Hamburg fahren **mit**   sprechen **über**
sich freuen **auf**

MODELL: **Worüber** sprechen Claire und Melanie gerade?
          Über Melanies Reise nach Hamburg.

[1]sich ... *to take care of, look after*

1. CLAIRE: _____?

    MELANIE: Mit dem Auto.

2. CLAIRE: _____?

    MELANIE: Auf das Musical „Cats".

3. CLAIRE: _____?

    MELANIE: Von alten und jungen Katzen und natürlich von ihren Menschen.

4. CLAIRE: _____?

    MELANIE: Für meine Schlittschuhe. Die möchte ich mitnehmen.

5. CLAIRE: _____?

    MELANIE: Um meinen Hamster. Kannst du ihm jeden Tag Futter geben?

6. CLAIRE: Na klar, und _____?

    MELANIE: An meine Blumen. Kannst du sie gießen? Ich bringe dir auch ein Geschenk mit!

C. Quiz: Womit? Wofür? Woran? Worauf? Benutzen Sie **wo**-Verbindungen und beantworten Sie die Quizfragen.

Scheiben	Benzin	Nummernschild
Sitze	Autoradio	~~Hupe~~	Bremse

MODELL: **Womit** warnt man andere Fahrer und Fußgänger? →
         Mit der Hupe.

1. _____ bremst man?

    Mit der _____.

2. _____ braucht man Scheibenwischer?

    Für saubere und trockene _____.

3. _____ sieht man, woher das Auto kommt?

    An dem _____.

4. _____ hört man Musik im Auto?

    Mit dem _____.

5. _____ fährt das Auto?

    Mit _____.

6. _____ setzt man sich?

    Auf die _____.

Hörverständnis

A. Der New Beetle. Sie hören eine Werbung von VW für den New Beetle.

NEUE VOKABELN

serienmäßig *standard*	die Zentralverriegelung *central locking system*
die Ausstattung *features*	die Klimaanlage *air conditioning*
die Servolenkung *power steering*	das Schiebedach *sliding top*
einstellbar *adjustable*	ABS: Antiblockiersystem *antilock brakes*
der Außenspiegel *outside mirror*	die Karosserie *auto body*

Was hat der New Beetle serienmäßig? Kreuzen Sie an!

1.	Servolenkung	☐	8.	Klimaanlage	☐
2.	ergonomische Sitze	☐	9.	Glasschiebedach	☐
3.	elektrisch einstellbare Außenspiegel	☐	10.	ABS	☐
4.	Zentralverriegelung	☐	11.	zwei Front-Airbags	☐
5.	Radioanlage „gamma"	☐	12.	stabile Karosserie	☐
6.	Lederausstattung	☐	13.	6-Zylinder-Ottomotor	☐
7.	Sportlenkrad	☐	14.	136 PS	☐

B. Josef will ein Auto kaufen. Josef will einen gebrauchten Wagen kaufen. Er spricht am Telefon mit der Verkäuferin des Wagens.

NEUE VOKABELN
die Kupplung *clutch*
ausbauen *to take out*
einbauen *to put in*

Tragen Sie die fehlenden Informationen ein.

Baujahr	
Kilometerstand	92 000
Kupplung	
Bremsen	
	in sehr gutem Zustand
	nein, ausgebaut
Preis	

Reiseerlebnisse

Schriftliche Aktivitäten

A. Familie Wagner in Spanien. Wagners waren letztes Jahr im Urlaub in Spanien. Was haben sie gemacht?

→ Lesen Sie Grammatik 7.4, „The perfect tense (review)"!

MODELL: Jeden Morgen _____. (alle zusammen frühstücken) →
Jeden Morgen haben alle zusammen gefrühstückt.

1. Wagners _____. (oft an den Strand gehen)

2. Herr Wagner _____. (viel schlafen)

3. Frau Wagner _____. (Bilder malen)

4. Andrea _____. (Comics lesen)

5. Paula _____. (Burgen aus Sand bauen)

6. Ernst _____. (Fußball spielen)

7. Jens _____. (surfen gehen)

8. Abends _____. (alle zusammen essen gehen)

B. Brigittes Berlinbesuch. Ergänzen Sie den Dialog mit Formen von **haben** und **sein** im Imperfekt.

→ Lesen Sie Grammatik 7.5, „The simple past tense of **haben** and **sein**"!

GISELA: Hallo, Brigitte! Lange nicht gesehen!

BRIGITTE: Ja, hallo, Gisela. Du, ich _____war_____ ein paar Tage verreist.

GISELA: Wo _____[a] du denn?

BRIGITTE: Ich _____[b] in Berlin.

GISELA: _____[c] du gutes Wetter?

BRIGITTE: Ich _____[d] Glück. Das Wetter _____[e] trocken und warm.

GISELA: Wo hast du übernachtet?

BRIGITTE: Bei meinem Onkel. Mein Cousin _____[f] gerade auf einer Studienreise und sein

Zimmer _____[g] frei. Das Zimmer _____[h] einen schönen Ausblick auf den Garten.

GISELA: Wie _____[i] das Nachtleben in Berlin? Warst du tanzen?

BRIGITTE: Nein, dazu _____[j] ich keine Lust.

GISELA: Was hast du denn alles gemacht?

BRIGITTE: Einen ganzen Tag _____[k] ich auf der Museumsinsel und habe die verschiedenen

Museen besichtigt. Dann _____[l] meine Tante und ich noch in Potsdam und haben

Schloss Sanssouci besucht.

GISELA: _____[m] du auch am Wannsee?

BRIGITTE: Nein, aber wir _____[n] Zeit, in den Spreewald* zu fahren und dort eine Kahnfahrt[1] zu

machen. Am Tag vor meiner Abreise[2] _____[o] meine Tante auch noch Geburtstag

und wir _____[p] alle zusammen im Theater und hinterher in einem feinen Restaurant.

GISELA: Da _____[q] dir ja nie langweilig.

BRIGITTE: Das stimmt. Ich _____[r] viel Spaß und nie Langeweile. Es _____[s] wirklich ein

schöner Urlaub.

[1]*gondola ride*
[2]*departure*

_____

*area of woodland and water 60 miles south of Berlin

Hörverständnis

A. Bildgeschichte: Stefans Reise nach Österreich.

1. Frankfurt
2.
3. Österreich
4. die Alpen
5. Salzburg
6.
7.
8. Wolfgangsee
9. wieder zu Hause

1. Was hat Stefan in Österreich erlebt? Bringen Sie die Sätze in die richtige Reihenfolge und ergänzen Sie die Hilfsverben.

    a. _____ Dann _____ er Salzburg besichtigt.

    b. _____ Dann _____ er mit dem Zug nach Österreich gefahren.

    c. _____ Er _____ sich auf dem Bahnhof eine Fahrkarte gekauft.

    d. _____ Erst _____ er eine Wanderung in den Alpen gemacht.

    e. _____ In einem Café _____ er Christine, eine nette Österreicherin, kennengelernt.

    f. _____ Jetzt schreibt Stefan immer E-Mails nach Salzburg.

    g. _____ Schließlich _____ sie auf dem Wolfgangsee Boot gefahren.

    h. _____ Sie _____ in ein Konzert gegangen und _____ in einer Disko getanzt.

    i. __1__ Stefan _ist_ zuerst nach Frankfurt geflogen.

2. Stefans Reisebericht. Stefan erzählt seinem Freund Robert über seinen Urlaub in Österreich. Stefan übertreibt[1] gerne. Schreiben Sie zehn Sätze in der ersten Person (**ich**-Form), aber schreiben Sie so, wie es Stefan erzählt, wenn er übertreibt.

    Zuerst bin ich nach Frankfurt geflogen. Der Flug hat 36 Stunden gedauert.

    _____

    _____

    _____

    _____

[1]*exaggerates*

_____

_____

_____

_____

_____

_____

_____

_____

B. Reiseerlebnisse. Silvia will in die Sonne und träumt vom Urlaub.

NEUE VOKABELN
der Spaziergang, ⁇e   *walk, stroll*

Beantworten Sie die folgenden Fragen.

1. Was kann man in Rio de Janeiro tun? _____

_____

2. In Paris? _____

_____

3. An der Nordsee? _____

_____

4. Was hat Silvia gegen Mallorca? _____

_____

C. Sommerskifahren in der Schweiz. Claire ist letzten Juli in die Schweiz gefahren. Jetzt spricht sie mit Josef über ihren Urlaub.

NEUE VOKABELN
der Gletscher, - *glacier*
die Piste, -n *ski slope*
der Abfall *litter*

Wer hat was gesagt: Claire (C) oder Josef (J)?

1. _____ Wie war's in der Schweiz?

2. _____ Es war toll.

(continued)

3. _____ Der Schnee war nicht so gut wie im Winter.

4. _____ Ich war noch nie in der Schweiz zum Skifahren.

5. _____ [Ich fahre] meistens nach Oberstdorf in Bayern oder auch nach Österreich.

6. _____ Ich war noch nie zum Sommerskifahren auf einem Gletscher.

7. _____ Das Schönste am Sommerskifahren ist, dass es so warm ist.

8. _____ Zürich ist eine der saubersten Städte, die ich je gesehen habe.

9. _____ [Ich wollte überall] ein bisschen Abfall fallen lassen.

Aussprache und Orthografie

Aussprache (1. Teil)

Fortis-Lenis Consonants / Final Devoicing

As in English, the difference between the fortis consonants [p, t, k, f, s, ʃ, ç, x] and the lenis consonants [b, d, g, v, z, ʒ, j, r] in German lies in the degree of muscle tension. Fortis consonants are pronounced with more muscle tension and are voiceless. In German, they are not as heavily aspirated as in English. Lenis consonants are formed with less muscle tension. In English, they are always voiced, but in German they are voiced only in a voiced environment. In German, after voiceless consonants, lenis consonants lose their voicing. This is known as assimilation (see **Kapitel 11**). In addition, they are pronounced voiceless (fortis) in word- and syllable-final position. For example, the final <d> in **Kind** is pronounced as a [t]. This phenomenon is known as *final devoicing*.

Let us practice the difference between fortis and lenis consonants.

A. Listen to the words and organize them in the table according to the highlighted consonant.

Hu**pe**	Ta**sche**	**K**offer
Tank	**J**acht	**W**elt
Dank	**R**ad	**G**arage
In**s**el	**B**us	Ri**ch**tung
Gang	Flu**ss**	Na**cht**
Feld		

Fortis	Lenis
[p]	[b]
[t]	[d]
[k]	[g]
[f]	[v]
[s]	[z]
[ʃ]	[ʒ]
[ç]	[j]
[x]	[r]

Check your answers in the answer key.

B. Listen to the words in **Übung A** as word pairs, and pronounce them after the speaker.

Read aloud the words with fortis consonants; then read those with lenis consonants. Then read the fortis/lenis word pairs aloud.

C. Look for other examples with these spelling variations. A complete overview can be found in the main text/eBook, **Appendix C.**

[p]: p, pp
[t]: t, tt, th, -d
[k]: k, ck, kk, -g
[f]: f, ff, v, ph
[s]: s, ss, ß
[ʃ]: sch, s(t), s(p)
[ç]: ch, -(i)g
[x]: ch

[b]: b, bb
[d]: d, dd
[g]: g, gg
[v]: w, v
[z]: s
[ʒ]: j, g
[j]: j
[r]: r, rr

Let us now practice final devoicing.

D. Provide the singular form, along with the definite article, for each of the following nouns.

1. die Strände – _der Strand_

2. die Wälder – _____

3. die Felder – _____

4. die Schilder – _____

5. die Räder – _____

6. die Flugzeuge – _____

7. die Züge – _____

8. die Häuser – _____

Check your answers in the answer key.

E. Listen to the word pairs in **Übung D** and compare the differences in pronunciation.

Replay the segment, then repeat after the speaker, paying careful attention to the final devoicing.

F. **Jetzt sind Sie dran!** Write four sentences using one or more of the nouns (singular or plural) from **Übung D** above in each sentence.

1. _____

2. _____

3. _____

4. _____

Final devoicing is found not only in nouns.

G. Listen, but do not repeat. Pay close attention to the highlighted letters. Underline all consonants with final devoicing.

1. lesen, liest, las, gelesen
2. reisen, reist, reiste, gereist
3. leben, lebt, lebte, gelebt
4. geben, gibt, gab, gegeben
5. erlauben, erlaubt, Erlaubnis

6. lieb, lieber, am liebsten
7. Norden, nördlich, Süden, südlich
8. aber, ab, wegen, weg
9. halb, halbe, deshalb, weshalb
10. Stunde, stündlich, Tag, täglich

Check your answers in the answer key. Replay the segment and pronounce the words after the speaker. Then read them aloud, paying close attention to the final devoicing.

Orthografie (1. Teil)

Listen and then fill in the missing letters.

1. un____er____egs

2. Hal____in____el

3. ____ ____ad____run____ ____ahrt

4. ____in____er____a____en

5. Ra____we____

6. ____un____eslan____

7. ____ochenen____ ____i____ ____e____

8. ____an____ ____ ____ran____

9. ____a____ier____or____

10. ____am____ ____aga____en____

Aussprache (2. Teil)

Pauses, Rhythm, and Sentence Stress

In **Kapitel 3** we focused on pauses, rhythm, and sentence stress.

Listen to the following text.

Der Sprachforscher Wilhelm Grimm lebte von 1786 bis 1859. Gemeinsam mit seinem Bruder Jakob sammelte er Märchen. Von Wilhelm Grimm wird folgende Geschichte erzählt.

Eines Tages kam ein französischer Student zu ihm. Er sprach nur wenig Deutsch, obwohl er bereits mehrere Jahre in Berlin war. Wilhelm Grimm fragte ihn, warum er nicht Deutsch lernt.

Der Student sagte zu ihm: „Deutsch ist mir zu hässlich, das ist eine Sprache für Pferde!"

Grimm antwortete ihm: „Ach so! Ja, dann verstehe ich auch, warum Esel sie nicht lernen können."

Listen to the text several times, speaking simultaneously with the narrator. Mark the pauses, stresses, and sentence melody as in **Kapitel 3.** Then read the text aloud by yourself.

Orthografie (2. Teil)

Geographic Names

Write the geographic names you hear.

1. _____

2. _____

3. _____

4. _____

5. _____

6. _____

7. _____

8. _____

9. _____

10. _____

Kulturecke

Burgruine Hanstein (Thüringen)

A. Ratespiel: Stadt, Land, Fluss. Wählen Sie Antworten aus dem Wortkasten.

> der Bodensee
>
> der Genfer See   der Teutoburger Wald
>
> der Brocken
>   der Großglockner   Rügen
>
> die Ostfriesischen Inseln
>   Liechtenstein
>
> die Donau   Heidelberg

1. der tiefste See der Schweiz   _____

2. der höchste Berg Österreichs   _____

3. die älteste Universitätsstadt Deutschlands   _____

4. das kleinste Land, in dem man Deutsch spricht   _____

5. Fluss, der durch Wien fließt   _____

6. Wald, in dem die Germanen die Römer besiegt haben   _____

7. Insel in der Ostsee, auf der weiße Kreidefelsen sind _____

8. Berg im Harz, auf dem sich die Hexen treffen   _____

9. See, der zwischen Deutschland, Österreich und der Schweiz liegt _____

10. Inseln, die vor der Küste von Ostfriesland liegen   _____

B. Wer weiß – gewinnt! Der Volkswagen und die Schweiz. Markieren Sie die richtigen Antworten.

1. Welches Auto ist das meistverkaufte Auto in Deutschland?

   a. der VW Polo
   b. der VW Golf
   c. der VW Käfer
   d. der VW-Bus

2. In welcher deutschen Stadt hat der Volkswagenkonzern seinen Sitz?

   a. in Wolfenbüttel
   b. in Wolfsheim
   c. in Wolfsburg
   d. in Wolfsstadt

3. In welchem Land gibt es einen VW Standort?

   a. in Frankreich
   b. in Schweden
   c. in Italien
   d. in den USA

4. Welche Sprache(n) sprechen die Schweizer?

   a. nur Deutsch
   b. Deutsch und Französisch
   c. Deutsch und Italienisch
   d. Deutsch, Französisch, Italienisch und Rätoromanisch

5. In welcher/welchen Organisation(en) ist die Schweiz Mitglied?

   a. in der EU
   b. in der NATO
   c. in der UNO
   d. in allen dreien

6. Welche sind die größten Städte der Schweiz?

   a. Basel, Genf, Zürich
   b. Genf, Innsbruck, Zürich
   c. Genf, Graz, Salzburg
   d. Basel, Innsbruck, Graz

C. Deutschlandreise. Schreiben Sie die folgenden Städte in die Landkarte von Deutschland.

Augsburg	Frankfurt am Main	Heidelberg	Köln	Regensburg
Bayreuth	Freiburg	Karlsruhe	Leipzig	Saarbrücken
Dresden	Greifswald	Kassel	Mainz	Weimar
Düsseldorf	Hannover	Kiel	Potsdam	Wernigerode

1. _____

2. _____

3. _____

4. _____

5. _____

6. _____

7. _____

8. _____

9. _____

10. _____

11. _____

12. _____

13. _____

14. _____

15. _____

16. _____

17. _____

18. _____

19. _____

20. _____

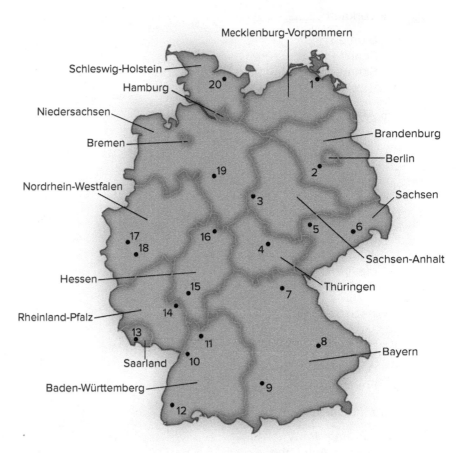

D. Wer weiß – gewinnt! *Im Juli.* Markieren Sie die richtigen Antworten.

1. Daniel wohnt in _____.

   a. Hamburg
   b. Berlin
   c. München
   d. Frankfurt

2. Juli verkauft _____.

   a. Blumen
   b. Schuhe
   c. Schmuck
   d. CDs

3. Am Anfang des Films ist Daniel _____.

   a. flippig
   b. schüchtern
   c. traurig
   d. langweilig

4. Daniel verliebt sich auf der Party in[1] _____.

   a. Melek
   b. Juli
   c. die Türkei
   d. die flippige Schmuckverkäuferin

5. Am nächsten Morgen fliegt _____ in die Türkei.

   a. Juli
   b. Melek
   c. Daniel
   d. Franziska

6. Juli trifft Daniel zum zweiten Mal _____.

   a. auf einer Party
   b. auf der Autobahn
   c. in einem Restaurant
   d. im Bus

7. Istanbul liegt in _____.

   a. der Türkei
   b. Frankreich
   c. Deutschland
   d. Norditalien

8. Am Ende des Films ist Daniel _____.

   a. ein cooler Lover
   b. langweilig
   c. schüchtern
   d. traurig

[1]verliebt sich in *falls in love with*

Aufsatz-Training

A. Willis schönste Ferien. Lesen Sie die Beschreibung von Willis schönsten Ferien.

Willi war letzten September mit Sofie in Kalifornien. Er hat einen Onkel dort, der an der mittelkali-fornischen Küste wohnt und den er besuchen wollte. Als die beiden in San Francisco angekommen sind, haben sie sofort einen Wagen gemietet und sind losgefahren.

Im September war das Wetter noch sommerlich warm und trocken. Sie sind zuerst die berühmte Küstenstraße hinunter gefahren und haben gute Badestrände gesucht. Aber die Küste war sehr steil. Erst ab San Simeon waren die Strände so ähnlich wie am Mittelmeer, sandig und breit. Leider war das Wasser ein bisschen kalt zum Schwimmen.

Willi und Sofie haben drei Tage bei dem Onkel übernachtet. Sie sind gewandert und Kajak gefahren und haben viele Seeotter und Seehunde gesehen. In San Simeon haben sie Hearst Castle besichtigt, das Traumschloss des Medienzaren William Randolph Hearst. Dort gibt es Gästehäuser, zwei Schwimmbäder, viele Statuen, Gärten und Terrassen. Man darf leider nicht allein dort herum-laufen, sondern muss eine Führung mitmachen. Willi und Sofie haben oft in billigen Motels über-nachtet und in Schnellimbissen gegessen. Aber ab und zu sind sie auch in bessere Restaurants gegangen. Besonders die Fischgerichte und die mexikanische Küche waren gut. Die Leute waren überall sehr nett. Willi und Sofie möchten gern in Kalifornien wohnen. Das Wetter ist besser als in Deutschland. Aber man bekommt nicht so leicht eine Arbeitserlaubnis.

1. Glossar. Schreiben Sie die passenden deutschen Wörter in die Glossartabelle. *Note: The English terms are listed in the order in which they occur in the German text. First record your guesses. Circle the appropriate article for nouns. List verbs or verb phrases in their infinitive form. List adjectives without any ending. Then verify them in a dictionary.*

ENGLISCH	DEUTSCH	VERIFIZIERT
a. Céntral California Coast	der/~~die~~/das *mittelkalifornische Küste*	✓
b. to depart		
c. dry		
d. famous		
e. coastal highway	der/die/das	
f. steep		
g. similar		
h. Mediterranean	der/die/das	
i. wide		
j. seal	der/die/das	
k. to tour		
l. dream castle	der/die/das	
m. tour	der/die/das	
n. once in a while		
o. work permit	der/die/das	

2. Ein Interview mit Willi. Schreiben Sie fünf Fragen und beantworten Sie die Fragen mit Informationen aus dem Text.

MODELL: SIE: _Wo warst du in den Ferien?_ _____

WILLI: _Ich war in Kalifornien._ _____

a. SIE: _____

WILLI: _____

b. SIE: _____

WILLI: _____

c. SIE: _____

WILLI: _____

d. SIE: _____

WILLI: _____

e. SIE: _____

WILLI: _____

B. **Jetzt sind Sie dran!** Erzählen Sie von Ihren schönsten Ferien. Schreiben Sie mindestens zwölf Sätze.

Schreibhilfe

Beantworten Sie in Ihrem Aufsatz die folgenden Fragen:

- Wo waren Sie? Warum?
- Wann war das?
- Mit wem sind Sie gereist?
- Wie war das Wetter?
- Wo haben Sie übernachtet und wie war die Unterkunft?
- Was haben Sie gegessen und wie hat Ihnen das Essen geschmeckt?
- Was haben Sie besichtigt?
- Was haben Sie unternommen?
- Was waren Ihre guten Erfahrungen? Hatten Sie eine schlechte Erfahrung?
- Wie waren die Menschen?

Lesen Sie Ihre Geschichte noch einmal durch, am besten laut. Überarbeiten Sie Ihre Geschichte und verbessern Sie Ihre Fehler. Verwenden Sie ein Wörterbuch (oder auch ein Onlinewörterbuch), um Rechtschreibung und Grammatik zu verbessern.

Meine schönsten Ferien

_____

_____

_____

_____

_____

_____

_____

_____

_____

_____

_____

_____

_____

_____

_____

KAPITEL 8

Essen und Einkaufen

Essen und Trinken

Schriftliche Aktivitäten

A. Was passt wozu?

1. Schreiben Sie die Nummern der Nomen hinter die passenden Adjektive.

frisch	6, 9, 10, 21, 25, 27, 28, 30	warm	_____
heiß	_____	gebraten	_____
gegrillt	_____	eiskalt	_____
englisch	_____	mexikanisch	_____
italienisch	_____	französisch	_____
chinesisch	_____	salzig	_____
deutsch	_____	süß	_____
amerikanisch	_____	scharf	_____
schwarz	_____	knusprig	_____

1.	das Steak	13.	der Honig	25.	der Fisch
2.	der Kaviar	14.	der Schinken	26.	die Nudeln
3.	die Oliven	15.	der Speck	27.	die Birne
4.	die Sojasoße	16.	das Fleisch	28.	die Eier
5.	die Wurst	17.	das Hähnchen	29.	die Nuss
6.	der Käse	18.	die Gurke	30.	die Bohnen
7.	die Spaghetti	19.	der Knödel	31.	die Erbsen
8.	die Marmelade	20.	die Nachspeise	32.	die Kartoffeln
9.	das Brot	21.	der Pilz	33.	der Kohl
10.	die Krabben	22.	die Pommes frites	34.	die Zwiebel
11.	das Bier	23.	der Reis	35.	die Karotten
12.	der Kaffee	24.	das Rindfleisch	36.	der Apfel

2. Nennen Sie fünf Lebensmittel aus der Liste, die Sie mögen, und fünf, die Sie nicht mögen, zusammen mit passenden Adjektiven.

➔ Lesen Sie Grammatik 8.1, „Adjectives: an overview" und 8.2, „Attributive adjectives in the nominative and accusative cases"!

> **Achtung!** **mögen** + Akkusativ

MODELLE: Ich mag gegrilltes Steak.
Ich mag keinen amerikanischen Kaffee.
Ich mag frische Bohnen.

WAS ICH MAG

a. _____

b. _____

c. _____

d. _____

e. _____

WAS ICH NICHT MAG

a. _____

b. _____

c. _____

d. _____

e. _____

B. Morgen haben Sie Geburtstag. Was möchten Sie zum Abendessen essen? Beschreiben Sie Ihr Geburtstagsessen!

MODELL: Als Vorspeise möchte ich einen gemischten Salat mit Tomaten, Oliven und Schafskäse. Dann als Hauptgericht möchte ich gegrillte Hühnerbrust mit scharfem Gemüse. Und als Nachspeise möchte ich süßen Apfelstrudel mit saurer Sahne.

_____

_____

_____

_____

_____

Hörverständnis

Gesünder leben. Frau Ruf glaubt, ihre Tochter Jutta könnte gesünder essen. Sie spricht mit Jutta über ihre Ernährung[1].

VOR DEM HÖREN

Glauben Sie, Hamburger sind gesund? _____

Wie essen Sie? Gesund oder nicht so gesund? _____

NEUE VOKABELN
zur Abwechslung   *for a change*
der Gesundheitsfanatiker, -   *health nut*
der Öko, -s   *ecofreak*
Ich stehe nicht darauf.   *I don't like it.*
Das kann ja heiter werden.   *We may as well expect the worst.*

[1]*nutrition*

WÄHREND DES HÖRENS

1. Bringen Sie die Sätze aus dem Dialog in die richtige Reihenfolge.

   a. _____ Der gesunde Look ist vorbei.

   b. _____ Und wo sind die Vitamine?

   c. _____ Jeden Tag macht der Suppe und ich mag nun mal keine Suppe.

   d. _____ Jedes Mal, wenn ich dich sehe, isst du Hamburger und trinkst Cola dazu.

   e. _____ Du siehst im Moment wirklich schlecht aus.

   f. _____ Die Gesundheitsfanatiker können doch von mir aus weiter ihre langweiligen Salate essen.

   g. _____ Cola ist auch nicht schlimmer als dein Kaffee mit Milch und Zucker.

   h. _____ Aber Hamburger sind nicht die richtige Lösung, ob mit Salat und Tomaten oder ohne.

2. Stellen Sie sich jetzt vor, die Diskussion geht weiter. Wer sagt was? Jutta (J) oder ihre Mutter (M)?

   a. _____ Aber ich will nicht gesund essen.

   b. _____ Du darfst das Haus nicht verlassen, bis du richtig gefrühstückt hast.

   c. _____ Ab heute darfst du nicht mehr bei McDonald's essen.

   d. _____ Du musst Fisch und Hähnchen und Gemüse essen.

   e. _____ Aber außer Hamburgern und Cola schmeckt mir nichts.

   f. _____ Billy isst nur Hamburger, und er ist gesund.

   g. _____ Aber Billy sieht schrecklich aus.

   h. _____ Ich werde nie Müsli essen.

Haushaltsgeräte

Schriftliche Aktivitäten

A. In der Küche. Wohin damit?

➔ Wiederholen Sie Grammatik 6.2, „Location vs. destination: two-way prepositions with the dative or accusative case"!

NÜTZLICHE AUSDRÜCKE

die Obstschale	die Waschmaschine	der Geschirrspüler
die Schublade	der Besteckkorb[1]	der Mülleimer
die Vase	der Brotkorb	das Kochbuch

MODELL: Wohin mit den schmutzigen Tellern? → in den Geschirrspüler

1. Wohin mit den Gabeln? _____

2. Wohin mit dem Müll? _____

3. Wohin mit der schmutzigen Wäsche? _____

[1]silverware basket

(continued)

4. Wohin mit dem Obst? _____

5. Wohin mit dem Brot? _____

6. Wohin mit dem Rezept? _____

7. Wohin mit den Blumen? _____

8. Wohin mit den Servietten? _____

B. Welche Haushaltsgeräte haben Sie? Kreuzen Sie an!

➜ Lesen Sie Grammatik 8.3, „Destination vs. location: **stellen/stehen, legen/liegen, setzen/sitzen, hängen/hängen**"!

☐ einen elektrischen Dosenöffner ☐ einen Toaster

☐ eine Küchenmaschine ☐ einen Kühlschrank mit Gefrierabteil

☐ eine Mikrowelle ☐ eine Waschmaschine

☐ einen Geschirrspüler ☐ einen Wäschetrockner

> **Achtung! stehen / liegen / sitzen / hängen** + Präposition + Dativ

Wo sind diese Geräte in Ihrem Haushalt?

NÜTZLICHE PRÄPOSITIONEN

hinter	über
in	unter
neben	

MODELLE: Der elektrische Dosenöffner steht neben dem Spülbecken.
Der Toaster steht hinter dem Dosenöffner.

_____

_____

_____

_____

_____

Hörverständnis

Werbung für Haushaltsgeräte. Sie hören zwei Werbetexte: einen für einen Wäschetrockner und einen für einen Haartrockner.

NEUE VOKABELN
der Energieverbrauch *energy usage*
der Schalter *switch*

Der neue Bauknecht Wäschetrockner: Die zarte Kraft. Er ist _____[1] zur

Wäsche: Seine vielen Trockenprogramme _____[2] die Wäsche genauso

wie Sie es _____[3] und wollen. Er ist _____[4]. Er trocknet

_____[5] kg mit minimalem Energieverbrauch in kürzester Zeit.

Braun Silencio 1600 Professional Control 12: Endlich ein Haartrockner, der macht, was Sie wollen. Und zwar gleich 12mal. Zwölf Möglichkeiten, Haare zu _____[1]: Ein Schalter reguliert die _____[2]: kühl, lauwarm, _____[3], sehr warm. Der andere den Luftstrom: schwach, stärker, ganz stark. Und Sie kombinieren _____[4] und Wärme, wie Sie wollen. Macht _____[5] Stufen. Zum Beispiel, sanft und _____[6] für dauerhafte Locken. Oder express bei vollen 1 600 Watt, je nach _____[7]. Und immer leise.

Einkaufen und Kochen

Schriftliche Aktivitäten

> **A. Sie haben Freunde eingeladen.** Sie müssen die Wohnung aufräu-

men, kochen und den Tisch decken. Schreiben Sie Sätze!

Achtung! **stellen / legen / setzen / hängen** + Präposition + Akkusativ

MODELLE: die Blumen / auf / der Tisch → Die Blumen stelle ich auf den Tisch.
die Messer / neben / die Teller → Die Messer lege ich neben die Teller.

1. die Teller / auf / der Tisch _____

2. die Servietten / auf / die Teller _____

3. die Kerze / in / die Mitte _____

4. die Gabeln / neben / die Messer _____

5. die Löffel / auf / die andere Seite _____

6. das Brot / in / der Brotkorb _____

7. der Stuhl / an / das Fenster _____

8. der Käse / auf / der Teller _____

9. die Schuhe / auf / der Balkon _____

10. die Pullover / in / der Schrank _____

11. der Wein / in / der Kühlschrank _____

12. die Schnitzel / in / die Pfanne _____

B. Der Tisch ist gedeckt, die Gäste können kommen. Wie sieht der perfekte Tisch aus?

→ Lesen Sie Grammatik 8.3, „Destination vs. location: **stellen/stehen, legen/liegen, setzen/sitzen, hängen/hängen**", und 8.4, „Adjectives in the dative case"!

> MODELL: der Tisch / das große Wohnzimmer / stehen / in →
> Der Tisch steht im großen Wohnzimmer.

1. die Tischdecke / der lange Tisch / liegen / auf

_____

2. die Teller / die weiße Tischdecke / stehen / auf

_____

3. die Gabeln / die großen Teller / liegen / links neben

_____

4. die Messer / die silbernen Löffel / liegen / rechts neben

_____

5. das Weinglas / das saubere Wasserglas / stehen / neben

_____

6. der Blumenstrauß / die roten Kerzen / stehen / zwischen

_____

7. die Löffel / die gelben Servietten / liegen / auf

_____

Hörverständnis

A. Bildgeschichte: Michaels bestes Gericht.

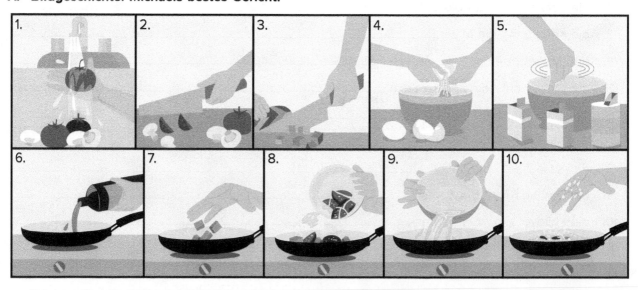

Bringen Sie die Sätze in die richtige Reihenfolge und setzen Sie die fehlenden Verben ein.

bestreuen	erhitzen	gießen	schneiden (2×)	würzen
bräunen	geben	schlagen	waschen	

_____ Dann kommen die Tomaten und Pilze hinzu.

_____ Dann _____ Michael drei Eier in eine Schüssel.

_____ Dann _____ er den Schinken in kleine Stücke.

_____ Dann _____ er die Tomaten und Pilze in Scheiben.

_____ Er _____ die Eier mit Salz, Pfeffer und Paprika.

_____ Jetzt _____ er Öl in einer Pfanne.

_____ Michael _____ den Schinken in die Pfanne und _____ ihn.

_____ Michael _____ die Tomaten und Pilze mit kaltem Wasser.

_____ Wenn das Omelett fast fertig ist, _____ er es noch mit Käse.

_____ Zum Schluss _____ er die Eier darüber.

B. „Allkauf"-Supermarkt. Und jetzt eine Mitteilung von Ihrem „Allkauf"-Supermarkt.

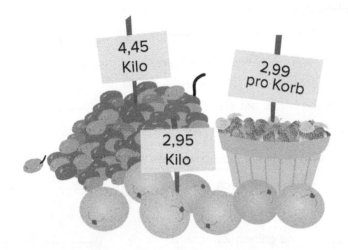

NEUE VOKABELN
ausgesucht *selected*
der Korb, ¨e *basket*

Welche Sonderangebote gibt es am Donnerstag?

Rindfleisch	Euro _____ pro Kilo
Schweinskotelettes	Euro _____ pro Kilo
Filetspitzen	Euro _____ pro Kilo
Orangen	Euro _____ pro Kilo
Weintrauben	Euro _____ pro Kilo
Erdbeeren	Euro _____ pro Korb

Im Restaurant

Schriftliche Aktivitäten

A. Mahlzeiten und Getränke. Unterstreichen Sie in jedem Satz die Adjektivendung und schreiben Sie sie in die Spalte „Endung". Identifizieren Sie Kasus: Nominativ (N), Akkusativ (A), Dativ (D); Genus und Numerus: Maskulin (M), Neutrum (N), Feminin (F), Plural (Pl); und schreiben Sie sie ebenfalls auf.

→ Lesen Sie Grammatik 8.2, „Attributive adjectives in the nominative and accusative cases" und 8.4, „Adjectives in the dative case"!

		ENDUNG	KASUS	GENUS/PLURAL
1.	Frau Gretter trinkt zum Frühstück schwarzen Kaffee.	_____	_____	_____
2.	Sie isst Müsli mit warmer Milch.	_____	_____	_____
3.	Dann isst sie gebratene Eier mit Speck.	_____	_____	_____
4.	Andrea trinkt heißen Kakao.	_____	_____	_____
5.	Sie isst zum Frühstück Brot mit frischem Honig.	_____	_____	_____
6.	Oft isst sie auch ein Brot mit selbst gemachter Marmelade.	_____	_____	_____
7.	Wenn sie großen Hunger hat, isst sie ein Steak.	_____	_____	_____
8.	Stefan trinkt zum Frühstück eiskalte Limonade.	_____	_____	_____
9.	Zum Abendessen trinkt er meist mexikanisches Bier.	_____	_____	_____
10.	Italienischer Wein schmeckt ihm auch ganz gut.	_____	_____	_____
11.	Heute isst er Fisch mit französischer Soße.	_____	_____	_____
12.	Dazu gibt es Kartoffeln mit grünen Zwiebeln.	_____	_____	_____
13.	Er trinkt deutschen Sekt.	_____	_____	_____
14.	Zum Nachtisch isst er frisches Obst.	_____	_____	_____

B. Herr und Frau Wagner haben morgen Hochzeitstag. Sie wollen am Abend in ihr Lieblingsrestaurant gehen. Sie freuen sich sehr auf das Essen und reden heute schon darüber. Was werden sie bestellen? Setzen Sie die Formen im Futur ein.

→ Lesen Sie Grammatik 8.5, „Talking about the future: the present and future tenses"!

MODELL: FRAU WAGNER: Ich _____. (nehmen / einen italienischen Salat)
FRAU WAGNER: Ich werde einen italienischen Salat nehmen.

1. HERR WAGNER: Also, ich _____

_____. (anfangen / mit den Tomaten in Öl)

2. FRAU WAGNER: Nein, das ist mir zu fettig. Als Vorspeise _____

_____. (nehmen / Schinken und Oliven)

3. HERR WAGNER: Hmm, lecker. Ich _____

_____. (bestellen / eine große Pizza mit Salami und Pilzen)

4. FRAU WAGNER: Gut, und ich _____

_____. (essen / grüne Spaghetti mit Krabben)

5. HERR WAGNER: Wir _____

_____, was meinst du? (trinken / eine Flasche Rotwein)

6. FRAU WAGNER: Ja, und wir _____

_____. (trinken / einen starken Espresso)

7. HERR WAGNER: Mein Bauch _____! (wehtun)

8. FRAU WAGNER: Ach was, der Abend ohne die Kinder _____

_____. (werden / sehr ruhig und schön)

Hörverständnis 🎧

A. **Dialog aus dem Text: Melanie und Josef gehen aus.** Melanie und Josef haben sich einen Tisch
   ausgesucht und sich hingesetzt. Der Kellner kommt an ihren Tisch.

   Beantworten Sie die Fragen.

   1. Was trinkt Melanie? _____

      Josef? _____

   2. Was bestellt Melanie zum Essen? _____

      Josef? _____

B. Bildgeschichte: Abendessen mit Hindernissen.

Was haben Maria und Michael gestern gemacht? Ergänzen Sie die Sätze.

1. Gestern sind Maria und Michael ins Restaurant „Zum Löwen" _____.

2. Sie haben beim Kellner ihre Getränke und ihr Essen _____.

3. Zuerst hat ihnen der Wein nicht _____.

4. Dann hat Maria die falsche Suppe _____.

5. Danach hat Michael eine Fliege in seiner Suppe _____.

6. Zum Schluss hat der Kellner ihnen zu viel _____.

7. Schließlich haben sich Maria und Michael beim Geschäftsführer _____.

8. Sie haben _____.

9. Danach sind sie in ein Eiscafé _____ und haben ein großes Eis als

   Nachspeise _____.

Und Sie? Wann sind Sie das letzte Mal essen gegangen? Schreiben Sie zehn Sätze.

Schreibhilfe

Beantworten Sie in Ihrem Aufsatz die folgenden Fragen:

- Wann war das?
- Was war der Anlass[1]?
- Wer war dabei?
- Was haben Sie gegessen und getrunken?
- Wie war das Essen? Hat es Ihnen geschmeckt?
- Wie teuer war das Restaurant?
- Wie war die Atmosphäre?
- Wie war die Bedienung?

_____

_____

_____

_____

_____

_____

_____

C. Rollenspiel: Im Restaurant.

Ein Mann sitzt im Restaurant und möchte etwas zu essen und zu trinken bestellen.

WÄHREND DES HÖRENS

Ergänzen Sie den Dialog.

KELLNERIN: Guten Abend.

GAST: Guten Abend, könnte ich _____?

KELLNERIN: Gern. Kann ich Ihnen schon _____?

GAST: Eine Radlerhalbe, bitte.

KELLNERIN: Gern.

KELLNERIN: Bitte schön. _____?

GAST: _____ den Schweinebraten mit Knödel und Salat. Und noch ein Bier, bitte.

KELLNERIN: _____.

GAST: _____.

KELLNERIN: _____ der Schweinebraten, eine Radlerhalbe, ein Bier … zwölf Euro siebzig, bitte.

GAST: _____ so.

KELLNERIN: Vielen Dank. Auf Wiedersehen.

GAST: Auf Wiedersehen.

[1]occasion

NACH DEM HÖREN

Suchen Sie sich auf der Speisekarte unten etwas zu essen und zu trinken aus. Schreiben Sie dann auf, was Sie sagen, ...

wenn Sie das Restaurant betreten: _____

wenn Sie die Speisekarte sehen möchten: _____

wenn Sie Ihre Bestellung aufgeben möchten: _____

_____

wenn Sie etwas nachbestellen möchten: _____

wenn Sie bezahlen möchten: _____

wenn Sie der Bedienung Trinkgeld geben: _____

wenn Sie das Restaurant verlassen: _____

Restaurant Zum Stadtwächter

Vorspeisen

6 Schnecken mit Kräuterbutter und Toast	Euro 8,-
Krabbencocktail mit Buttertoast	Euro 7,50
Rinderkraftbrühe mit Ei	Euro 4,50
Schneckencremesuppe	Euro 6,50
Französische Zwiebelsuppe mit Käse überbacken	Euro 6,-
Hausgemachte französische Fischsuppe mit Knoblauchtoast	Euro 7,75

Hauptgerichte

Filetsteak mit Spätzle und Endiviensalat	Euro 16,80
Sauerbraten mit Nudeln und gemischtem Salat	Euro 10,50
Wiener Schnitzel mit Pommes Frites und Butterbohnen	Euro 11,-
Schweinebraten mit Knödeln und gemischtem Salat	Euro 9,50
Forelle „Müllerin" in Petersilienbutter, neue Kartoffeln, Salat	Euro 10,-
Seezungenfilets in Tomaten-Buttersoße, Reis, Salat	Euro 15,80
Hasenkeule mit Waldpilzen in Rahm, Spätzle, Salat	Euro 17,-
Hähnchen in Rotwein, gedünstete Champignons, Butterreis	Euro 12,-

Getränke

Bier vom Fass	0,5 l	Euro 1,60
Pils vom Fass	0,4 l	Euro 1,80
Weißbier	0,5 l	Euro 2,10
Mineralwasser		Euro 1,40
Cola, Fanta, Sprite		Euro 1,30
Orangensaft		Euro 1,60
Rot- oder Weißwein, Hausmarke, Schoppen		Euro 3,50

* * * * * *

Die Rollen

S1: Sie sind im Restaurant und möchten etwas zu essen und zu trinken bestellen. Wenn Sie mit dem Essen fertig sind, bezahlen Sie und geben Sie der Bedienung ein Trinkgeld.

S2: Sie arbeiten als Kellner/Kellnerin in einem Restaurant. Ein Gast setzt sich an einen freien Tisch. Bedienen Sie ihn.

D. In einem exklusiven Restaurant. Michael und Maria gehen in München in ein französisches Restaurant. Es ist eines der teuersten und exklusivsten in der Stadt.

NEUE VOKABELN
die Hauptspeise, -n   *main course*
auswählen   *to select*
die Beschwerde, -n   *complaint*

Beantworten Sie die Fragen.

1. Was bestellt Maria? _____

2. Was bestellt Michael? _____

3. Was sagt der Kellner über das Fleisch? _____

_____

4. Was sagt die Geschäftsführerin zu dem Problem? _____

_____

5. Und der Chefkoch, was sagt er? _____

_____

6. Warum kann Maria das Filet nicht essen? _____

_____

E. Im Restaurant. Maria hat Geburtstag und Michael hat sie in ein teures Restaurant eingeladen. Leider hat er ein Problem.

NEUE VOKABELN

das Portemonnaie, -s *wallet*

1. Was hat Michael Maria zum Geburtstag geschenkt?

   _____

2. Welche Farbe hat dieses Geschenk?

   _____

3. Was hat Michael seiner Meinung nach?

   _____

4. Was isst Maria?

   _____

5. Was isst Michael?

   _____

6. Was trinken Maria und Michael nach dem Essen?

   _____

7. Warum kann Michael nicht zahlen?

   _____

8. Welche Idee hat Maria?

   _____

9. Was soll Maria tun?

   _____

10. Wie finden Sie Michaels Verhalten[1]?

   _____

Aussprache und Orthografie

Aussprache (1. Teil)

ng-Sound

The German consonant [ŋ] is always pronounced as in the English word *singer,* never as in the word *finger.* In some words the [ŋ] is combined with [k], as in **danke**, or with [g], as in **Ingo** (a name).

A. Listen and repeat after the speaker, paying careful attention that there is no **g-** or **k**-sound following the **ng**-sound.

1. si**ng**en, ich si**ng**e, wir si**ng**en, du si**ng**st
2. der Sä**ng**er, die Sä**ng**erin, die Sä**ng**erinnen
3. der Fi**ng**er, der Ri**ng**fi**ng**er, der Fi**ng**erri**ng**

[1]*behavior*

204   *Kapitel 8*

4. la**ng**, lä**ng**er, am lä**ng**sten, die La**ng**eweile
5. die A**ng**st, ä**ng**stlich, keine A**ng**st
6. eine Schla**ng**e, eine la**ng**e Schla**ng**e, eine la**ng**same Schla**ng**e
7. Eine la**ng**e Schla**ng**e ri**ng**elt sich um eine la**ng**e Sta**ng**e.

B. Form nouns with the suffix **-ung**, in the singular and the plural.

MODELLE: zeichnen: die Zeichnung — die Zeichnungen

1. wohnen: _____

2. einladen: _____

3. untersuchen: _____

4. vorlesen: _____

5. erzählen: _____

6. bestellen: _____

7. wandern: _____

Check your answers in the answer key.

C. Listen to all of the words in **Übung B** and repeat them after the speaker.

Now read the words aloud.

Orthografie (1. Teil)

Listen and write the names with **ng** or **nk**.

1. _____   5. _____

2. _____   6. _____

3. _____   7. _____

4. _____   8. _____

Aussprache (2. Teil)

Glottal Stops

In German a vowel or diphthong begins with a glottal stop at the beginning of a word or syllable. That means that the vowel or diphthong is pronounced separately from the preceding sound. Thus, there is a distinction in pronunciation between phrases such as **im Mai** and **im – Ei**.

A. Underline the phrase you hear.
1. im Mai – im Ei
2. an Ina – an Nina
3. an Herrn Nadler – an Herrn Adler
4. von Annett – von Nanett
5. beim Essen – beim Messen
6. Delikatessen – delikat essen

Check your answers in the answer key.

Replay the segment, several times if necessary, and pronounce the phrases after the speaker. Read both phrases in each pair aloud.

B. Listen and repeat after the speaker.

1. zum Frühstück ein Ei
2. Salat mit Olivenöl
3. Suppe mit Erbsen
4. Äpfel und Orangen
5. Essig am Essen

Replay the segment and underline all vowels and diphthongs preceded by a glottal stop.

Check your answers in the answer key.
Replay the segment, several times if necessary, and pronounce the phrases after the speaker.
Read the phrases aloud.

Orthografie (2. Teil)

Listen and write the tongue twisters you hear.

1. _____

_____

2. _____

_____

Kulturecke

Schmeckt's?

© John A. Rizzo/Getty Images RF

Mittagessen auf der Terrasse

© Bloomberg/Getty Images

A. Stichwort „Restaurant". Hören Sie sich den Text an und vergleichen Sie! Deutschland (D) oder Nordamerika (N)?

1. _____ Platz selbst aussuchen

2. _____ auf einen freien Tisch warten

3. _____ nach dem Essen bald gehen

4. _____ nach dem Essen noch eine Weile sitzen bleiben

5. _____ weniger Trinkgeld geben

6. _____ 15%–20% Trinkgeld geben

B. Wer weiß – gewinnt! Österreich. Markieren Sie die richtigen Antworten. Hinweis: Bei manchen Fragen sind mehrere Antworten möglich.

1. Das Wort Ostarrîchi findet man zum ersten Mal _____ in Urkunden.
   a. 976
   b. 1156
   c. 1278
   d. 1804

2. Wann wurde die jetzige zweite Republik Österreichs gegründet?
   a. 1855
   b. 1867
   c. 1945
   d. 1955

3. Die k. u. k. Monarchie umfasste viele Länder oder Teile davon. Welche der heutigen Länder gehörten nicht dazu?
   a. Tschechlen, die Slowakei, Slowenien
   b. Kroatien, Bosnien, Ungarn, Italien
   c. Polen, Italien, Rumänien, die Ukraine
   d. Russland, Spanien

4. Welche deutschen Komponisten wirkten in Wien?
   a. Wolfgang Amadeus Mozart
   b. Ludwig van Beethoven
   c. Josef Hayden
   d. Johannes Brahms

5. Heute ist Österreich _____.
   a. größer als die Schweiz
   b. kleiner als die Schweiz
   c. größer als Deutschland
   d. das kleinste Land der Welt

6. Wie viele Bundesländer hat Österreich?
   a. 6
   b. 7
   c. 8
   d. 9

7. Wofür ist die österreichische Küche berühmt?
   a. Apfelstrudel
   b. Schwarzwälder Kirschtorte
   c. Kaiserschmarren
   d. Sachertorte
   e. Bratwurst

C. Wer weiß – gewinnt! *Bella Martha.* Markieren Sie die richtigen Antworten. Hinweis: Bei manchen Fragen sind mehrere Antworten möglich!

1. Was ist Martha von Beruf?
   a. Köchin
   b. Chefin
   c. LKW-Fahrerin
   d. Bäckerin

2. Wie lebt Martha am Anfang des Filmes?
   a. Sie ist verheiratet und lebt mit Mario zusammen.
   b. Sie lebt allein.
   c. Ihre Nichte wohnt bei ihr.
   d. Sie lebt mit ihrer Schwester zusammen.

3. Welche Charaktereigenschaften beschreiben Martha am besten?
   a. perfektionistisch
   b. ehrgeizig
   c. argwöhnisch
   d. dickköpfig

4. Warum wohnt Lina bei Martha?
   a. Sie weiß nicht, wo ihr Vater ist.
   b. Ihre Mutter ist tödlich verunglückt.
   c. Es sind Ferien und Lina möchte ihre Tante besser kennenlernen.
   d. Sie hat sonst niemanden.

5. Was bedeutet die neue Situation für Martha und Lina?
   a. Sie verstehen sich gut.
   b. Lina hat große Schwierigkeiten.
   c. Für Martha geht das Leben weiter wie zuvor.
   d. Martha ist sehr froh, dass Lina bei ihr wohnt.

6. Was verspricht Martha ihrer Nichte?
   a. ihren Vater zu suchen
   b. dass sie für immer bei ihr wohnen kann
   c. nach Italien zu ziehen
   d. alles für sie zu tun

7. Welche Eigenschaften charakterisieren Mario am besten?
   a. dickköpfig
   b. lebensfroh
   c. exzentrisch
   d. argwöhnisch

8. Wie endet der Film? Martha _____.
   a. verliebt sich in Mario.
   b. zieht nach Italien.
   c. eröffnet ein neues Restaurant.
   d. kündigt ihren Job und eröffnet ein neues Restaurant in Deutschland.

Aufsatz-Training

A. Rezepte.

1. Was ist Ihr Lieblingsgericht? _____

2. Was braucht man, wenn man Ihr Lieblingsgericht kochen will? Nennen Sie die Zutaten und die Geräte, die man benutzt.

ZUTATEN

GERÄTE

_____

_____

_____

_____

_____

_____

_____

_____

_____

_____

_____

_____

Schreibhilfe

In deutschen Rezepten hat das Verb eine typische Form und Stellung[1] im Satz. Lesen Sie das folgende Rezept für Milchreis.

Milchreis

1 Tasse Reis (dicke Körner) und 2 Tassen Milch nehmen. Die Milch zum Kochen bringen und den Reis dazugeben. Auf ganz kleiner Hitze 1 Stunde ziehen lassen[2]. Noch warm mit Zucker und Zimt[3] bestreuen.

1. Welche Form hat das Verb in jedem Satz des Rezeptes hier oben?

_____

2. Wo steht die Verbform in jedem Satz des Rezeptes hier oben?

_____

B. Jetzt sind Sie dran! Schreiben Sie das Rezept für Ihr Lieblingsgericht auf und benutzen Sie in jedem Satz die für Rezepte typische Verbform und -stellung.

Mein Lieblingsgericht

_____

_____

_____

_____

[1]position   [2]ziehen ... *let simmer*   [3]*cinnamon*

Kindheit und Jugend

Kindheit

Schriftliche Aktivitäten

A. Kreuzworträtsel: Josefs Kindheit. Ergänzen Sie die Partizipien (waagerecht) und Substantive (senkrecht).

WAAGERECHT

1. Als Kind bin ich mit meinen Eltern oft in die Berge _____.

2. Sonntags habe ich immer bis mittags im Bett gelegen und _____.

3. Ich habe als Kind nicht viele Filme im Fernsehen _____.

4. In den Ferien habe ich den ganzen Tag Fußball _____.

5. Ich bin jeden Tag zu Fuß in die Schule _____.

6. Als Kind bin ich oft auf Bäume _____.

SENKRECHT

1. Wenn wir in den Ferien ans Meer gefahren sind, habe ich den ganzen Tag am _____ gelegen.

2. Jeden Samstag bin ich ins _____ gegangen und habe einen Film gesehen.

3. Einmal habe ich mit dem Fußball eine _____ kaputt gemacht, und dann musste ich sie selber reparieren.

4. Ich habe mich selten mit meinen drei _____ gestritten.

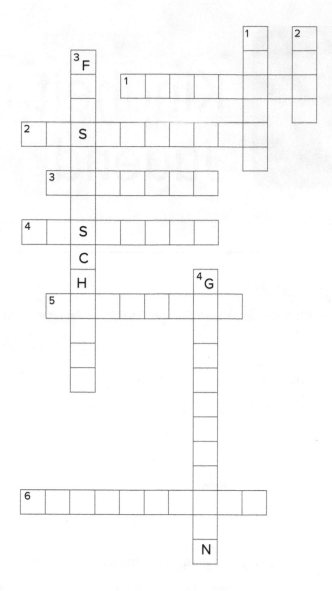

B. Haben Sie das als Kind gemacht? Mit wem?

→ Wiederholen Sie Grammatik 7.4, „The perfect tense (review)"!

    MODELLE: Kuchen backen → Ja, ich habe mit meiner Oma Kuchen gebacken. *oder*
Nein, ich habe nie Kuchen gebacken.

                     Kirschen pflücken → Ja, ich habe mit meinen Eltern Kirschen gepflückt. *oder*
Nein, ich habe keine Kirschen gepflückt.

1. auf Bäume klettern _____

_____

2. einen Schneemann bauen _____

_____

3. Märchen lesen _____

_____

4. Kreuzworträtsel lösen _____

    _____

Jetzt schreiben Sie fünf andere Sachen, die Sie als Kind gemacht haben.

1. _____

2. _____

3. _____

4. _____

5. _____

Hörverständnis

Kindheit. Katrin und Rolf unterhalten sich über Sport und ihre Kindheit. Katrin ist in Amerika und Rolf in Deutschland aufgewachsen[1].

NEUE VOKABELN
die Jungs *boys*
quatschen *to gossip*

Wer hat was gemacht? Katrin oder Rolf? Haben Sie als Kind das Gleiche gemacht? Kreuzen Sie an!

	KATRIN	ROLF	UND SIE?
Fußball spielen	☐	☐	☐
Football spielen	☐	☐	☐
Tennis spielen	☐	☐	☐
Volleyball spielen	☐	☐	☐
Ski fahren	☐	☐	☐
ins Freibad gehen	☐	☐	☐
ans Meer fahren	☐	☐	☐
schwimmen	☐	☐	☐

[1]ist aufgewachsen *grew up*

Jugend

Schriftliche Aktivitäten

A. Was haben Sie in diesen Situationen gemacht?

→ Wiederholen Sie Grammatik 7.5, „The simple past tense of **haben** and **sein**"!

→ Lesen Sie Grammatik 9.2, „The simple past tense of **werden,** the modal verbs, and **wissen**", und Grammatik 9.3, „Time: **als, wenn, wann**"!

> MODELL: Wenn Sie nicht zur Schule gehen wollten? →
> Wenn ich nicht zur Schule gehen wollte, habe ich die Schule geschwänzt und bin ins Kino gegangen.

1. Wenn Sie spätabends noch fernsehen wollten?

_____

_____

2. Wenn Sie ein neues Album kaufen wollten, aber kein Geld hatten?

_____

_____

3. Als Sie einmal unglücklich verliebt waren?

_____

_____

4. Wenn Sie ins Kino wollten und Ihre Eltern es nicht erlaubt haben?

_____

_____

5. Als Sie einmal große Angst vor einer Prüfung hatten?

_____

_____

B. Aus Claires Tagebuch. Setzen Sie **als** oder **wenn** ein.

Achtung!	
Was?	**Wann?**
Hauptsatz	Nebensatz
Aktivität + gestern letzten Sonntag um 3 Uhr	**, als** … Verb
Aktivität + oft immer	**, wenn** … Verb

Gestern habe ich meinen Großeltern einen Brief geschrieben. _____[1] der Brief fertig war, habe ich ihn gleich zur Post gebracht. Natürlich hat es unterwegs angefangen zu regnen. Immer _____[2] ich mit dem Fahrrad unterwegs bin, fängt es an zu regnen. _____[3] ich bei der Post angekommen war, war zu. Typisch! _____[4] ich einen Brief mal gleich abschicken will, klappt es nicht. _____[5] ich so im Regen vor der Post stand, kam Josef vorbei. _____[6] er mein Gesicht sah, wusste er gleich, dass meine Laune nicht besonders gut war. Er merkt immer sofort, _____[7] etwas nicht in Ordnung ist. Ich habe mein Fahrrad stehen gelassen und bin mit ihm zu Melanie gefahren. _____[8] wir bei ihr ankamen, arbeitete sie gerade an einem Referat. Melanie freute sich sehr über unseren Besuch. _____[9] sie Besuch hat, braucht sie nämlich nicht zu arbeiten.

Hörverständnis

A. Rollenspiel: Das Klassentreffen.

Claudio und Petra sind auf einem Klassentreffen. Sie erzählen einander, was sie seit Abschluss der Schule gemacht haben und was sie noch in der Zukunft machen möchten.

WÄHREND DES HÖRENS

Was hat Claudio nach der Schule gemacht?

_____

_____

Was hat Petra nach der Schule gemacht?

_____

_____

Was macht Petra jetzt?

_____

_____

NACH DEM HÖREN

Was haben Sie nach der High-School gemacht?

_____

_____

_____

Die Rollen

S1: Sie sind auf dem fünften Klassentreffen Ihrer alten High-School-Klasse. Sie unterhalten sich mit einem alten Schulfreund / einer alten Schulfreundin. Fragen Sie: Was er/sie nach Abschluss der High-School gemacht hat, was er/sie jetzt macht und was seine/ihre Pläne für die nächsten Jahre sind. Sprechen Sie auch über die gemeinsame Schulzeit.

S2: (Siehe Rolle S1.)

B. Michael Puschs erste Freundin. Michael Pusch erzählt von seiner ersten Freundin.

NEUE VOKABELN
umwerfend *smashingly*
die Schule schwänzen *to play hooky*
(in der Schule) sitzen bleiben, blieb … sitzen, ist
    sitzen geblieben *to repeat a year (in school), repeated*
Streit haben *to quarrel*

Beantworten Sie die folgenden Fragen.

1. Wie alt war Michael, als er Cora kennengelernt hat? _____

2. Wo hat er sie kennengelernt? _____

3. Was haben sie im Sommer zusammen gemacht? _____

    _____

4. Wann musste Michael samstags immer zu Hause sein? _____

5. Wann musste Cora zu Hause sein? _____

6. Warum hatte er mit seinem Vater Streit? _____

    _____

7. Wen will Michael gerne kennenlernen? _____

C. Der Flirt mit dem Süden. Karin Schulz war auf einem Seminar in München und hat einen Italiener kennengelernt.

Bringen Sie die Sätze aus Frau Schulz' Geschichte in die richtige Reihenfolge.

_____ Für mich bleibt er der Flirt mit dem Süden.

_____ Einmal kam Alfredo, ein Italiener aus Rom, dazu.

_____ Vor sieben Jahren war ich in den Semesterferien auf einem vierwöchigen Seminar am Goethe-Institut in München.

_____ Wir haben uns von Anfang an sehr gut verstanden.

_____ Ein Wochenende sind wir nach Italien gefahren.

_____ Abends sind wir zusammen essen gegangen.

_____ Vor einem Jahr habe ich von einem anderen Seminarteilnehmer gehört, dass Alfredo geheiratet hat.

_____ Er hat damals Deutsch an einer Schule in Mailand unterrichtet.

Geschichten

Schriftliche Aktivitäten

Ein wichtiger Termin. Was passierte Michael? Setzen Sie die Verben ein.

→ Lesen Sie Grammatik 9.4, „The simple past tense of strong and weak verbs (receptive)"!

wollte	hatte	aufwachte	brauchte	
~~hatte~~	sprang	ging	ankam	sah
			rannte	
ging	stellte	zog	war	war
bekam	fuhr	war	duschte	

Michael _____*hatte*_____[1] einen wichtigen Termin in München. Er _____[2] mit dem Zug um 6.30 Uhr fahren. Er _____[3] extra früh ins Bett und _____[4] den Wecker auf 5.00 Uhr. Als Michael am nächsten Morgen _____[5], _____[6] er zuerst auf den Wecker. Es _____[7] schon 5.30 Uhr! Der alte Wecker _____[8] kaputt. Michael _____[9] sofort aus dem Bett, _____[10] ins Bad, _____[11] ganz schnell, _____[12] sich an und _____[13] ohne Frühstück aus dem Haus. Er _____[14] Glück und _____[15] sofort ein Taxi. Leider _____[16] auf der Straße schon viel Verkehr und das Taxi _____[17] lang. Als Michael endlich am Bahnhof _____[18], _____[19] sein Zug gerade ab!

Hörverständnis 🎧

A. Bildgeschichte: Als Willi mal allein zu Hause war ...

Wie erging es Willi, als er einmal allein zu Hause war? Bringen Sie die Sätze in die richtige Reihenfolge, und setzen Sie die fehlenden Verben ein.

_____ „Ein Einbrecher!", _____ Willi.

_____ Aber er _____ keinen Einbrecher, nur Büsche und eine kleine Katze.

_____ Dann _____ Willi sich mit einem Tennisschläger im Keller.

_____ Der Großvater _____ sofort mit dem Fahrrad _____.

_____ Eines Abends _____ Willi allein zu Hause.

_____ Er _____ große Angst und _____ die

Großeltern _____.

_____ Er _____ aus dem Fenster und _____ einen Schatten.

_____ Großvater _____ mit einer Taschenlampe in den Garten.

_____ Plötzlich _____ er durch das Fenster ein Geräusch.

_____ Seine Eltern _____ ins Theater gegangen.

_____ Unterwegs _____ es _____ zu regnen und der

Großvater _____ ganz nass.

_____ Willi _____ im Bett und _____ nicht einschlafen.

B. Bildgeschichte: Beim Zirkus.

Was hat Michael erlebt, als er 15 Jahre alt war? Verbinden Sie die richtigen Satzteile.

1. _____ Als Michael Pusch 15 Jahre alt war,

2. _____ Am Abend ging Michael

3. _____ Dort gab es Clowns und Artisten,

4. _____ Am nächsten Morgen musste Michael

5. _____ Nach der Schule lief er

6. _____ Er wollte beim Zirkus bleiben,

7. _____ Michael wurde Tierpfleger.

8. _____ Aber nach ein paar Tagen kamen

9. _____ Er ging wieder zur Schule

10. _____ Manchmal aber träumte er

a. dort arbeiten und die schöne Seiltänzerin heiraten.

b. Er fütterte die Pferde und die Elefanten.

c. immer an die Seiltänzerin denken.

d. kam eines Tages ein Zirkus in die Stadt.

e. Michaels Eltern und er musste wieder nach Hause.

f. mit seinen Freunden in den Zirkus.

g. sofort zurück zum Zirkus.

h. und die junge Seiltänzerin war sehr schön.

i. und machte langweilige Hausaufgaben.

j. vom Zirkus und der schönen Seiltänzerin.

Die Seiltänzerin. Erzählen Sie diese Geschichte aus der Perspektive der Seiltänzerin.

_____

_____

_____

_____

_____

_____

_____

_____

Märchen

Schriftliche Aktivitäten

Was ist passiert, nachdem …? Ordnen Sie zu!

→ Lesen Sie Grammatik 9.4, „The simple past tense of strong and weak verbs (receptive)", und 9.5, „Sequence of events in past narration: the past perfect tense and the conjunction **nachdem** (receptive)"!

~~verwandelte er sich in einen Prinzen~~   musste er viel essen

ging sie über die sieben Berge zu den sieben Zwergen

wurde sie Königin   ging sie zur Großmutter

schlief sie hundert Jahre   probierte sie den Schuh an

MODELLE: Nachdem die Königstochter den Frosch geküsst hatte, _____. →
Nachdem die Königstochter den Frosch geküsst hatte, verwandelte er sich in einen Prinzen.

1. Nachdem die Müllerstochter drei Nächte lang Gold gesponnen hatte, _____

_____

2. Nachdem die Hexe Hänsel eingesperrt hatte, _____

_____

3. Nachdem der Königssohn Aschenputtel den Schuh gegeben hatte, _____

_____

4. Nachdem Rotkäppchen den Wolf im Wald getroffen hatte, _____

_____

5. Nachdem die böse Königin gehört hatte, dass Schneewittchen noch lebte, _____

_____

6. Nachdem Dornröschen sich an der Spindel gestochen hatte, _____

_____

Hörverständnis

A. Bildgeschichte: Dornröschen.

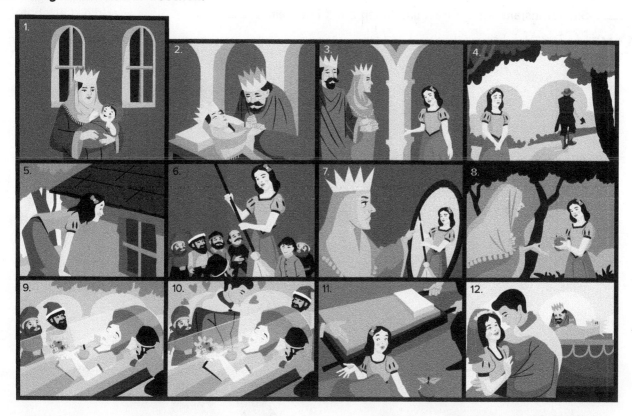

Kennen Sie das Märchen von Dornröschen? Bringen Sie die Sätze in die richtige Reihenfolge und setzen Sie die fehlenden Verben ein.

_____ Alle anderen Menschen und alle Tiere _____ auch _____.

_____ Als 100 Jahre vorbei waren, _____ ein junger Prinz zur Hecke und die Dornen

verwandelten sich in Blumen.

_____ Als die Königin endlich eine Tochter _____, war die Freude groß.

_____ Als Dornröschen fünfzehn Jahre alt war, ging der böse Wunsch in Erfüllung. Sie

_____ sich an einer Spindel und fiel in einen tiefen Schlaf. *(continued)*

_____ Der Prinz und Dornröschen _____. Und wenn sie nicht gestorben sind, dann leben sie noch heute.

_____ Die dreizehnte Fee kam und _____ Dornröschen. Sie sollte sich an einer Spindel stechen und sterben.

_____ Die zwölfte Fee _____ den bösen Wunsch. Dornröschen sollte nur hundert Jahre schlafen.

_____ Er ging ins Schloss, fand Dornröschen und, als er sie _____, wachte sie auf.

_____ Es waren einmal ein König und eine Königin, die _____ so gern ein Kind.

_____ Mit ihr _____ das ganze Schloss ein, alle Menschen und alle Tiere.

_____ Rund um das Schloss _____ eine große Dornenhecke.

_____ Sie veranstalteten ein Fest und luden zwölf Feen ein, _____ aber die dreizehnte.

B. **Märchen.** Kennen Sie viele Märchen? Hören Sie diese Teile aus verschiedenen Märchen und sagen Sie, woher sie kommen.

Rumpelstilzchen

Hänsel und Gretel

Rotkäppchen

Dornröschen

Der Froschkönig

Schneewittchen

1. _____   4. _____

2. _____   5. _____

3. _____   6. _____

C. Der unglückliche Wolf.

NEUE VOKABELN
ungezogen *naughty*
das Unglück *misfortune*
das Mofa *moped*
der Verkehr *traffic*
überfahren, überfuhr, hat überfahren *to run over*
aufschneiden, schnitt ... auf, hat aufgeschnitten *to slit open*
der Pelz *fur*

Setzen Sie die fehlenden Verben ein.

Es _____¹ einmal ein freches, ungezogenes Mädchen. Es _____² Rotkäppchen,

weil es ein rotes Käppchen _____³. Eines Tages _____⁴ die Mutter zu

Rotkäppchen: „Geh zu deiner Oma und bring ihr eine Flasche Limonade und eine CD von 50 Cent.

Der Großvater hat sie verlassen und sie trinkt, um ihr Unglück zu vergessen. Sie hat schon zwei

Flaschen Whisky getrunken!" Rotkäppchen _____⁵: „Was für ein langweiliger Vorschlag!

Ich will lieber *South Park* sehen!" Die Mutter _____⁶ wütend: „Dann gehst du nicht in die

Disco!" Rotkäppchen _____⁷ schnell, sehr schnell mit seinem Mofa. Zum Glück

_____⁸ der Verkehr im Wald nicht stark. Im Wald _____⁹ ein guter, netter Wolf.

Er pflückte gerade seiner Mutter einen bunten Strauß Blumen, weil sie krank war. Rotkäppchen

_____¹⁰ den Wolf; er war tot. In der Nähe war ein böser und schrecklicher Jäger. Er

_____¹¹ alles. Er _____¹² den Bauch des Wolfes auf. So _____¹³ es,

dass Rotkäppchen zu der Oma mit einem anderen Geschenk ging: einer Tasche aus Wolfspelz.

Aussprache und Orthografie

Aussprache (1. Teil) 🎧

Consonant Clusters

German uses a few consonant clusters (combinations of consonants) that are uncommon in English. All elements of such consonant clusters are pronounced.
For the sound [pf], there is only one written form: <pf>, as in **Pfennig** and **Kopf**.

A. You will hear one of three different family names. Underline the family name you hear.

1. Herr Hoff – Herr Hopp – Herr Hopf

2. Herr Kuffer – Herr Kupper – Herr Kupfer

3. Frau Fahl – Frau Pahl – Frau Pfahl

4. Frau Pellmann – Frau Fellmann – Frau Pfellmann

5. Frau Hoffel – Frau Hoppel – Frau Hopfel

6. Herr Höffner – Herr Höppner – Herr Höpfner

Check your answers in the answer key.

B. Listen as all three names in **Übung A** are read. Repeat the names after the speaker.

Now read the names aloud, first slowly, then more quickly.

For the sound [ks], there are several written forms: <x> as in **Text,** <ks> as in **links**, <gs> as in **(du) sagst,** <chs> as in **sechs.**

C. Where do you hear [ks]? Underline the appropriate letters.

1. unterwegs
2. Max
3. Felix
4. Augsburg
5. Sachsen

6. Luxemburg
7. Cuxhaven
8. Niedersachsen
9. Sachsen-Anhalt

Check your answers in the answer key.
Replay the segment. Listen and repeat after the speaker.

D. Wo sind Max und Felix unterwegs? Using the place names in **Übung C,** create sentences according to the model. Write your sentences down and then read them aloud.

MODELL:　　Max und Felix sind in Augsburg unterwegs.

1. _____

2. _____

3. _____

4. _____

5. _____

For the sound [ts], there are several written forms: <z> as in **zählen,** <tz> as in **setzen,** <ts> as in **rechts**, <zz> as in **Pizza,** <-ti(on)> as in **Lektion.** Note that regardless of position, the pronunciation is always the same: [t+s].

E. Listen and fill in the missing letters <z, tz, ts, zz>, then write the definite article for each noun.

1. _____ Ka_____e
2. _____ _____werg
3. _____ Prin_____
4. _____ Prin_____essin
5. _____ Rä_____el

6. _____ Scha_____
7. _____ Pi_____a
8. _____ Spielpla_____
9. _____ _____irkus
10. _____ Me_____gerei

Check your answers in the answer key.
Replay the segment and pronounce the words after the speaker.

F. Schreiben Sie ein kleines Märchen. Use as many words as possible from **Übung E** to write a short fairy tale. Then read it aloud to yourself.

_____

_____

_____

_____

_____

Other Consonant Combinations

There are various other consonant combinations that occur in different verb forms and at the juncture of syllables or words.

G. Read the following words, paying close attention to the underlined letters. Then indicate how many and which consonant sounds are pronounced. Use **k** to represent the **ach**-sound.

MODELL: du la<u>chst</u> (3) [kst]

1. du schi<u>mpfst</u> (   ) [   ]
2. du wä<u>schst</u> dich (   ) [   ]
3. du si<u>tzt</u> (   ) [   ]
4. du brau<u>chst</u> etwas (   ) [   ]
5. die Gas<u>tst</u>ätte (   ) [   ]

6. die Fre<u>mdspr</u>ache (   ) [   ]
7. die Te<u>xtst</u>elle (   ) [   ]
8. der Stra<u>fz</u>ettel (   ) [   ]
9. der Mar<u>ktpl</u>atz (   ) [   ]

Check your answers in the answer key.
    Reread the words out loud.

H. Now practice some tongue twisters **(Zungenbrecher).** First listen, but do not repeat. Then replay, several times, pronouncing each tongue twister after the speaker.

1. Zwischen zwei Zweigen sitzen zwei Schwalben.
2. Der Potsdamer Postkutscher putzt den Potsdamer Postkutschkasten; den Potsdamer Postkutschkasten putzt der Potsdamer Postkutscher.
3. Fischers Fritz fischt frische Fische, frische Fische fischt Fischers Fritz.
4. Der Metzger wetzt sein bestes Metzgermesser.
5. Der Whiskymixer mixt Whisky.
6. Der Kaplan klebt Pappplakate.
7. Blaukraut bleibt Blaukraut, und Brautkleid bleibt Brautkleid.

Learn one of the tongue twisters by heart. Practice the tongue twister so that you can say it quickly and accurately.

Orthografie (1. Teil) 🎧

Consonant Clusters

Listen and write the words you hear.

1. _____
2. _____
3. _____
4. _____
5. _____

6. _____
7. _____
8. _____
9. _____

Aussprache (2. Teil)

Word Stress in Abbreviations and Acronyms

There are two principal types of abbreviations and acronyms — (1) those that are read as single letters and (2) those that are read as words.

Listen to the abbreviations and acronyms and underline the part that is stressed. What rules can you discern for stress in abbreviations and acronyms?

1. USA
2. ABC
3. DAAD
4. ICE
5. GmbH
6. WC

7. UNO
8. Euro
9. Kripo
10. Telekom
11. U-Bahn
12. Zivi

In abbreviations and acronyms that are read as single letters, the stress is on

_____.

In abbreviations and acronyms that are read as words, the stress is (usually) on

_____.

Replay the segment and repeat the abbreviations and acronyms after the speaker.

Orthografie (2. Teil)

s, ss, ß

Listen and write words with **s, ss,** or **ß.**

1. _____
2. _____
3. _____
4. _____
5. _____

6. _____
7. _____
8. _____
9. _____

Kulturecke

Jacob Grimm (1785–1863) und
Wilhelm Grimm (1786–1859)
© Lebrecht Music and Arts Photo Library/Alamy

A. **Die Gebrüder Grimm.** Markieren Sie die richtigen Antworten. Hinweis: Bei manchen Fragen sind mehrere Antworten möglich.

1. Was haben die Gebrüder Grimm studiert?
   a. Jura
   b. Sprachwissenschaft
   c. Literaturwissenschaft
   d. Germanistik

2. In welchen Städten waren sie als Professoren tätig?
   a. Hanau
   b. Berlin
   c. Kassel
   d. Göttingen

3. Wofür sind die Gebrüder Grimm berühmt?
   a. Sammler und Herausgeber
   b. Sprach- und Literaturwissenschaftler
   c. Übersetzer
   d. Begründer der deutschen Germanistik
   e. Politiker
   f. für ihren Kampf für Freiheit und Menschenrechte

4. Was ist das „Grimm's Law"?
   a. Es beschreibt die erste Lautverschiebung.
   b. Es ist ein Buch über die Gesetze der deutschen Grammatik.
   c. Es ist ein Buch über den Bedeutungswandel deutscher Wörter.
   d. Es ist der Titel einer Sammlung von Märchen.

5. Die Gebrüder Grimm haben gegen die Entscheidungen von König Ernst Gustav protestiert. Was waren die Folgen?
   a. Sie mussten das Land verlassen.
   b. Sie wurden eingesperrt[1].
   c. Sie wurden als Professoren entlassen.
   d. Sie wurden berühmt.

[1]locked up

B. Die Märchen der Gebrüder Grimm. Schreiben Sie den Namen des Märchens neben die Kurzbeschreibung.

> Aschenputtel Dornröschen Der gestiefelte Kater
> Rumpelstilzchen Hänsel und Gretel
> Rotkäppchen Schneewittchen Der Froschkönig
> Die Sterntaler Der Wolf und die sieben Geißlein

1. _____

Ein Frosch holte der Königstochter ihre goldene Kugel aus dem Brunnen und wollte dafür in ihrem Zimmer schlafen. Als die Königstochter den Frosch an die Wand warf, verwandelte er sich in einen Prinzen.

2. _____

Ein Mädchen wurde von ihrer Stiefmutter und ihren Stiefschwestern schlecht behandelt. Als sie zum Ball ging und mit dem Königssohn tanzte, verlor sie einen Schuh. Der Königssohn suchte sie, und als er sie gefunden hatte, heiratete er sie.

3. _____

Eine Königin wollte ihre Stieftochter töten. Doch die entkam und lebte bei den sieben Zwergen. Die Königin verkleidete sich und gab der Tochter einen vergifteten Apfel.

4. _____

Die Königstochter wurde von einer bösen Fee verwünscht. Sie stach sich an einer Spindel und fiel in einen hundertjährigen Schlaf. Während dieses Schlafs wuchs eine dichte Dornenhecke um das Schloss.

5. _____

Ein Bruder und eine Schwester wurden von ihren Eltern im Wald ausgesetzt. Sie kamen zu einem Haus im Wald, in dem eine Hexe wohnte. Die Hexe wollte den Bruder fressen, aber die Schwester stieß die Hexe ins Feuer.

6. _____

Eine Müllerstochter musste für den König Stroh zu Gold spinnen. Ein kleines Männchen half ihr und wollte dafür ihr Kind. Als die Müllerstochter den Namen des Männchens erfuhr, konnte sie ihr Kind behalten.

7. _____

Ein Mädchen, das ganz allein war und nichts hatte außer einem Stück Brot und den Kleidern, die sie trug, gab auch das noch alles her. Dafür wurde sie von Gott reich belohnt, indem er ihr die Sterne als Taler vom Himmel herunterfallen ließ.

8. _____

Ein Wolf ließ sich die Pfote weiß färben und täuschte sieben Geißlein, die allein zu Hause waren, vor, er wäre ihre Mutter. Als die Geißlein den Wolf ins Haus ließen, fraß er sie auf. Während er schlief, schnitt ihm die Mutter den Bauch auf und befreite die Geißlein.

9. _____   Ein kleines Mädchen sollte ihrer Großmutter Wein und Kuchen bringen. Doch ein Wolf hatte die Großmutter gefressen und fraß auch das Mädchen, bis der Jäger kam, dem Wolf den Bauch aufschnitt und das Mädchen und ihre Großmutter befreite.

10. _____   Der jüngste Sohn eines Müllers erbte nichts außer einem sprechenden Kater. Doch der Kater machte dem König weis, sein Herrchen wäre ein Graf, woraufhin der König dem Müllerssohn seine Tochter zur Frau gab.

C. Die Sterntaler.

Es war einmal ein kleines Mädchen, dem waren Vater und Mutter gestorben. Es war so arm, dass es kein Kämmerchen mehr hatte, darin zu wohnen, und kein Bettchen mehr, darin zu schlafen, und endlich gar nichts mehr als die Kleider auf dem Leib und ein Stückchen Brot in der Hand, das ihm ein mitleidiges Herz geschenkt hatte. Es war aber gut und fromm. Und weil es so von aller Welt verlassen war, ging es im Vertrauen auf den lieben Gott hinaus ins Feld.

Da begegnete ihm ein armer Mann, der sprach: „Ach, gib mir etwas zu essen, ich bin so hungrig." Das Mädchen reichte ihm das ganze Stückchen Brot und sagte: „Gott segne dir's!" und ging weiter. Dann kam ein Kind, das jammerte und sprach: „Es friert mich so an meinem Kopf, schenk mir etwas, womit ich mich bedecken kann." Da nahm es seine Mütze ab und gab sie dem Kind. Und als es noch eine Weile gegangen war, kam wieder ein Kind, das hatte kein Leibchen an und fror. Da gab es ihm seins. Und noch weiter, da bat eins um ein Röcklein, das gab es auch her.

Endlich gelangte es in einen Wald und es war schon dunkel geworden. Da kam noch ein Kind und bat um ein Hemdlein und das fromme Mädchen dachte: Es ist dunkle Nacht, da sieht mich niemand, du kannst wohl dein Hemd weggeben. Und es zog das Hemd aus und gab es auch noch her.

Und wie es so stand und gar nichts mehr hatte, fielen auf einmal die Sterne vom Himmel und waren lauter blanke Taler; und obgleich es sein Hemdlein weggegeben, so hatte es plötzlich ein neues an, und das war vom allerfeinsten Linnen. Da sammelte es die Taler hinein und war reich für sein Lebtag.

1. Beschreiben Sie das kleine Mädchen. Wie ist es? Was hat es? Was hat es nicht?

_____
_____
_____
_____
_____
_____
_____

2. Was gab das Mädchen diesen Personen?

dem armen Mann	
dem ersten Kind	
dem zweiten Kind	
dem dritten Kind	
dem letzten Kind	

3. Erzählen Sie weiter. Was machte das Mädchen, als es das viele Geld hatte?

_____

_____

_____

_____

_____

_____

_____

_____

_____

_____

Aufsatz-Training

A. Eine Geschichte länger machen. Lesen Sie die folgende Geschichte.

Jutta hatte beim Abendessen Streit mit ihren Eltern. Sie ging sehr früh ins Bett. Sie hatte einen seltsamen Traum. Ihr Freund Billy erschien darin als Engel. Er sagte: „Der Rapstar Kanye West ist mein neues Vorbild." Jutta wachte auf. Sie rief Billy an. Er sagte: „Lass uns ins Kino gehen. ‚The Avengers' läuft um Mitternacht. Kannst du mich um halb zwölf in der Kneipe treffen?" Jutta kletterte durchs Fenster. Sie traf Billy in der Kneipe.

Diese Geschichte erzählt nur, was in welcher Reihenfolge[1] passiert ist. Sie gibt keine Hintergrundinformationen[2]. Suchen Sie jetzt die passenden Hintergrundinformationen zu den Ereignissen und schreiben Sie die Geschichte neu. Sie können auch eigene Details erfinden. Achten Sie auf die Wortstellung im Satz!

[1]*sequence*
[2]*background information*

EREIGNISSE	HINTERGRUND

Was ist passiert?

Warum? Wann? Wie? Wo?

1. _____ Jutta hatte beim Abendessen mit ihren Eltern Streit.

2. _____ Sie ging sehr früh ins Bett.

3. _____ Sie hatte einen seltsamen Traum.

4. _____ Ihr Freund Billy erschien als Engel.

5. _____ Er sagte, „Der Rapstar Kanye West ist mein neues Vorbild.“

6. _____ Jutta wachte auf.

7. _____ Sie rief Billy an.

8. _____ Er sagte: „Lass uns ins Kino gehen. ‚The Avengers' läuft um Mitternacht. Kannst du mich um halb zwölf in der Kneipe treffen?“

9. _____ Jutta kletterte durchs Fenster.

10. _____ Sie traf Billy in der Kneipe.

a. aber seine Stimme[1] war ganz anders

b. schweißgebadet

c. mit einem Kuss

d. nachdem sie eine schlechte Note bekommen hatte

e. in einem blauen Nebel

f. als sie wieder wach war

g. weil sie deprimiert war

h. voller Freude

i. als sie schlief

j. wie der alte, normale Billy

_____

_____

_____

_____

_____

_____

_____

_____

[1]voice

B. Schreiben Sie eine Geschichte! Denken Sie an eine Geschichte aus ihrer Kindheit, einen Traum, den Sie einmal geträumt haben, ein Märchen, oder erfinden Sie eine andere Geschichte.

Was ist passiert? Schreiben Sie zuerst die Ereignisse der Geschichte auf. Schreiben Sie dann Hintergrundinformationen neben die Ereignisse.

EREIGNISSE	HINTERGRUND
Was ist passiert?	Warum? Wann? Wie? Wo?

_____ _____

_____ _____

_____ _____

_____ _____

_____ _____

_____ _____

_____ _____

_____ _____

Schreiben Sie jetzt Ihre Geschichte!

Schreibhilfe

Lesen Sie Ihre Geschichte mehrere Male und überarbeiten Sie sie. Denken Sie daran, die Wortstellung im Satz zu variieren. So kann zum Beispiel eine Zeit- oder Ortsangabe am Anfang des Satzes stehen. Wenn Sie sich unsicher sind, wie ein Wort geschrieben wird oder was es genau bedeutet, benutzen Sie ein Wörterbuch.

KAPITEL 10

Auf Reisen

Reisepläne

Schriftliche Aktivitäten

A. Reisen Sie gern? Beantworten Sie die Fragen.

1. Reisen Sie gern? _____

2. Was war die weiteste Reise, die Sie gemacht haben? Wo waren Sie? Was haben Sie gemacht?

   _____

   _____

   _____

3. Was war die schönste Reise, die Sie gemacht haben? Wo waren Sie? Was haben Sie gemacht?

   _____

   _____

   _____

4. Stellen Sie sich vor: Sie haben eine Reise gewonnen und dürfen sich ein Ziel aussuchen. Wohin reisen Sie? Warum?

   _____

   _____

5. Welche deutsche (österreichische, schweizerische) Stadt interessiert Sie am meisten? Warum?

   _____

   _____

B. Mini-Dialoge. Setzen Sie die richtige Präposition ein: **aus, bei** (x3), **nach** (x2), **vom, zu, zum.**

➔ Lesen Sie Grammatik 10.1, „Prepositions to talk about places: **aus, bei, nach, von, zu**"!

1. FRAU WAGNER: Wann kommt Ernst heute _____ der Schule?

   HERR WAGNER: Um eins, aber er geht erst _____ seinem Freund Mark.

   FRAU WAGNER: Ich finde, er ist ein bisschen oft _____ Mark.

   HERR WAGNER: Gut, ich sage ihm, dass er morgen erst _____ Hause kommen soll.

2. JOSEF: Wollen wir _____ Nürnberg fahren, wenn Melanie _____
Markt zurückkommt?

CLAIRE: Was wollen wir in Nürnberg machen?

JOSEF: Ich möchte meinen Freund Thomas besuchen. Er arbeitet _____ einer

Bank in der Innenstadt. Aber samstags hat er natürlich frei. Da können wir

_____ ihm Kaffee trinken und danach _____ Konzert von

U2 gehen. Ich habe Karten dafür.

CLAIRE: Gern.

Hörverständnis

A. Dialog aus dem Text: Am Fahrkartenschalter. Silvia steht am Fahrkartenschalter und möchte mit dem Zug von Göttingen nach München fahren.

Beantworten Sie die Fragen.

1. Wann möchte Silvia gerne in München sein? _____

2. Wann fährt der Zug ab und wann kommt er in München an? _____

3. Aus welchem Gleis fährt der Zug? _____

4. Womit möchte Silvia bezahlen? _____

5. Was kostet eine Fahrkarte mit BahnCard zweiter Klasse? _____

B. Claires Reisefotos. Claire ist wieder in Regensburg und zeigt Melanie und Josef Fotos von ihrer Reise.

Hier sind die Fotos, die Claire zeigt. Bringen Sie sie in die richtige Reihenfolge.

a. _____ die Schweizerin, mit der Claire über die Frauenbewegung gesprochen hat

b. _____ der Grenzübergang

c. _____ der Rheinfall

d. _____ eine Gruppe von Gymnasiasten

e. _____ Claires netter Zollbeamte

f. _____ die Bahnhofstraße

Nach dem Weg fragen

Schriftliche Aktivitäten

Unterwegs in Regensburg. Wohin kommen Sie? Folgen Sie den Anweisungen und schreiben Sie auf, wo Sie hinkommen.

→ Lesen Sie Grammatik 10.3, „Prepositions for giving directions: **an … vorbei, bis zu, entlang, gegenüber von, über**"!

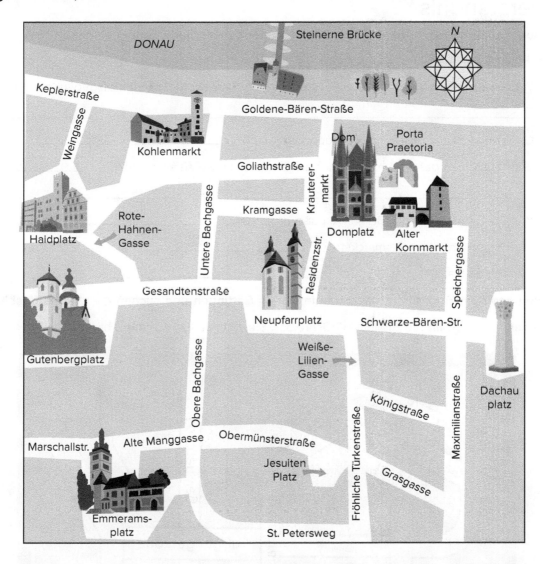

1. Sie sind am Emmeramsplatz. Gehen Sie in die Alte Manggasse hinein, bis Sie an die Obere Bachgasse kommen. An der Oberen Bachgasse links bis zur Gesandtenstraße, dann biegen Sie rechts ab. Noch einige Meter und Sie sind am _____.

2. Sie sind am Dachauplatz. Gehen Sie zur Speichergasse, rechts in die Speichergasse hinein und dann links am Alten Kornmarkt. Gehen Sie über den Alten Kornmarkt hinüber und über den Domplatz. Am Krauterermarkt gehen Sie rechts bis hinunter zur Goldenen-Bären-Straße. Links an der Steinernen Brücke vorbei bis in die Keplerstraße hinein. An der Weingasse gehen Sie noch einmal links, die Weingasse hindurch bis zum _____.

3. Sie sind am Gutenbergplatz. Gehen Sie nur kurz in die Gesandtenstraße hinein, dann gleich links in die Rote-Hahnen-Gasse hinein. Am Haidplatz rechts zum Kohlenmarkt hinunter, über die Untere Bachgasse hinüber, durch die Goliathstraße hindurch und Sie sehen vor sich den

   _____.

4. Sie stehen mit dem Rücken zur Steinernen Brücke. Gehen Sie rechts und gleich die erste Straße links. Gehen Sie diese Straße ganz durch, an eins, zwei, drei Straßen vorbei. An der vierten Straße biegen Sie wieder nach rechts ab und nach vielleicht 50 Metern sind Sie am

   _____

Hörverständnis

A. Dialog aus dem Text: Jürgen ist bei Silvias Mutter zum Geburtstag eingeladen.

Wie kommt man zu Silvia? Beantworten Sie bitte die Fragen.

1. Was ist auf der anderen Seite der Straße, wenn man aus dem Bahnhofsgebäude herauskommt?

   _____

2. Geht man links oder rechts am Supermarkt vorbei? _____

3. Wie muss man gehen, um dann auf die Bismarckstraße zu kommen? _____

   _____

4. Wie weit muss man die Bismarckstraße hinaufgehen? _____

5. Was ist am Ende der Bismarckstraße? _____

6. Wo ist das Haus? _____

B. Dialog aus dem Text: Claire und Melanie sind in Göttingen und suchen die Universitätsbibliothek.

Welches Gebäude ist die Bibliothek? Schreiben Sie „Bibliothek" auf die Bibliothek.

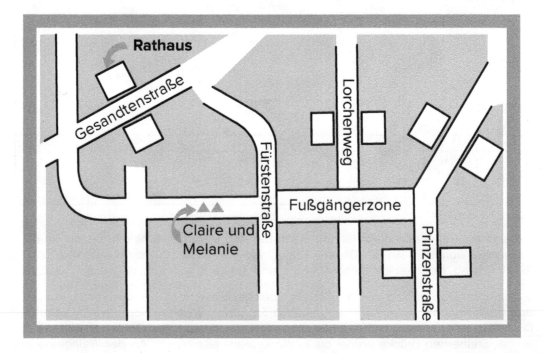

C. Dialog aus dem Text: Frau Frisch-Okonkwo findet ein Zimmer im Rathaus nicht.

Beantworten Sie die Fragen.

1. In welchem Stock ist Zimmer 204? _____

2. Auf welcher Seite ist Zimmer 204? _____

D. Nach dem Weg fragen. Heidi und Stefan sind in Deutschland angekommen und machen eine Tour durch Köln. Sie haben sich verlaufen und suchen die Jugendherberge, die ganz nahe am Neumarkt ist. Verzweifelt fragen sie Passanten nach dem Weg.

Beantworten Sie die Fragen.

1. Warum weiß der erste Mann nicht, wo der Neumarkt ist?

   _____

2. Was hat die Frau gerade gelesen?

   _____

3. In welche Richtung, sagt der zweite Mann, sollen Heidi und Stefan gehen?

   _____

4. Wann sollen sie noch mal nach dem Weg fragen?

   _____

Urlaub am Strand

Schriftliche Aktivitäten

A. Ein Tag am Strand. Machen Sie verschiedenen Leuten Vorschläge für einen Strandaufenthalt. *Note: Make sure to consider person, number, and level of formality.*

➜ Lesen Sie Grammatik 10.2, „Requests and instructions: the imperative (summary review)"!

VORSCHLÄGE

einen Neoprenanzug anziehen	einen Liegestuhl mitnehmen
eine Sandburg bauen	Parasailing probieren
Kanu fahren	Muscheln sammeln
Würstchen grillen	spazieren gehen
laufen	Frisbee spielen
belegte Brote mitnehmen	die Sonnenmilch nicht vergessen

MODELLE:

KARL:	Wo soll ich Urlaub machen? →	
SIE:	**Fahr** doch mal an die Ostsee!	
KARL UND KARLA:	Wo sollen wir Urlaub machen? →	
SIE:	**Fahrt** doch mal an die Nordsee!	
HERR SCHUBERT:	Wo soll ich Urlaub machen? →	
SIE:	**Fahren Sie** doch mal an die Adria!	
DANIELA UND SIE:	Wo sollen wir Urlaub machen? →	
SIE:	**Fahren wir** doch mal an die Riviera!	

1. FRAU BLESER: Ich sitze nicht gern im Sand.

   SIE: _____

2. FLORIAN: Ich bekomme leicht einen Sonnenbrand.

   SIE: _____

3. RICHARD UND SIE: Und was machen wir, wenn wir Hunger kriegen[1]?

   SIE: _____

4. MONIKA UND SABINE: Am Strand ist es immer langweilig.

   SIE: _____

5. VERONIKA: Zum Schwimmen ist das Wasser zu kalt.

   SIE: _____

6. HERR BAUER: Ich brauche ein bisschen Bewegung[2].

   SIE: _____

B. An der Hotelrezeption. Sie sind Gast in einem Hotel. Ihr Zimmernachbar ist nicht besonders höflich. Formulieren Sie es höflicher mit **möchte, könnte, dürfte, müsste.**

→ Lesen Sie Grammatik 10.4, „Being polite: the subjunctive form of modal verbs"!

MODELL:	NACHBAR:	Guten Tag, ich will ein Doppelzimmer mit Dusche oder Bad.
	SIE:	Guten Tag, ich möchte ein Doppelzimmer mit Dusche oder Bad.

1. NACHBAR: Ich muss mal dringend telefonieren, wo geht das?

   SIE: _____?

2. NACHBAR: Kann ich eine E-Mail abschicken?

   SIE: _____?

3. NACHBAR: Können Sie mich morgen um 7.00 Uhr wecken?

   SIE: _____?

4. NACHBAR: Darf ich meinen Hund mit auf das Zimmer nehmen?

   SIE: _____?

5. NACHBAR: Können Sie mir frische Handtücher bringen?

   SIE: _____?

[1]bekommen
[2]exercise

6. NACHBAR: Können Sie mir eine Flasche Sekt auf das Zimmer bringen?

   SIE: _____?

7. NACHBAR: Darf ich Sie um einen neuen Bademantel bitten?

   SIE: _____?

8. NACHBAR: Ich will noch eine Tasse Tee!

   SIE: _____.

Hörverständnis 🎧

A. Dialog aus dem Text: Auf Zimmersuche. Frau und Herr Ruf suchen ein Zimmer.
Hören Sie sich den Dialog an und füllen Sie das Formular aus.

Name: _____	

_____ Nächte	_____ Euro pro Nacht	_____ ohne Frühstück
_____ Dusche	_____ Einzelzimmer	_____ Doppelzimmer
_____ mit Frühstück	_____ Bad	_____ Toilette

B. Rollenspiel: Im Hotel.

Ein Mann sucht ein Zimmer im Hotel. Er spricht mit der Angestellten an der Rezeption über die Zimmer, die noch frei sind.

WÄHREND DES HÖRENS

Richtig (R) oder falsch (F)? Korrigieren Sie die falschen Aussagen.

1. _____ Es sind keine Zimmer mehr frei.

   _____

2. _____ Das Einzelzimmer hat Bad und Toilette.

   _____

3. _____ Alle Zimmer haben Isolierverglasung.

   _____

4. _____ Der Tourist nimmt das Doppelzimmer.

   _____

5. _____ Das Zimmer kostet 129 Euro.

   _____

6. _____ Der Frühstücksraum ist den ganzen Tag geöffnet.

   _____

(continued)

7. _____ Der Frühstücksraum ist rechts neben der Rezeption.

_____

8. _____ Wenn man das Internet benutzen möchte, muss man nur die Zimmernummer eingeben.

_____

9. _____ Der Tourist sollte den Hotelparkplatz um die Ecke benutzen.

_____

NACH DEM HÖREN

Die Rollen

S1: Sie sind im Hotel und möchten ein Zimmer mit Dusche und Toilette. Außerdem möchten Sie ein ruhiges Zimmer. Fragen Sie auch nach Preisen, Frühstück, Internet und wann Sie morgens abreisen müssen.

S2: Sie arbeiten an der Rezeption von einem Hotel. Alle Zimmer haben Dusche und Toilette. Manche haben auch Internet. Frühstück ist inklusive. Das Hotel ist im Moment ziemlich voll. Ein Reisender / Eine Reisende kommt herein und erkundigt sich nach Zimmern. Denken Sie zuerst darüber nach: Was für Zimmer sind noch frei? Was kosten die Zimmer? Bis wann müssen die Gäste abreisen?

C. **Eine Reise nach Deutschland.** Nach dem Deutschunterricht: Frau Schulz erzählt Heidi und Stefan von ihrer letzten Reise nach Deutschland. Stefan und Heidi haben viele Fragen, weil sie im nächsten Sommer nach Deutschland fahren wollen.

Beantworten Sie die Fragen.

1. Wo hat Frau Schulz übernachtet?

    a. in der ersten Woche? _____

    b. danach? _____

2. Was ist eine Pension? _____

_____

3. Wo kann man wirklich billig übernachten? _____

4. Was braucht man, um in einer Jugendherberge zu übernachten? _____

_____

Tiere

Schriftliche Aktivitäten

Der Mensch und das Tier. Was wird (manchmal, oft, ...) mit diesen Tieren gemacht?

→ Lesen Sie Grammatik 10.5, „Focusing on the action: the passive voice"!

MODELLE: Katzen → Katzen **werden** oft **gestreichelt.**
ein Elefant → Ein Elefant **wird** manchmal **dressiert.**

NÜTZLICHE VERBEN
angeln (geangelt) *to fish*
dressieren (dressiert) *to train, break in*
erschlagen (erschlagen) *to kill*
essen (gegessen)
Gassi führen (Gassi geführt) *to take for a walk*
füttern (gefüttert)
jagen (gejagt) *to hunt*
melken (gemolken) *to milk*
reiten (geritten)
streicheln (gestreichelt) *to pet*
vergiften (vergiftet)
zertreten (zertreten) *to step on*

1. eine Mücke: _____

2. Wildenten[1]: _____

3. eine Ratte: _____

4. Hunde: _____

5. ein Pferd: _____

6. eine Kuh[2]: _____

7. Fische: _____

8. Kakerlaken[3]: _____

9. ein Truthahn[4]: _____

10. Vögel (im Winter): _____

[1]*wild ducks*
[2]*cow*
[3]*cockroaches*
[4]*turkey*

Hörverständnis

Bildgeschichte: Lydias Hamster. Was hat Lydia mit ihrem Hamster erlebt?
Bringen Sie die Sätze in die richtige Reihenfolge und setzen Sie die Verbformen ein.

_____ Als sie am nächsten Morgen _____, war der Hamster verschwunden.

_____ Außerdem war die Pflanze auf ihrer Fensterbank angefressen.

_____ Da _____ sie schließlich den Hamster. Er hatte sich ein gemütliches Nest gebaut.

_____ Eine Woche später _____ sie ein komisches Loch in ihrer Jacke.

_____ Eines Abends _____ sie, die Käfigtür richtig zuzumachen.

_____ Lydia Frisch _____ zum Geburtstag einen Hamster.

_____ Lydia _____ den Hamster im ganzen Haus.

_____ Lydia _____ noch einmal überall. Mit ihrem Vater _____ sie

sogar hinter den Kleiderschrank.

_____ Sie _____ jeden Tag mit ihrem Hamster.

_____ Sie war sehr traurig, weil sie ihn nicht _____.

Aussprache und Orthografie

Aussprache (1. Teil)

en-Ending

There are different rules for the pronunciation of the ending **-en.** In some cases, the schwa drops out, and the pronunciation of the residual <-n> depends on the sound of the consonant that precedes it.

When one is reading aloud or speaking slowly, the ending **-en** is preserved:

- after vowels and diphthongs, for example **gehen, bauen;**
- after nasal consonants, for example **kommen, kennen, singen;**
- after **l** and **r** and in **-chen,** for example **holen, hören, Mädchen.**

When one is reading aloud or speaking slowly, the ending **-en** is *not* preserved:

- after fricatives, in which case the schwa drops out and the [n] remains, for example **essen, waschen, laufen;**
- after plosives.

   —After [t, d], the schwa is dropped, and the [n] remains, for example **warten, werden.**
   —After [p, b], the schwa is dropped, and the [n] becomes [m], for example **Lippen, lieben.**
   —After [k, g], the schwa is dropped, and the [n] becomes [ŋ], for example **backen, fragen.**

In conversation—that is, in quick, lax speech—the schwa is usually dropped after vowels, nasal consonants, and <l, r>, as well as in **-chen.** After vowels, nasal consonants, and lenis plosives [b, d, g], this results in total assimilation; that is, the ending **-en** coalesces with the preceding syllable, and the number of syllables in the word is reduced by one. In this case, the nasal consonant is usually pronounced with more muscular tension, for example—**Alle kommen** (['kɔm:]) **mit. Wir zeigen Ihnen** ([i:n:]) **Ihr Zimmer.**

A. Listen to the words and, paying close attention to the endings, indicate how the ending of each word is pronounced.

	[ən]	[n]	[m]	[ŋ]
1. fahren	☐	☐	☐	☐
2. gehen	☐	☐	☐	☐
3. reisen	☐	☐	☐	☐
4. fliegen	☐	☐	☐	☐
5. laufen	☐	☐	☐	☐
6. schwimmen	☐	☐	☐	☐
7. tanzen	☐	☐	☐	☐
8. bleiben	☐	☐	☐	☐

Check your answers in the answer key.
   Replay the segment, listen to the words, and repeat after the speaker.

B. Was machen wir/sie gern? Form sentences with the verbs in **Übung A.** Write the sentences, then read them aloud. Pay close attention to the pronunciation of the **-en** ending.

MODELL: Wir fahren gern. *or* Sie fahren gern.

1. _____
2. _____
3. _____
4. _____
5. _____
6. _____
7. _____
8. _____

C. Listen to the following examples, which will be read very quickly with sentence stress on the highlighted word. Repeat the sentences after the speaker. Note: The verbs with **-en** are all pronounced as a single syllable (see transcription).

1. Komm*en* [kɔm] Sie bitte **mit!**
2. Könn*en* [kœn] Sie das **verstehen?**
3. Kenn*en* [kɛn] Sie **Berlin?**
4. Hab*en* [ham] Sie kein*en* [kaɛn] **Hunger?**
5. War*en* [vaᵇn] Sie schon in **Wien?**
6. Hör*en* [høᵇn] Sie die **Durchsage?**
7. Seh*en* [zen] Sie die klein*en* [klaɛn] **Sterne?**
8. Sing*en* [zɪŋ] Sie gern **Volkslieder?**

Orthografie (1. Teil) 🎧

Listen to the sayings and write them down.

1. _____
2. _____
3. _____
4. _____
5. _____
6. _____

Aussprache (2. Teil) 🎧

Vocalic r, schwa

As you may remember, **Kapitel 2** focused on the rules for pronouncing **r**. Refamiliarize yourself with the rules given on page 78.

A. Listen to the following school sayings. Underline all vocalic **r**-sounds.

1. Das Leben wär viel einfacher, wenn's nicht so schwer wär.
2. Ein leerer Kopf ist leichter zu tragen als ein voller.
3. Lehrer helfen Probleme zu lösen, die man ohne sie gar nicht hätte.
4. Jeder redet vom Energiesparen. Ich spare meine.
5. Alle Schüler sind klug: die einen vorher, die anderen nachher.
6. Am Vormittag hat der Lehrer recht, am Nachmittag hat er frei.
7. Am Tage lehrt er Kinder und abends leert er Gläser.
8. Lieber zwei Jahre Ferien als überhaupt keine Schule.

Check your answers in the answer key.
Replay the segment and pronounce the sayings after the speaker.

B. What is missing from the form of address? Listen to the words, and write them down as you hear them. Then complete the missing ending **-e (liebe)** or **-er (lieber).**

1. Lieb_____!   5. Lieb_____!

2. Lieb_____!   6. Lieb_____!

3. Lieb_____!   7. Lieb_____!

4. Lieb_____!   8. Lieb_____!

Check your answers in the answer key.
Read the complete forms of address aloud.

Orthografie (2. Teil) 🎧

Professions

Listen and write the names of the professions you hear.

1. _____   6. _____

2. _____   7. _____

3. _____   8. _____

4. _____   9. _____

5. _____

Kulturecke

A. Wer weiß – gewinnt! Die deutsche Einwanderung in die USA. Markieren Sie die richtigen Antworten.

Albert Einstein (1879–1955)
© AP Photo

1. Die meisten USA-Einwanderer kommen aus _____.
   a. Kanada
   b. Mexiko
   c. Italien
   d. Deutschland

2. Aus welchem Land kommen die zweitmeisten Einwanderer in die USA?
   a. Russland
   b. Mexiko
   c. China
   d. Deutschland

3. 2006 gaben _____ der Amerikaner an, deutscher Abstammung zu sein.
   a. 51 Millionen
   b. 5 Millionen
   c. 51 000
   d. 50 000

4. In Pennsylvania wurde 1683 die erste deutsche Siedlung „Germantown" _____.
   a. entdeckt
   b. zerstört
   c. gegründet
   d. umgesiedelt

5. In Pennsylvania entwickelten die Deutschamerikaner _____.
   a. ihr eigenes Brot
   b. ihre eigene Religion
   c. ihre eigene Sprache
   d. ihr eigenes Bier

6. Nach _____ kamen fast 8 Millionen Deutschsprachige in die USA.
   a. der gescheiterten Revolution 1848
   b. dem ersten Weltkrieg 1918
   c. dem zweiten Weltkrieg 1945
   d. der friedlichen Revolution 1989

7. Zu den *Forty-Eighters* gehörten deutsche Intellektuelle, Bürgerrechtskämpfer und _____.
   a. Protestanten
   b. Muslime
   c. Katholiken
   d. Juden

8. Der *German Belt* ist eine Region im _____ der USA.
   a. Süden
   b. Mittleren Westen
   c. Westen
   d. Südwesten

B. **Wissenswertes zum Film** *Die fetten Jahre sind vorbei.* Wählen Sie die richtigen Antworten aus dem Wörterkasten.

die Eltern   einen Kühlschrank

die Erziehungsberechtigten   Möbel verrücken
          Jules Onkel

die Polizei   Geld stehlen   über den Anblick ihrer Häuser

die Reichen   in eine Berghütte   von der Polizei

          in seine Villa

ein teures Auto   über ihren Luxus   Hardenberg

1. Was machen Jan und Peter? _____

2. Wie nennen sich Jan und Peter? _____

3. Was hat Jule kaputt gemacht? _____

4. Von wem werden Jan und Jule beim Einbruch überrascht? _____

5. Worüber sollen die Villenbesitzer nachdenken? _____

6. Wohin bringen die Entführer Hardenberg am Ende des Films? _____

7. Wer kommt am Ende des Films in die Wohnung der jungen Leute? _____

C. **Tiere in Sprichwörtern.** Welche Tiere werden in diesen Sprichwörtern verwendet? Ergänzen Sie die Sprichwörter mit den richtigen Tieren: **Esel, Fliegen, Gaul, Huhn, Hunde, Katze, Mäuse.**

1. Den letzten beißen die _____.

2. Ein blindes _____ findet auch manchmal ein Korn.

3. Einem geschenkten _____ schaut man nicht ins Maul.

4. In der Not frisst der Teufel _____.

5. Wenn dem _____ zu wohl ist, geht er aufs Eis.

6. Wenn die _____ nicht zu Hause ist, tanzen die _____.

D. Wer weiß – gewinnt! Göttingen. Markieren Sie die richtigen Antworten. Hinweis: Mehrere Antworten sind möglich!

1. In welchem Bundesland liegt Göttingen?
   a. Thüringen
   b. Hessen
   c. Niedersachsen
   d. Sachsen-Anhalt

2. Das Wahrzeichen der Stadt Göttingen ist _____.
   a. das Gänseliesel, eine Brunnenfigur
   b. die Universität
   c. das Göttinger Wappen
   d. die Sternwarte

3. Seit welchem Jahr gibt es offiziell eine Universität?
   a. seit 1734
   b. seit 1737
   c. seit 1754
   d. seit 1777

4. In welchen Fächern erhielten Wissenschaftler der Universität den Nobelpreis?
   a. Literatur
   b. Medizin
   c. Physik
   d. Chemie

5. Welche der folgenden Fakten sind falsch?
   a. Grona ist ein Stadtteil Göttingens.
   b. Grona war eine Pfalz.
   c. Kaiser Heinrich starb in Grona.
   d. Göttingen ist 700 Jahre alt.

6. Wogegen protestierte die „Göttinger Erklärung"?
   a. gegen die atomare Aufrüstung[1] der Bundeswehr
   b. gegen den Einsatz[2] von Atomwaffen
   c. gegen Atomkraftwerke[3]
   d. gegen nukleare Forschung[4]

[1]*armament*
[2]*use*
[3]*nuclear power plants*
[4]*research*

Aufsatz-Training

Was trägt man in Ihrem Land? Stellen Sie sich vor, ein Bekannter / eine Bekannte aus Österreich verbringt das nächste Jahr an der Universität, an der Sie studieren. Schreiben Sie ihm/ihr einen Brief, in dem Sie sagen, welche Kleidungsstücke er/sie mitbringen sollte und welche er/sie hier kaufen könnte. Denken Sie nicht nur an das Wetter, sondern auch an die Mode.

Liebe/r _____,

_____

_____

_____

_____

_____

_____

_____

_____

_____

_____

Dein/e _____

Schreibhilfe

Verbessern Sie jetzt Ihren Brief und erzählen Sie alles noch genauer. Streichen[1] Sie unnötige Wörter und fügen Sie mehr Adjektive hinzu. Geben Sie Hintergrundinformationen. Schreiben Sie dann Ihren verbesserten Brief.

MODELL: Liebe Tanja,

Ich habe mich sehr gefreut zu hören, daß du ein Jahr an der Uni in Berkeley studieren willst. / ss

^ Wie du weißt, ist das Wetter hier in Berkeley *ziemlich* mild. Wir haben fast nie Schnee, aber im Winter regnet es *ziemlich viel*. Du brauchst hier wohl keine *richtige* Winterjacke. Es gibt aber in den Bergen viel Schnee, und wenn du da Ski fahren willst, solltest du vielleicht *wirklich warme* Winterkleidung mitbringen. Die könntest du *natürlich* auch hier kaufen, wenn du nicht so viel mitbringen willst.

An der Uni in Berkeley tragen die meisten Studenten Jeans und T-Shirts, und dann im Winter *meistens* Pullis oder Sweatshirts und Regenjacken ~~oder so~~. Fast alle haben Tennisschuhe ~~und~~ *oder* Sandalen an. Kleidung und Schuhe ⟨sind⟩ hier ⟨billiger⟩ als in Österreich, du ⟨könntest⟩ hier ^ alles kaufen, was du brauchst. Viele Grüße

Ich freue mich wirklich, daß du hier an der Uni studieren willst. Ruf mich an, sobald du angekommen bist.

Deine Patricia / ss

[1]delete, cross out

MODELLE: Liebe Tanja,

Ich habe mich sehr gefreut zu hören, dass du ein Jahr an der Uni in Berkeley studieren willst.
Wie du weißt, ist das Wetter hier in Berkeley ziemlich mild. Wir haben fast nie Schnee, aber im
Winter regnet es ziemlich viel. Du brauchst hier wohl keine richtige Winterjacke. Es gibt aber in
den Bergen viel Schnee, und wenn du da Ski fahren willst, solltest du vielleicht wirklich warme
Winterkleidung mitbringen. Die könntest du natürlich auch hier kaufen, wenn du nicht so viel
mitbringen willst. An der Uni in Berkeley tragen die meisten Studenten Jeans und T-Shirts, und
dann im Winter meistens Pullis oder Sweatshirts und Regenjacken. Fast alle haben Tennisschuhe oder Sandalen an. Da Kleidung und Schuhe hier billiger sind als in Österreich, könntest
du hier alles kaufen, was du brauchst. Ich freue mich wirklich, dass du hier an der Uni studieren
willst. Ruf mich an, sobald du angekommen bist. Viele Grüße

Deine Patricia

Liebe/r _____

_____

_____

_____

_____

_____

_____

_____

_____

_____

_____

_____

_____

Dein/e _____

Gesundheit und Krankheit

Krankheit

Schriftliche Aktivitäten

Was machen Sie in diesen Situationen?

→ Lesen Sie Grammatik 11.1, „Accusative reflexive pronouns"!

NÜTZLICHE AUSDRÜCKE

sich ärgern	sich entspannen	sich ins Bett legen
sich aufregen	sich erkälten	?
sich ausruhen	sich freuen	

MODELLE:

          1   2
Wenn ich mich nicht wohl fühle, | lege | ich mich ins Bett.

          1   2
Wenn ich Kopfschmerzen habe, | nehme | ich Kopfschmerztabletten.

1. Wenn ich eine Stunde ohne Regenschirm oder Regenmantel im kalten Regen stehe, [   ]

   _____

2. Wenn ich krank bin und die Nachbarn eine laute Party haben, [   ] _____

   _____

3. Wenn ich eine Grippe habe, [   ] _____

   _____

4. Wenn ich zu viel Stress habe, [   ] _____

   _____

5. Wenn ich Liebeskummer habe, [   ] _____

   _____

6. Wenn ich endlich wieder gesund bin, [   ] _____

   _____

Hörverständnis

A. Die Zwillinge sind krank. Eske und Damla sind krank. Frau Candemir ruft den Kinderarzt Dr. Gold an.

NEUE VOKABELN
die Masern (*pl.*)   *measles*
der Umschlag, ⸚e   *compress*

Welches Kind hat welche Symptome?

	ESKE	DAMLA
hohes Fieber	☐	☐
rote Pusteln	☐	☐
Husten	☐	☐
Kopfschmerzen	☐	☐
apathisch	☐	☐
Bauchschmerzen	☐	☐

Womit soll Frau Candemir das Fieber senken? _____

B. Frau Schneiders Aerobic-Kurs. Frau Schneider und Frau Gretter sprechen über Frau Schneiders ersten Tag in einem Fitnesscenter.

NEUE VOKABELN
der Muskelkater   *sore muscle*
sich massieren lassen   *to get a massage*

Beantworten Sie die folgenden Fragen.

1. Wo war Frau Schneider? _____

2. Was hat sie heute? _____

3. Was hat sie im Fitnesscenter gemacht? _____

4. Was ist Aerobic? _____

5. Wie lange hat Frau Schneider Aerobic gemacht? _____

6. Wohin ist sie nach dem Aerobic-Kurs gegangen? _____

7. Warum will Frau Gretter mit Frau Schneider zum Fitnesscenter gehen? _____

C. Michael ist krank. Michael Pusch fühlt sich gar nicht wohl und beschreibt Maria seine Symptome.

Beantworten Sie die folgenden Fragen mit **ja** oder **nein.**

1. Was sind Michaels Symptome?

    a. Hat er Husten? _____

    b. Hat er Kopfschmerzen? _____

    c. Hat er Fieber? _____

    d. Hat er Halsschmerzen? _____

    e. Ist er müde? _____

2. Was empfiehlt ihm Maria?

    a. Soll er ins Bett? _____

    b. Soll er Kopfschmerztabletten nehmen? _____

    c. Soll er sich eine Vitamin-Spritze geben lassen? _____

    d. Soll er Orangensaft trinken? _____

3. Was will Michael tun?

    _____

    _____.

Körperteile und Körperpflege

Schriftliche Aktivitäten

A. Kreuzworträtsel. Maria erzählt, wie sie ihren Körper pflegt. Setzen Sie die Verben ein. Wissen Sie dann, was Maria macht, wenn sie eine Verabredung hat?

1. Wenn meine Fingernägel zu lang sind, _____ ich sie mir.

2. Wenn ich mich geduscht habe, _____ ich mich ab.

3. Wenn ich ins Bett gehe, _____ ich meinen Schlafanzug an.

4. Nach dem Duschen _____ ich mich mit Body-Lotion ein.

5. Wenn ich schnell schlafen will, _____ ich immer ein Glas heiße Milch mit Honig.

6. Nach dem Waschen _____ ich meine Haare.

7. Danach _____ ich sie mit einem Kamm.

8. Nach jedem Essen _____ ich mir die Zähne.

Lösungswort: Wenn ich noch eine Verabredung habe, _____ ich mich.

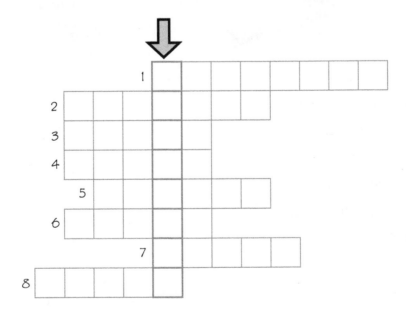

B. Gitterrätsel. Hier verstecken sich 15 Körperteile (waagerecht und senkrecht). Suchen Sie die Wörter und schreiben Sie sie in die Tabelle.

K	J	M	E	H	E	R	Z	M	G	Q	O
E	Y	R	N	R	B	A	U	C	H	K	C
U	L	T	P	Ü	V	A	F	B	C	I	D
M	U	N	D	C	A	L	I	P	P	E	N
N	R	O	V	K	B	E	I	N	E	C	E
R	L	J	D	E	S	F	O	H	Y	N	C
T	K	M	M	N	F	O	H	A	R	M	E
I	Z	U	N	G	E	S	R	L	C	K	P
H	Ä	N	D	E	E	S	E	S	Y	O	C
L	H	W	T	H	R	E	N	G	C	P	A
I	U	L	U	N	G	E	H	G	M	F	G
N	A	S	E	A	U	G	E	N	I	B	M

der	das	die	Plural
Mund			

C. Was machen Sie mit diesen Körperteilen?

> **Achtung!** Vergessen Sie nicht: **mit** + Dativ!
>
> **der, das** → **dem**
> **die** (*sg.*) → **der**
> **die** (*pl.*) → **den** + **-n**

MODELL: die Nase → Mit der Nase rieche ich.

1. die Zähne _____

2. die Ohren _____

3. die Augen _____

4. die Hände _____

5. die Lunge _____

6. die Beine _____

7. das Gesäß _____

8. der Magen _____

9. das Gehirn _____

10. die Lippen _____

D. Sie sind Babysitter bei Familie Frisch-Okonkwo. Yamina ist lieb und will heute ganz allein ins Bett gehen. Sie erzählt Ihnen, was sie alles macht.

→ Lesen Sie Grammatik 11.1, „Accusative reflexive pronouns", und 11.2, „Dative reflexive pronouns"!

NÜTZLICHE AUSDRÜCKE

sich den Schlafanzug anziehen   sich ins Bett legen
sich eincremen   sich die Zähne putzen
sich die Haare kämmen   sich die Hände waschen

MODELLE: Ich ziehe mich aus.
Ich wasche mir das Gesicht.

1. _____

2. _____

3. _____

4. _____

5. _____

6. _____

E. Yamina kann doch nicht alles allein. Sie bittet Sie bei einigen Sachen um Hilfe. Schreiben Sie die Fragen.

→ Lesen Sie Grammatik 11.3, „Word order of accusative and dative objects"!

Verwenden Sie diese Ausdrücke. Ersetzen Sie das Nomen durch ein Pronomen.

die Geschichte vorlesen

die Haare kämmen

den Schlafanzug anziehen

ein Lied vorsingen

den Abendstern zeigen

ein Glas Milch holen

die Schokolade schenken

MODELL: Ich kann die Geschichte nicht lesen. → Kannst du sie mir vorlesen?

1. Ich kann mir die Haare nicht kämmen.

_____?

2. Ich kann mir den Schlafanzug nicht anziehen.

_____?

3. Ich kann das Schlaflied nicht singen.

_____?

4. Ich kann den Abendstern nicht finden.

_____?

5. Ich kann mir kein Glas Milch holen.

_____?

6. Oh, du hast Schokolade!

_____?

Hörverständnis

A. Juttas neues Tattoo. Jutta hat sich ein Tattoo machen lassen. Hören Sie zu, was ihre Eltern zu dem Tattoo sagen.

NEUE VOKABELN
sich ein Tattoo machen lassen *to get a tattoo*
Stell dich nicht so an! *Don't make such a fuss!*
Spinnst du? *Are you crazy?*
Das kann doch nicht dein Ernst sein! *You can't be serious!*
spießig *narrow-minded*
dieser Ton *this tone of voice*
toben *to be outraged*

Richtig (R) oder falsch (F)? Korrigieren Sie die falschen Sätze.

1. _____ Herr Ruf glaubt, dass Jutta spinnt. _____

2. _____ Jutta und ihre Freunde finden Tattoos „mega-in". _____

3. _____ Juttas Tattoo ist nicht permanent. _____

4. _____ Herr Ruf findet es toll, dass Jutta ein Tattoo hat. _____

5. _____ Herr Ruf hatte einen Ohrring. _____

B. Bildgeschichte: Maria hat eine Verabredung.

1. Was hat Maria gemacht? Setzen Sie die Partizipien ein.

   a. Maria ist von der Arbeit nach Hause _____.

   b. Sie hat sich _____.

   c. Sie hat sich _____.

   d. Sie hat sich _____.

   e. Dann hat sie sich die Zähne _____.

   f. Sie hat sich die Fingernägel _____.

   g. Sie hat sich die Haare _____.

   h. Sie hat sich die Beine _____.

   i. Dann hat sie sich _____.

   j. Schließlich hat sie sich ein schönes Kleid _____.

2. Maria erzählt ihrer Freundin, was sie gemacht hat. Was sagt Maria? Hinweis: Wenn das Reflexivpronomen das einzige Objekt ist, heißt es „mich" (Akkusativ). Wenn noch ein zweites Objekt im Satz ist, heißt es „mir" (Dativ).

   MODELL: Ich habe *mich* gewaschen.
   　　　　　Ich habe *mir* die Hände gewaschen.

   a. Ich bin _____.

   b. _____

   c. _____

   d. _____

   e. _____

   f. _____

   g. _____

   h. _____

   i. _____

   j. _____

Arzt, Apotheke, Krankenhaus

Schriftliche Aktivitäten

A. In der Notaufnahme. Mehmet ist im Krankenhaus in der Notaufnahme, weil er eine Platzwunde am Kopf hat. Ergänzen Sie den Dialog mit den folgenden Wörtern:

Teil 1: blutet, gebrochen, geröntgt, Medikamente, Spritze

KRANKENPFLEGERIN: Was ist passiert?

MEHMET: Ich bin ausgerutscht und mit dem Kopf auf die Tischkante gefallen.

KRANKENPFLEGERIN: Wie lange _____ die Wunde schon?

MEHMET: Seit ungefähr einer halben Stunde.

KRANKENPFLEGERIN: Wann haben Sie Ihre letzte _____ gegen Tetanus bekommen?

MEHMET: Vor einem halben Jahr.

KRANKENPFLEGERIN: Sind Sie gegen bestimmte _____ allergisch?

MEHMET: Ich glaube nicht.

KRANKENPFLEGERIN: Wann hat man Sie zum letzten Mal _____?

MEHMET: Vor ungefähr 5 Jahren.

KRANKENPFLEGERIN: Und aus welchem Grund?

MEHMET: Ich hatte mir den Arm _____.

Teil 2: Apotheke, Blut, desinfizieren, Hausarzt, Rezept, Verband

KRANKENPFLEGERIN: Wann hat man Ihnen zuletzt _____ abgenommen?

MEHMET: Im letzten Frühling bei einer Routineuntersuchung.

KRANKENPFLEGERIN: Wo war das?

MEHMET: Bei Dr. Meyer, meinem _____.

KRANKENPFLEGERIN: Gut, zuerst müssen wir die Wunde _____, und dann

bekommen Sie einen _____. Außerdem gebe ich Ihnen ein

_____. Wenn Sie starke Schmerzen haben, können Sie sich in

der _____ ein Schmerzmittel holen.

B. Gesundheitsprobleme. Sie sind beim Arzt, in der Apotheke und/oder im Krankenhaus und haben viele Fragen, z.B. über die Diagnose, die Behandlung, die Medikamente, die Öffnungzeiten der Apotheke und den Krankenhausaufenthalt. Stellen Sie höfliche indirekte Fragen mit **Wissen Sie …** oder **Können Sie mir sagen …**

→ Lesen Sie Grammatik 11.4, „Indirect questions: **Wissen Sie, wo …?**"!

Achtung! In indirekten Fragen steht das konjugierte Verb am Satzende.

KONJUNKTIONEN

ob	was	wem
wann	wer	wie
warum	wen	wo

MODELLE: Wissen Sie, **ob** der Arzt Hausbesuche macht?

Können Sie mir sagen, **was** die Prognose für meine Tante ist?

1. _____

2. _____

3. _____

4. _____

5. _____

Hörverständnis 🎧

A. Dialog aus dem Text: Herr Thelen möchte einen Termin beim Arzt.

Ergänzen Sie den Dialog zwischen Herrn Thelen und der Sprechstundenhilfe.

HERR THELEN: Guten Tag, _____ für nächste Woche.

SPRECHSTUNDENHILFE: Gern, vormittags oder nachmittags?

HERR THELEN: _____

SPRECHSTUNDENHILFE: Mittwochmorgen um neun?

HERR THELEN: Ja, _____. Vielen Dank.

B. Dialog aus dem Text: Frau Körner geht in die Apotheke.

Richtig (R) oder falsch (F)?

1. _____ Frau Körner hat Kopfschmerzen.

2. _____ Das neue Medikament soll sehr schnell helfen.

C. Dialog aus dem Text: Frau Frisch-Okonkwo ist bei ihrem Hausarzt.

Ergänzen Sie den Dialog zwischen Frau Frisch-Okonkwo und ihrem Hausarzt.

HAUSARZT: Guten Tag, Frau Frisch-Okonkwo, wie geht es _____?

FRAU FRISCH-OKONKWO: Ich fühle _____ gar nicht wohl. Halsschmerzen,

Fieber … alles tut _____ weh.

HAUSARZT: Das _____ nach Grippe. Sagen Sie mal bitte „Ah".

D. Rollenspiel: Anruf beim Arzt.

Frau Breidenbach fühlt sich nicht wohl und ruft ihren Hausarzt an. Sie beschreibt ihm, was ihr fehlt.

WÄHREND DES HÖRENS

NEUE VOKABELN
das Druckgefühl, -e   *feeling of pressure*
das Beruhigungsmittel, -   *tranquilizer*
der Nebeneffekt, -e   *side effect*

Was sind Frau Breidenbachs Symptome?

_____

_____

_____

Was empfiehlt ihr Dr. Blömer?

_____

_____

_____

NACH DEM HÖREN

Sie sind Arzt. Was empfehlen Sie einer Person, die die folgenden Symptome hat?

Sie ist oft müde und schläft sehr schlecht. Sie trinkt viel Kaffee und Alkohol und sie raucht sehr viel. Sie treibt auch keinen Sport.

_____

_____

_____

Die Rollen

S1: Sie fühlen sich nicht wohl. Wahrscheinlich haben Sie Grippe. Rufen Sie beim Arzt an und lassen Sie sich einen Termin geben. Es ist dringend, aber Sie haben einen vollen Stundenplan.

S2: Sie arbeiten in einer Arztpraxis. Ein Patient / Eine Patientin ruft an und möchte einen Termin. Fragen Sie, was er/sie hat und wie dringend es ist. Der Terminkalender für diesen Tag ist schon sehr voll.

E. **„Adolorex": Das neue Schmerzmittel.** Sie hören Werbung für ein neues Schmerzmittel.

NEUE VOKABELN
unbedingt *absolutely*
der Wirkstoff, -e *active ingredient*
sanft umgehen mit *to treat gently*

1. Welchen Wirkstoff hat „Adolorex"? _____

2. Wogegen wirkt „Adolorex"?

   a. _____

   b. _____

   c. _____

3. Ist „Adolorex" niedrig oder hoch mit dem neuen Wirkstoff dosiert? _____

Unfälle

Schriftliche Aktivitäten

Was ist passiert?

NÜTZLICHE AUSDRÜCKE
sich das Bein brechen   sich verletzen
sich in den Finger schneiden   zusammenstoßen
sich die Zunge verbrennen

MODELL: Stefanie ist hingefallen.

1. Jürgen

2. Maria

3. Hans

4. zwei Autos

5. Mehmet

1. _____
2. _____
3. _____
4. _____
5. _____

Hörverständnis

A. Bildgeschichte: Paulas Unfall.

Was ist Paula passiert? Verbinden Sie die richtigen Satzteile.

1. _____ Herr und Frau Wagner

2. _____ Paula ist auf einen Stuhl geklettert

3. _____ Sie hat eine Tüte mit Bonbons

4. _____ Als sie herunterklettern wollte,

5. _____ Ihr Arm hat sehr wehgetan,

6. _____ Sie hat um Hilfe

7. _____ Andrea ist gleich

8. _____ Die Nachbarin ist mit Andrea und Paula

9. _____ Eine Ärztin hat Paula

10. _____ Dann hat Paula einen Gips bekommen,

a. aus dem Schrank geholt.
b. gerufen.
c. ins Krankenhaus gefahren.
d. ist sie ausgerutscht und auf den Boden gefallen.
e. sind ausgegangen.
f. und hat die Schranktür aufgemacht.
g. und sie hat angefangen zu weinen.
h. untersucht.
i. weil sie sich den Arm gebrochen hat.
j. zur Nachbarin gelaufen.

Und Sie? Hatten Sie mal einen Unfall? Erzählen Sie!

_____

_____

_____

_____

_____

B. Michael Pusch als Zeuge. Michael hat einen Unfall gesehen und spricht jetzt mit einer Polizistin.

NEUE VOKABELN
ausweichen, wich ... aus, ist ausgewichen   *to make way for something*
sich überschlagen (überschlägt), überschlug, hat überschlagen   *to overturn*
die Tatsache, -n   *fact*
das Vorurteil, -e   *bias, prejudice*

Bringen Sie die Sätze aus dem Dialog in die richtige Reihenfolge.

_____ Wie schnell sind die beiden Fahrzeuge gefahren?

_____ Der Fahrer des BMW konnte nicht mehr bremsen und ist dem Jungen ausgewichen.

_____ Plötzlich ist ein Ball auf die Straße gerollt.

_____ Bitte erzählen Sie genau, was Sie gesehen haben.

_____ Der Motorradfahrer ist aus der Schillerstraße gekommen und der rote BMW aus der Schützallee.

_____ Der Motorradfahrer hat sich überschlagen, aber dem Jungen ist nichts passiert.

_____ Haben Sie den Unfall gesehen?

_____ Ein Junge ist hinterhergelaufen, genau vor den BMW.

Aussprache und Orthografie

Aussprache (1. Teil) 🎧

Assimilation

Assimilation is a process in which sounds are modified to make them resemble a neighboring sound. In **Kapitel 10,** we learned about one type of assimilation: The sound of the nasal consonant /n/ in the ending **-en** is changed by the preceding consonant(s) when the schwa is dropped — for example, after [b, p], /n/ is pronounced [m].

There are a number of conspicuous types of assimilation in German that affect voicing. After voiceless sounds and often after a pause in speech, voiced (lenis) consonants become more or less voiceless; however, the muscle tension used to form the sounds is not changed so drastically as to change the consonants to fortis consonants.

Examples:

- Written <g>; voiced + lenis (after voiced sounds): **hingehen.**
- Written <g>; voiceless + lenis (through assimilation after voiceless sounds): **mitgehen.**
- Written <k>; voiceless + fortis (in all sound environments): **mitkommen.**

A. Listen to the word pairs and pay close attention to the highlighted consonants.

ein**b**ilden – aus**b**ilden	von **G**erda – mit **G**erda
ein **B**uch – das **B**uch	ein **W**ort – das **W**ort
ein **B**ild – das **B**ild	ein**s**ehen – weg**s**ehen
in **D**eutschland – aus **D**eutschland	ein **J**ournal – das **J**ournal

In the first part of each example, the highlighted consonant is fully voiced because it is preceded by a voiced sound. In the second part of each example, the highlighted consonant is changed. These consonants follow voiceless fortis sounds and are therefore pronounced (almost) voiceless.

Replay the segment several times and repeat after the speaker.

B. Combine the verbs **sehen, geben, suchen, gehen,** and **bringen** with the prefixes given below. Note: Not all prefixes can be used with all verbs. Be sure to check the glossary in the main text.

1. an: _____

_____

2. aus: _____

_____

3. weg: _____

_____

4. wieder: _____

_____

Check your answers in the answer key.

Read the words you have written aloud. Remember: In verbs with the prefixes **aus-** and **weg-,** the first consonant in the verb stem is pronounced voiceless.

C. Which verbs from **Übung B** fit these expressions?

    MODELL: sich einen Film <u>ansehen</u>

1. wie ein Schauspieler _____

2. von vielen Büchern eins _____

3. jemanden endlich _____

4. am Abend noch einmal _____

5. sehr viel Geld _____

Check your answers in the answer key.
    Read the expressions aloud.

Orthografie (1. Teil)

Assimilation

Listen to the sayings and write them down.

1. _____

2. _____

3. _____

4. _____

5. _____

6. _____

Aussprache (2. Teil)

Umlaut

The two dots above a vowel always indicate an altered pronunciation. The following pairs occur in German: <a – ä>, <o – ö>, <u – ü>, <au – äu>.

A. You will hear pairs of words that are distinguished by umlaut. Write in the umlaut over the vowel in the appropriate word.

1. Mutter – Mutter
2. Bruder – Bruder
3. Tochter – Tochter
4. Vater – Vater
5. fuhren – fuhren

6. verwunschen – verwunschen
7. schon – schon
8. lauft – lauft
9. lasst – lasst

Check your answers in the answer key.
    Replay the segment and pronounce the words after the speaker.

B. Complete the verb forms as well as the noun forms as indicated in the example.

Infinitiv	1. Person	2. Person	3. Person	Substantiv
fahren	ich fahre	du fährst	er fährt	der Fahrer
schlafen	ich	du	er	der
tragen	ich	du	er	der
waschen	ich	du	er	der
raten	ich	du	er	der
schlagen	ich	du	er	der
laufen	ich	du	er	der

Check your answers in the answer key.
Read the verbs and nouns across, paying close attention to umlaut.

Orthografie (2. Teil)

You will hear words in the singular. Write the singular and then the plural form of the words you hear.

SINGULAR   PLURAL

1. _____   _____

2. _____   _____

3. _____   _____

4. _____   _____

5. _____   _____

6. _____   _____

7. _____   _____

8. _____   _____

9. _____   _____

10. _____   _____

Kulturecke

Sigmund Freud (1856–1939)
© Leemage/Corbis

A. Wer weiß - gewinnt! Geschichte der Psychiatrie. Markieren Sie die richtigen Antworten. Hinweis: Bei manchen Fragen sind mehrere Antworten möglich!

1. Wie versuchte man allgemein kranke Menschen im Mittelalter zu heilen?
    a. durch Operationen
    b. durch Hypnose
    c. durch Ernährung und Diät
    d. durch Isolation

2. Gemäß[1] der Theorie des römischen Arztes Galen, welche körperlichen Flüssigkeiten und Säfte beeinflussten die Gleichgewichtserhaltung, und somit die Gesundheit, von Menschen?
    a. gelbe/schwarze Galle
    b. Blut
    c. Speichel[2]
    d. Schleim

3. Wie lange war die Theorie des römischen Arztes Galen populär?
    a. mehr als 1 500 Jahre
    b. bis in die Neuzeit
    c. weniger als 1 500 Jahre
    d. 1 000 Jahre

4. Was geschah oft mit „Irren" im Mittelalter?
    a. Sie wurden eingesperrt.
    b. Sie wurden getötet.
    c. Man versuchte sie zu heilen.
    d. Nichts.

5. In welcher Stadt findet man den „Narrenturm", das erste psychiatrische Krankenhaus Europas?
    a. Paris
    b. Rom
    c. Berlin
    d. Wien

6. Wer gilt als Begründer der Psychiatrie?
    a. C. G. Jung
    b. Ernst Stahl
    c. Sigmund Freud
    d. Hildegard von Bingen

7. Was spielt in Sigmund Freuds Psychoanalyse eine zentrale Rolle?
    a. die Traumdeutung
    b. das Unbewusste
    c. die Hysterie
    d. die Ernährung des Menschen

[1]*according to*
[2]*saliva*

B. Wissenswertes zum Film *Das Leben der Anderen*. Wählen Sie die richtigen Antworten aus dem Wörterkasten.

> Abhörgeräte   Kulturminister   Dramaturg   völlig neu
>
> Wiesler   langweilig   sie psychisch labil ist
>
> Dreyman den Essay geschrieben hat   in das Leben Dreymans
>
> den Essay   in Christa-Maria Sieland   einen Unfall
>
> in Ostberlin   den Roman   Einsicht in die Stasi-Akten
>
> Dachboden   bei der Stasi   schützt   widmet

1. Wo arbeitet Gerd Wiesler? _____

2. Welchen Beruf hat Georg Dreyman? _____

3. Was installiert Gerd Wiesler in Dreymans Wohnung? _____

4. Wie ist Gerd Wieslers Privatleben? _____

5. Gerd Wiesler verliebt sich _____.

6. Als Dreyman den Artikel für den Spiegel geschrieben hat, _____ Gerd Wiesler ihn.

7. Christa-Maria Sieland verrät der Stasi, dass _____.

8. Christa-Maria Sieland flüchtet und hat _____.

9. Nach der Wende erfährt Georg Dreyman, dass _____ ihn geschützt hat.

10. Dreyman schreibt seine Erinnerungen auf und widmet _____ seinem Stasispitzel.

C. *Der geheilte Patient* **(Johann Peter Hebel).** Johann Peter Hebel (1760–1826) wurde in der Schweiz geboren und arbeitete als Lehrer in Baden-Württemberg. Er schrieb vor allem kurze Erzählungen und Gedichte. Seine Erzählungen wurden als „Kalendergeschichten" bekannt. Diese Geschichten werden immer noch gern gelesen, weil sie einfach und voller Humor sind.

Der geheilte Patient

In einem kleinen Dorf lebte ein Mann, der den ganzen Tag zu Hause im Sessel saß oder auf dem Sofa lag, viel aß und trank und nicht arbeitete. Er brauchte nicht zu arbeiten, denn er war sehr reich. Leider war er trotzdem[1] sehr unzufrieden. Vom vielen Essen und Trinken wurde er immer dicker und dicker. Zum Schluss konnte er sich nicht mehr richtig bewegen und war nur noch krank.

Er ging zu vielen Ärzten und gab viel Geld aus. Sie verschrieben ihm Tabletten und Medikamente, aber nichts half. Eines Tages hörte er von einem berühmten Arzt, der viele Meilen von seinem Dorf entfernt wohnte. Dieser Arzt sollte ihm helfen, und so schrieb er ihm von seiner Krankheit.

Der Arzt wusste sofort, was dem Patienten fehlte[2] und schrieb ihm zurück: „Ich will Sie gern behandeln[3], aber Sie dürfen nicht in Ihrer Kutsche zu mir kommen, sondern müssen zu Fuß gehen, denn Sie haben einen Wurm im Bauch, der Bewegung braucht[4]. Ihre Krankheit ist sehr gefährlich und Sie dürfen auf keinen Fall etwas essen."

Der Mann ging gleich am nächsten Tag los, denn er hatte Angst um sein Leben bekommen. Am ersten Tag konnte er nur sehr langsam gehen. Er war wütend und schimpfte[5] auf den Arzt. Aber schon am dritten Tag fiel ihm das Gehen leichter und er ging schneller. Er hörte die Vögel[6] singen, sah die schöne Landschaft und fühlte sich schon viel wohler als am ersten Tag.

Als er am vierten Tag beim Arzt ankam, war er so gesund wie nie zuvor. Der Arzt untersuchte ihn und sagte: „Es war richtig, zu Fuß zu kommen. Der Wurm ist jetzt tot. Aber Sie haben die Wurmeier noch im Bauch, darum müssen Sie auch zu Fuß wieder nach Hause gehen. Zu Hause müssen Sie jeden Tag Holz hacken und sich von jetzt an gesund ernähren[7]. Wenn Sie nicht arbeiten und zu viel essen, bekommen Sie einen neuen Wurm, denn die Wurmeier sind noch nicht tot."

Der reiche Mann befolgte den Rat des Arztes und war so gesund wie ein Fisch im Wasser.

frei nach J. P. Hebel

1. Der reiche Mann (R) oder der Arzt (A)?

_____ wohnte viele Meilen vom Dorf entfernt.   _____

_____ aß und trank sehr viel.   _____

_____ war sehr berühmt.   _____

_____ muss sich jetzt gesund ernähren.   _____

_____ arbeitete nicht, weil er viel Geld hatte.   _____

_____ schrieb ihm sofort zurück.   _____

_____ musste zu Fuß wieder nach Hause gehen.   _____

_____ durfte nicht mit der Kutsche fahren und nichts essen.   _____

_____ hatte einen Wurm im Bauch.   _____

_____ fühlte sich immer wohler und ging immer schneller.   _____

---

[1]*despite that*   [2]*was ... what the patient's problem was*   [3]*treat*   [4]*der ... that needs exercise*
[5]*cursed*   [6]*birds*   [7]sich gesund ernähren   *eat healthily*

2. Bringen Sie die Sätze in **Übung 1** in die richtige Reihenfolge. Schreiben Sie die Zahlen in die Lücken rechts neben den Sätzen.

3. Hebels Geschichte ist eine Parabel. Natürlich hat der Mann keinen Wurm im Bauch, sondern ist zu dick und deswegen krank. Sie sind ein moderner Arzt / eine moderne Ärztin. Geben Sie dem Patienten fünf gute Ratschläge. Sagen Sie ihm, was er tun soll und was er nicht mehr tun darf.

MODELL: Essen Sie weniger Fleisch!

a. _____

b. _____

c. _____

d. _____

e. _____

Aufsatz-Training

Im Krankenhaus.

1. Waren Sie schon einmal im Krankenhaus? Schreiben Sie, warum Sie dort waren und wie Sie sich gefühlt haben. Sie waren noch nie im Krankenhaus? Dann fragen Sie jemanden, der schon einmal dort war, was er/sie im Krankenhaus erlebt hat, warum er/sie dort war und wie er/sie sich gefühlt hat.

NÜTZLICHE AUSDRÜCKE

die Intensivstation	viel Eis essen
der Arzt / die Ärztin	eine Infektion haben
der Krankenpfleger / die Krankenpflegerin	eine Mandelentzündung[1] haben
das Krankenhaus	schwach sein
im Bett bleiben	entlassen werden
sich das Bein brechen	verwöhnt werden[2]
sich erholen	

_____

_____

_____

_____

_____

_____

_____

_____

_____

[1]tonsillitis
[2]verwöhnt ... *to be spoiled*

2. Schreiben Sie jetzt einen Brief an einen Freund, der zum ersten Mal im Krankenhaus liegt. Seine Mandeln[1] müssen heraus. Sie wollen ihm Mut machen[2]. Schreiben Sie über Ihre eigenen Erfahrungen oder über die Erfahrungen von Ihren Bekannten[3].

Schreibhilfe

Nachdem Sie den Brief geschrieben haben, lesen Sie ihn mehrmals laut vor und überarbeiten Sie ihn. Überlegen Sie, wie Sie Ihren Brief verbessern können. Haben Sie detailliert Ihre Erfahrungen oder die Erfahrungen eines Bekannten beschrieben? Haben Sie die Satzstruktur variiert?

Liebe/r _____,

_____

_____

_____

_____

_____

_____

_____

_____

_____

_____

_____

_____

_____

_____

Dein/e _____

---

[1]*tonsils*
[2]*Mut ... to encourage*
[3]*acquaintances*

Die moderne Gesellschaft

Politik

Schriftliche Aktivitäten

Politische Parteien Wer sind die folgenden Parteien? Welche Werte haben sie? Beschreiben Sie die Parteien. Ordnen Sie die jeweiligen Charakteristiken den entsprechenden Parteien zu und vollenden Sie den Satz, indem Sie den Genitiv benutzen.

➜ Lesen Sie Grammatik 12.1, „The genitive case"!

die Menschen, die protestieren   eine multikulturelle Gesellschaft

der Sozialstaat

die Konservativen   die gleichgeschlechtlichen Paare

MODELL: Die SPD ist die Partei der Gewerkschaften.

1. Die Grünen sind die Partei _____.

2. Die Linken sind die Partei _____.

3. Die CDU ist die Partei _____.

4. Die AfD ist die Partei _____.

5. Die SPD ist die Partei _____.

Hörverständnis

A. Gespräch zu den Wahlen. Die Wahlen stehen vor der Tür. Familie Schmitz isst zu Abend und diskutiert die Wahlen.

NEUE VOKABELN
die Nase voll haben *to be sick of something*
nachhaltig *sustainable*
der Klimawechsel *climate change*
die Umgebung, -en *environment*
schwanken *to hesitate*
die Stimme, -n *vote*
die Verschwendung, -en *waste*

1. Hören Sie sich das Gespräch an und beantworten Sie die Fragen.

   a. Was hält Damla von den Wahlen?

   _____

   b. Warum bevorzugt Eske die Grünen?

   _____

   c. Welche Partei wählt Aydan? Warum?

   _____

   d. Warum glaubt Johannes, dass es im Endeffekt keinen Unterschied macht, ob er für die CDU oder die SPD stimmt?

   _____

   e. Wie denkt Rolf über das Demonstrieren?

   _____

2. Beschreiben Sie jetzt zwei politische Parteien Ihres Herkunftslandes. Was sind die Ziele und Werte dieser Parteien? Schreiben Sie mindestens 2-3 Sätze zu jeder Partei.

   a. _____

   _____

   _____

_____

_____

b. _____

_____

_____

_____

B. Politische Meinungen. Wie ist die Einstellung[1] der folgenden Personen zur Politik? Hören Sie sich die fünf verschiedenen Einstellungen an und markieren Sie positiv (P) oder negativ (N). Nennen Sie dann einen Grund, der die Einstellung der Person charakterisiert.

NEUE VOKABELN
das Zeichen, - *sign*
mühsam *cumbersome*
Phrasen dreschen, hat gedroschen *to speak in platitudes*
der Wahlkampf, ⸗e *election campaign*
sich beteiligen *to participate*
das Flugblatt, ⸗er *flyer*

1. P _____ N _____ Grund: _____

2. P _____ N _____ Grund: _____

3. P _____ N _____ Grund: _____

4. P _____ N _____ Grund: _____

5. P _____ N _____ Grund: _____

[1]*attitude*

Multikulturelle Gesellschaft

Schriftliche Aktivitäten

A. Meinungen. Michael Pusch und Maria Schneider haben zu allem eine Meinung, oft eine gegensätzliche. Wem stimmen Sie zu? Oder hat vielleicht niemand recht? Reagieren Sie auf Marias und Michaels Aussagen mit Ausdrücken wie:

[+]	[−]
Ich finde auch, dass …	Ich finde nicht, dass …
Ich bin auch der Meinung, dass …	Ich bin (ganz und gar) nicht der Meinung, dass …
Es ist richtig/wahr, dass …	Es ist (völlig) falsch, dass …

MODELL: Fernsehen macht dumm. →
Es ist wahr, dass Fernsehen dumm macht. Ich habe jahrelang viel zu viel ferngesehen und jetzt weiß ich nicht einmal mehr, wie viel zwei und zwei ist.

1. Frauen sind die besseren Menschen. _____

_____

2. Alle Amerikaner sind intelligent. _____

_____

3. Es ist unwichtig, eine Fremdsprache zu lernen. _____

_____

4. Frauen und Männer haben gleiche Karrierechancen. _____

_____

5. Französisch ist die schönste Sprache der Welt. _____

_____

6. Heute gibt es in den USA keinen Rassismus mehr. _____

_____

7. Die Deutschen sind unhöflich. _____

_____

8. Im Fernsehen gibt es zu viel Gewalt und zu viel Sex. _____

_____

B. Gute Gründe.

→ Lesen Sie Grammatik 12.3, „Causality and purpose: **weil, damit, um … zu**"!

1. Begründen Sie, warum Sie (nicht) der folgenden Meinung sind.

   MODELL: Die USA sind (nicht) das beste Land der Welt, →
   Die USA sind das beste Land der Welt, **weil** in den USA jeder Millionär werden kann.

   a. Das Aussehen meines Partners / meiner Partnerin ist für mich (nicht) wichtig, _____

   _____.

   b. Die Mutter ist für Kinder (nicht) besonders wichtig, _____

   _____.

   c. Es ist (nicht) schwierig, Ausländer zu integrieren, _____

   _____.

   d. Viele Menschen wollen in die USA einwandern, _____

   _____.

   e. Ein Collegestudium ist (nicht) wichtig, _____

   _____.

2. Sagen Sie, warum man das machen soll / Sie das machen wollen.

   MODELL: Alle Amerikaner sollten eine Fremdsprache lernen. →
   Alle Amerikaner sollten eine Fremdsprache lernen, **damit** die Ethnozentrizität bei uns abnimmt.

   a. Ich möchte ein Jahr in Deutschland wohnen, _____

   _____.

   b. Frauen müssen gleichen Lohn für gleiche Arbeit bekommen, _____

   _____.

   c. Die Männer müssen im Haushalt mehr mitarbeiten, _____

   _____.

   d. Alle Einwanderer müssen Englisch lernen, _____

   _____.

   e. Ich lerne Deutsch, _____

   _____.

Hörverständnis 🎧

A. Gespräch über die Probleme von Ausländern in Deutschland. Claire und Josef essen zusammen zu Abend. Sie unterhalten sich lange über die Probleme von Ausländern in Deutschland.

Deutschland: Ein multikulturelles Land
© Sean Gallup/Getty Images

NEUE VOKABELN
das Vorurteil, -e   *prejudice*
sich kleiden   *to dress*
das Kopftuch, ⸚er   *headscarf*
die Arbeitslosigkeit   *unemployment*
staatliche Hilfe   *government aid*
sich bemühen um   *to strive for*
umgehen mit   *to treat*
ausländerfeindlich   *xenophobic*

Beantworten Sie die folgenden Fragen.

1. Gegen wen haben Deutsche manchmal Vorurteile?

    _____

2. Womit haben diese Vorurteile zu tun?

    _____

3. Warum fallen manche türkische Frauen auf?

    _____

4. Warum glauben manche Deutsche, dass Ausländer ihnen etwas wegnehmen?

    _____

5. Warum ist es wichtig, dass sich Deutsche und Ausländer besser kennenlernen?

    _____

6. Warum muss sich Deutschland um ein tolerantes Miteinander bemühen?

    _____

B. Juttas neuer Freund. Jutta bringt Kemal, ihren neuen Freund, mit nach Hause.

NEUE VOKABELN
der Pascha   *Turkish military or civil official;* here: *dominating male*

Richtig (R) oder falsch (F)? Korrigieren Sie die falschen Sätze.

1. _____ Juttas Freund ist in der Türkei geboren. _____

_____

2. _____ Kemal isst jeden Tag Knoblauch. _____

_____

3. _____ Kemal war zehn, als er nach Deutschland umgezogen ist. _____

_____

4. _____ Muslimische Frauen dürfen ihren Körper nicht zeigen. _____

_____

5. _____ Kemals Eltern haben ihre alten Traditionen aufgegeben und leben jetzt wie Deutsche.

_____

6. _____ Kemal findet es schlecht, wenn ein Mann den Pascha spielt. _____

_____

Das liebe Geld

Schriftliche Aktivitäten

A. Geldangelegenheiten. Wie würden Sie in den folgenden Situationen handeln?

→ Lesen Sie Grammatik 12.2, „Expressing possibility: **würde, hätte,** and **wäre**"!

MODELL: Was würden Sie machen, wenn Sie ein Konto eröffnen wollten? → Ich würde auf die
Bank gehen.

1. Was würden Sie machen, wenn Sie Ihre Geheimzahl vergessen hätten?

   _____

2. Was würden Sie machen, wenn Sie Bargeld brauchten und die Bank ist geschlossen?

   _____

3. Was würden Sie machen, wenn Sie Ihre Kreditkarte verloren hätten?

   _____

4. Was würden Sie machen, wenn Ihr Konto überzogen wäre?

   _____

5. Was würden Sie machen, wenn Sie mehr Zinsen bekommen wollten?

   _____

6. Was würden Sie machen, wenn Sie zu viele Schulden hätten?

   _____

B. Sie haben im Lotto gewonnen! Was würden Sie mit dem Geld alles machen? Schreiben Sie drei Pläne einschließlich der Gründe[1].

> MODELL: Ich würde sofort meine Stelle kündigen[2], denn ich mag meinen Chef nicht. Dann würde ich ein Ferienbungalow auf Tahiti kaufen und den ganzen Tag schnorcheln. Ich liebe die Sonne und das Meer!

Plan 1: _____

_____

_____

Plan 2: _____

_____

_____

Plan 3: _____

_____

_____

Hörverständnis

A. Dialog aus dem Text: Auf der Bank. Richtig (R) oder falsch (F)? Korrigieren Sie die falschen Aussagen.

[1]reasons
[2]quit

1. _____ Peter will ein Sparkonto eröffnen.

_____

2. _____ Mit dem neuen Konto bekommt Peter automatisch eine EC-Karte.

_____

3. _____ Peter will sein Stipendium auf das neue Konto überweisen lassen.

_____

4. _____ Die Geheimzahl für sein neues Konto bekommt Peter auf der Bank.

_____

5. _____ Peter bekommt keine Zinsen auf dem neuen Konto.

_____

6. _____ Die Höhe des Überziehungskredits richtet sich nach Peters Einkommen.

_____

7. _____ Bei Peters neuem Konto gibt es kein Onlinebanking.

_____

B. Auf der Sparkasse.

NEUE VOKABELN
die Sparkasse, -n *savings institution*
wechseln *to exchange (currency)*
der Kontoauszug, ⸚e *bank statement*
abbuchen *to debit*
die Gebühr, -en *fee*

Maria Schneider ist zur Sparkasse gegangen, um Geld abzuheben und Geld zu wechseln. Sie will mal wieder mit Michael verreisen.

Beantworten Sie die Fragen.

1. Wo soll Maria ihre Kontoauszüge holen? _____

2. Was möchte Maria noch? _____

3. Wo bekommt Maria die ausländische Währung? _____

4. Wie viel Euro wechselt sie? _____

5. Wie zahlt Maria für die ausländische Währung? _____

6. Warum empfiehlt der Kassierer eine Kreditkarte? _____

Kunst und Literatur

Schriftliche Aktivitäten

A. Christo und Jeanne-Claude. Lesen Sie den folgenden Text.

→ Lesen Sie Grammatik 12.4, „Principles of case (summary review)"!

Christo und Jeanne-Claude: „Verhüllter Reichstag" (1971–1995)
© Wolfgang Kumm/AFP/Getty Images

Christo und seine Frau Jeanne-Claude* sind international bekannte moderne Künstler. Sie arbeiten mit unterschiedlichen Materialien, z. B. mit Nylongeweben, Stahlkabeln, Steinen und immer wieder auch mit Ölfässern. Sie reisen viel während sie ihre Kunstprojekte planen und sie müssen an viele Dinge denken, z. B. an die Materialien und an die Arbeitskräfte. Aber die künstlerische Idee steht immer am Anfang. Christo und Jeanne-Claude finanzieren alle ihre Projekte selbst und akzeptieren weder öffentliche noch private Fördermittel.

In Deutschland sind Christo und seine Frau für ihr Projekt „Verhüllter Reichstag" bekannt und in den USA vielleicht für die Inseln in Florida, die sie in pinkfarbenen Stoff verpackt haben. Sie schätzen ein kritisches Publikum, das mit ihnen die Projekte diskutiert. Nach einem erfolgreichen Projekt freuen sie sich immer auf ein bisschen Ruhe, denn es ist doch alles ganz schön stressig.

*1935–2009

1. **Glossar**. Schreiben Sie die passenden deutschen Wörter in die Glossartabelle. *Note: The English terms are listed in the order in which they occur in the German text. First record your guesses. Circle the appropriate article for nouns. List verbs or verb phrases in their infinitive form. List adjectives without any ending. Then verify them in a dictionary.*

ENGLISCH	DEUTSCH	VERIFIZIERT
a. nylon fabric	der/die/das	
b. steel cable	der/die/das	
c. oil drum	der/die/das	
d. workforce (*pl.*)	der/die/das	
e. neither … nor		
f. public		
g. subsidies (*pl.*)	der/die/das	
h. wrapped		
i. the parliament building in Berlin	der/die/das	
j. to wrap, pack		
k. to appreciate, value		
l. successful		
m. to look forward to		

2. Ein Interview mit Christo und Jeanne-Claude. Schreiben Sie fünf Fragen und fünf Antworten.

a. _____
_____

b. _____
_____

c. _____
_____

d. _____
_____

e. _____
_____

B. Haben Sie eine künstlerische oder kunstgewerbliche Ader[1]? Lesen Sie Petras Beschreibung ihres künstlerischen Hobbys.

Selbstgemachte Grußkarten

Wenn ich auf Reisen bin, fotografiere ich gern. Morgens oder spätnachmittags, wenn das Sonnenlicht nicht so grell ist, kann man die besten Fotos machen. Ich fotografiere besonders gern Gebäude, Blumen und Pflanzen, weil sie still halten und ich in aller Ruhe Nahaufnahmen machen kann. Bei der Bildkomposition sollte das Hauptmotiv nicht genau in der Mitte stehen. Die Blumenfotos klebe ich dann zu Hause auf Karten und verschicke sie zum Geburtstag oder zu Weihnachten an Freunde und Verwandte. Meine Lieblingsfotos sind Aufnahmen, die ich einmal in der Mojavewüste gemacht habe: Kakteen mit Schneehäubchen, ein großartiger Kontrast und exotischer Weihnachtsgruß.

1. **Glossar.** Schreiben Sie die passenden deutschen Wörter in die Glossartabelle. *Note: The English terms are listed in the order in which they occur in the German text. First record your guesses. Circle the appropriate article for nouns. List verb phrases in their infinitive form. List adjectives without any ending. Then verify them in a dictionary.*

ENGLISCH	DEUTSCH	VERIFIZIERT
a. in peace and quiet, unhurriedly		
b. close-up	der/die/das	
c. to paste		
d. shot (photo)	der/die/das	
e. cacti (*pl.*)	der/die/das	
f. little cap, little hood	der/die/das	
g. magnificent		
h. Christmas greeting	der/die/das	

2. Jetzt sind Sie dran! Was haben Sie schon einmal fotografiert, gemalt, gezeichnet oder gebastelt[2]? Haben Sie schon einmal mit Holz, Metall, Ton oder Stein gearbeitet? Wie haben Sie das gemacht? Was mussten Sie beachten[3]? Beschreiben Sie Ihr Projekt in allen Details in mindestens sechs Sätzen.

_____

_____

_____

_____

_____

_____

[1]Haben ... *Do you have a knack for art or arts and crafts?*
[2]*built, constructed* (handicrafts)
[3]*watch out for, pay attention to*

Hörverständnis 🎧

A. Rollenspiel: An der Kinokasse.

Eine Frau ist an der Kinokasse und möchte fünf Karten für die „Rocky Horror Picture Show" kaufen. Ihre ausländischen Freunde sind zu Besuch und haben den Film noch nie gesehen. Leider gibt es nur noch Einzelplätze.

WÄHREND DES HÖRENS

Ergänzen Sie den Dialog.

KUNDIN: Hallo! _____ heute Abend?

KARTENVERKÄUFER: Um _____.

KUNDIN: _____ fünf Karten?

KARTENVERKÄUFER: Ja, _____ wenige Karten.

KUNDIN: Aha, und _____?

KARTENVERKÄUFER: Es gibt nur noch Einzelplätze, zwei in der vierten Reihe und einen jeweils in der sechsten, neunten und zwölften Reihe.

KUNDIN: Hm, _____?

KARTENVERKÄUFER: 8 Euro.

KUNDIN: Und es gibt nur noch Einzelplätze? _____ _____? Wir würden gern zusammen sitzen.

KARTENVERKÄUFER: Nein, _____, es sind keine anderen Plätze mehr frei.

KUNDIN: Meine Freunde sind aus dem Ausland und haben noch nie die „Rocky Horror Picture Show" gesehen. Bei ihnen _____. _____. Wir wollten heute Abend zusammen Reis werfen und Wecker klingeln lassen.

KARTENVERKÄUFER: _____. Aber alle anderen Plätze sind besetzt oder schon lange Zeit vorbestellt.

KUNDIN: Fällt Ihnen _____?

KARTENVERKÄUFER: Sie könnten natürlich um 20.15 Uhr, also kurz vor Beginn der Vorstellung, noch einmal nachfragen, ob _____ _____.

KUNDIN: Gut, ich komme dann also heute Abend wieder vorbei. Tschüss, bis dann.

KARTENVERKÄUFER: Bis dann.

NACH DEM HÖREN

Die Rollen

S1: Sie wollen mit vier Freunden in die „Rocky Horror Picture Show". Das Kino ist schon ziemlich ausverkauft. Sie wollen aber unbedingt mit Ihren Freunden zusammensitzen und Reis werfen. Fragen Sie, wann, zu welchem Preis und wo noch fünf Plätze übrig sind.

S2: Sie arbeiten an der Kinokasse und sind gestresst, weil Sie den ganzen Tag Karten verkauft haben. Sie haben vielleicht noch zehn Karten für die „Rocky Horror Picture Show" heute Abend, alles Einzelplätze. Auch die nächsten Tage sind schon völlig ausverkauft. Jetzt freuen Sie sich auf Ihren Feierabend, weil Sie dann mit Ihren Freunden selbst in die „Rocky Horror Picture Show" gehen wollen. Sie haben sich fünf ganz tolle Plätze besorgt, in der ersten Reihe. Da kommt noch ein Kunde.

B. Das Theaterprogramm in Berlin. Frau Ruf ist in Berlin und möchte ins Theater gehen. Sie ruft bei der Touristeninformation an und fragt nach dem Theaterprogramm.

Welche Antworten sind richtig? Kreuzen Sie an. Korrigieren Sie dann die falschen Aussagen.

RICHTIG?

1. Frau Ruf interessiert sich mehr für klassische Theaterstücke. ☐

    Korrektur: _____

2. Die Dame von der Information empfiehlt ihr „Othello" von Shakespeare. ☐

    Korrektur: _____

3. Die Aufführung in der Schaubühne am Lehniner Platz beginnt um 20.45 Uhr. ☐

    Korrektur: _____

4. Im Renaissance-Theater wird „Die Leiden des jungen Werther" gespielt. ☐

    Korrektur: _____

5. Frau Ruf hat „Hamlet" vor kurzem in New York gesehen. ☐

    Korrektur: _____

6. Frau Ruf entscheidet sich für den „Werther". ☐

    Korrektur: _____

7. Sie nimmt die Karte für 42 Euro. ☐

    Korrektur: _____

8. Frau Ruf kann die Theaterkarte bei der Touristeninformation abholen. ☐

    Korrektur: _____

C. Frau Ruf ist wieder zu Hause. Sie erzählt ihrem Mann, was sie sich in Deutschland angesehen hat.

Kassel Wilhelmshöhe

© Chronicle/Alamy Stock Photo

1. Hören Sie, was Frau Ruf erzählt und bringen Sie die Sätze in die richtige Reihenfolge.

   _____ So konnte ich mir die weltgrößte Ausstellung für moderne Kunst ansehen.

   _____ Dort war ich in Goethes „Die Leiden des jungen Werther" im Renaissance-Theater und am nächsten Tag im Ägyptischen Museum auf der Museumsinsel.

   _____ In Kassel war ich im Schloss Wilhelmshöhe und in dem berühmten Park.

   _____ Ich habe mir den Hafen und den „Michel", eine berühmte Kirche, angesehen.

   _____ Dann bin ich für zwei Tage nach Berlin gefahren.

   _____ Wunderschöne Gotik, aber fast immer wird an irgendeiner Stelle des Domes gebaut oder restauriert.

   _____ Zuerst war ich in Hamburg.

   _____ Ja, und in Bayern musste ich unbedingt das Märchenschloss Neuschwanstein besichtigen.

   _____ Und ich hatte Glück, in Kassel war gerade Documenta.

   _____ Fast hätte ich jetzt noch den Dom in Köln vergessen.

2. Lesen Sie die Sätze noch einmal und ordnen Sie die Sehenswürdigkeiten[1] zu.

a.	Kassel	1.	der Hafen und die Kirche „Michel"
b.	Berlin	2.	die Documenta, das Schloss Wilhelmshöhe, der Park
c.	Bayern	3.	der Dom
d.	Köln	4.	das Märchenschloss Neuschwanstein
e.	Hamburg	5.	die Museumsinsel, das Renaissance-Theater

Aussprache und Orthografie

Aussprache

Variations in Pronunciation

As in English, German has various forms of expression that are reflected in pronunciation.

Situational and textual variations:

The features of pronunciation change depending on the situation (for example, the size of a room, the number of listeners) and according to the text. For example, there are distinct differences between the following types of expression;

- recitation, ceremonial presentation;
- reading, news reporting, lecturing;
- businesslike conversations;
- conversations for entertainment or amusement.

Emotional variations:

Anger or joy, irony or surprise are also expressed with distinct phonetic differences.

[1]sights

Regional variations:

In German class you are learning a supraregional standard with which you can be understood in all regions of the German-speaking world. It is based on a North-Middle German pronunciation. Besides the German standard language, there are additional standard pronunciations in Switzerland and Austria. Moreover, in Germany, Austria, and Switzerland, as well as in other German-speaking regions, there are areas with their own distinct dialect and pronunciation.

Sung variations and individual differences:

It is important for you, as a learner of German, to understand pronunciation variations. Since you can now speak German relatively well, you are ready to learn how to use some of these variations. For communicative purposes, the situational and emotional variations are the most important.

Situational variations—poetry and conversation:

To examine the distinct phonetic realizations in the different situational variations, let us look at two examples: a poem and a conversation. Pay close attention to the following features:

- the speech tempo in the poem is slower; in the conversation it is quicker;
- the tension of speech in the poem is greater; in the conversation it is more diminished;
- the ending **-en** is sometimes pronounced without schwa; in the conversation it is almost always pronounced without schwa, and the last syllable may even be dropped totally (for example: **sie kamen** [ka:m]);
- the long vowels are shortened in conversation and pronounced with less muscle tension;
- the glottal stop occurs less often in conversation;
- the plosive consonants [p, t, k] are pronounced in conversation without tension (without aspiration);
- the plosive consonants [b, d, g] are pronounced in conversation with a weak closure—that is, partly as fricatives;
- the trilled-**r** is generally vocalized in conversation after vowels, even after short ones;
- consonants at the end of a syllable are often dropped in conversation (for example: **nich**t.)

A. Listen to two stanzas of the poem „Abendlied" by Matthias Claudius (1740–1815) and read quietly along. Replay the segment several times and pay close attention to the features described above.

> Der Mond ist aufgegangen,
> Die goldnen Sternlein prangen
> Am Himmel hell und klar;
> Der Wald steht schwarz und schweiget,
> Und aus den Wiesen steiget
> Der weiße Nebel wunderbar.
>
> Seht ihr den Mond dort stehen?
> Er ist nur halb zu sehen
> Und ist doch rund und schön.
> So sind wohl manche Sachen,
> Die wir getrost belachen,
> Weil unsre Augen sie nicht sehn.

Source: Claudius, Matthias, "Abendlied"

Now replay the poem several times and read along aloud. Then recite it.

B. You will now hear a conversation in which speaker A asks speaker B for the way from the train station to the market, and speaker B describes it to speaker A. Replay the segment several times and pay close attention to the features described above.

A: vom Hauptbahnhof zum Markt?

B: erst mal aus dem Bahnhof raus

A: ja, wie weiter?

B: über die Straße, dann etwas nach links, in der gleichen Richtung weiter bis zur Ampelkreuzung

A: wie viele Meter ungefähr?

B: 200, nach der Ampel an einem Spielplatz vorbei, dann weiter nach links, schon direkt am Rathaus

A: wie viel Minuten ungefähr, kein Bus?

B: zu Fuß zehn Minuten, auf Bus erst warten

A: gut, kein Problem, danke

Now you explain the way to the market. Speak freely and in a relaxed fashion.

Emotional variations:

We are constantly expressing emotions and perceiving others' emotions. We do this verbally (for example: **Ich bin glücklich**), with our whole bodies (for example: with a fist in anger), and with the voice (for example: speaking slowly and softly when one is sad). Speech tempo, melody, volume, stress and intonation, parsing, and forming sounds all change depending on our mood.

C. Listen to the interjections and mark whether they indicate one of the following emotions: agreement, pain, empathy, disgust, surprise, admiration.

1. Oh! _____

2. Iii …! _____

3. Aha! _____

4. Hm. _____

5. Au weia! _____

6. Ach je! _____

D. Now listen to the same interjections with accompanying words.

1. Oh! Du hast ein tolles Zeugnis. Wie hast du das nur geschafft?
2. Iii …! Schon wieder so eine hässliche Spinne über dem Schrank!
3. Aha! So hast du das gemeint. Das hätte ich nicht gedacht.
4. Hm. Ein guter Vorschlag. Das probieren wir.
5. Au weia! Mein Bein, das tut weh. Ich muss mich erst mal setzen.
6. Ach je! Du Arme, du hast aber auch ein Pech in letzter Zeit.

Replay the segment and pronounce the sentences after the speaker.

E. Go back to the interjections in **Übung C** and create your own accompanying sentences. Then read them aloud.

1. _____

2. _____

3. _____

4. _____

5. _____

6. _____

Orthografie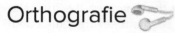

Words with Short and Long Stressed Vowels

A. Listen to the words and write them in the correct column.

Long Stressed Vowel	Short Stressed Vowel

B. Listen to the text and write down what you hear.

_____

_____

_____

_____

_____

Kulturecke

A. **Politische Parteien.** Kreuzen Sie an, zu welcher Partei die Aussagen passen.

	CDU	SPD	Grüne	AfD	Linke
1. Sie will, dass große Unternehmen und reiche Menschen deutlich mehr Steuern zahlen.	___	___	___	___	___
2. Ihre Grundwerte sind Ökologie, Selbstbestimmung, Gerechtigkeit und Demokratie.	___	___	___	___	___
3. Sie wurde 1945 gegründet.	___	___	___	___	___
4. Ihre Grundwerte sind Freiheit, Solidarität und Gerechtigkeit.	___	___	___	___	___
5. Sie hat religiöse Wurzeln.	___	___	___	___	___
6. Sie ist die älteste deutsche Partei.	___	___	___	___	___
7. Wichtig für sie ist ein Sozialstaat, der Menschen bei Krankheit, Behinderung oder Arbeitslosigkeit unterstützt.	___	___	___	___	___
8. Sie möchte, dass Menschen von ihrer Arbeit leben können.	___	___	___	___	___
9. Sie wurde 1980 gegründet.	___	___	___	___	___
10. Sie ist bekannt als Protestpartei.	___	___	___	___	___
11. Sie ist für eine multikulturelle Gesellschaft und kämpft für die Integration von Einwanderern.	___	___	___	___	___
12. Sie ist für gleiche Rechte für Männer und Frauen und für die Anerkennung von gleichgeschlechtlichen Lebenspartnerschaften.	___	___	___	___	___
13. Sie wurde 2007 gegründet.	___	___	___	___	___
14. Sie wurde 2013 gegründet.	___	___	___	___	___
15. Sie ist eine Fusion zweier Parteien aus den alten und neuen Bundesländern.	___	___	___	___	___
16. Sie sind die zwei größten Parteien in Deutschland.	___	___	___	___	___
17. Sie ist dagegen, dass die Bundeswehr im Ausland eingesetzt wird.	___	___	___	___	___
18. Sie will die Einwanderung begrenzen.	___	___	___	___	___
19. Sie will den Euro abschaffen.	___	___	___	___	___

B. Wer weiß – gewinnt! Markieren Sie die richtigen Antworten.

1. Es gibt ungefähr _____ Ausländer in Deutschland.

   a. 1 Million   b. 8 Millionen   c. 20 Millionen   d. 4 Millionen

2. Besonders _____ werden ausländische Arbeitnehmer gesucht.

   a. in der Landwirtschaft   c. im Maschinenbau
   b. im Wohnungsbaubereich   d. im MINT-Bereich

3. Ausländische Mitbürger müssen _____ beantragen.

   a. die Einwanderung   b. die Aufenthaltserlaubnis   c. die Integration   d. die Arbeit

4. Alltägliche Bankgeschäfte werden in Deutschland mit Hilfe eines _____ abgewickelt.

   a. Girokontos   b. Sparkontos   c. Geschäftskontos   d. Kreditkontos

5. _____ werden Aktien gehandelt.

   a. Auf der Bank   c. Am Geldautomaten
   b. In der Wechselstube   d. An der Börse

6. Wenn man seine Kreditkarte nicht abzahlt, muss man _____ zahlen.

   a. Bargeld   b. Zinsen   c. den Wechselkurs   d. Kredit

7. Bei einer _____ wird das Bankkonto bei jeder Transaktion sofort belastet.

   a. Kreditkarte   b. Mastercard   c. EC-Karte   d. Visakarte

8. In Großbritannien ist das englische Pfund die offizielle _____.

   a. Währung   b. EC-Karte   c. Börse   d. Quickcard

9. In _____ kann man kleine Beträge mit der Quickcard bezahlen.

   a. England   b. Österreich   c. Irland   d. der Schweiz

10. Monatliche Zahlungen, z.B. für Miete und Telefon, macht man oft automatisch per _____.

    a. Telefon   b. Kreditkarte   c. Geldautomat   d. Dauerauftrag

C. Wer weiß - gewinnt! *Sophie Scholl – Die letzten Tage.* Richtig (R) oder falsch (F)? Korrigieren Sie die falschen Sätze.

1. _____ Die Weiße Rose war eine Widerstandsgruppe im Dritten Reich.

   _____

2. _____ Sie haben Flugblätter an der Universität verteilt und sind dafür ins Gefängnis gekommen.

   _____

3. _____ Die Geschwister Scholl haben alleine gehandelt.

   _____

4. _____ Sophie hat versucht, die Schuld allein auf sich zu nehmen.

   _____

5. _____ Sophie und ihr Bruder wurden nur wenige Tage nach dem Prozess hingerichtet.

   _____

D. Der Anfang von Goethes *Faust*.

FAUST:

Habe nun, ach! Philosophie,
Juristerei und Medizin,
Und leider auch Theologie
Durchaus studiert, mit heißem Bemühn[1].
5 Da steh ich nun, ich armer Tor[2]
Und bin so klug als wie zuvor!
Heiße Magister, heiße Doktor gar,
Und ziehe schon an die zehen Jahr'
Herauf, herab und quer und krumm
10 Meine Schüler an der Nase herum –
Und sehe, dass wir nichts wissen können!
Das will mir schier das Herz verbrennen.
Zwar bin ich gescheiter[3] als alle die Laffen,
Doktoren, Magister, Schreiber und Pfaffen,
15 Mich plagen keine Skrupel noch Zweifel[4],
Fürchte mich weder[5] vor Hölle noch Teufel[6] –
Dafür ist mir auch alle Freud' entrissen,
Bilde mir nicht ein,[7] was Rechts zu wissen,
Bilde mir nicht ein, ich könnte was lehren,
20 Die Menschen zu bessern und zu bekehren.
Auch hab' ich weder Gut noch Geld,
Noch Ehr' und Herrlichkeit der Welt;
Es möchte kein Hund so länger leben!
Drum hab' ich mich der Magie ergeben[8],
25 Ob mir durch Geistes Kraft und Mund
Nicht manch Geheimnis würde kund;[9] [...]

Source: Goethe, Faust

1. Wo steht das im Text?

ZEILE(N)

a. Faust hat mit viel Mühe vier verschiedene Fächer studiert.   1–4

b. Faust glaubt aber nicht, dass er durch sein Studium mehr weiß als vorher.   _____

c. Faust ist jetzt Doktor.   _____

d. Faust unterrichtet schon seit 10 Jahren.   _____

e. Faust glaubt, dass die Menschen gar nichts wissen können.   _____

f. Faust ist klüger als alle anderen, die auch studiert haben.   _____

g. Faust hat kein Gewissen[10] und keine Angst vor dem Tod.   _____

h. Faust hat keine Freude mehr an seinem Leben als Wissenschaftler.   _____

i. Faust glaubt nicht, dass er die Menschen besser machen kann.   _____

j. Faust ist sehr arm.   _____

k. Faust will so nicht mehr weiterleben.   _____

l. Faust hofft, dass die Magie ihm bei der Suche nach dem Wissen helfen wird.   _____

[1]*efforts* [2]*fool* [3]*cleverer* [4]*doubts* [5]*weder ... noch ... neither ... nor ...* [6]*devil* [7]*Bilde ... I don't have any illusions*
[8]*sich einer Sache ergeben to take to something* [9]*Ob mir ... kund with the help of the spirits I hope to find out some secrets* [10]*conscience*

2. Was meinen Sie: Wonach sucht Faust? Was hat er zuerst getan, um es zu finden? Womit versucht er es jetzt?

die Bildung

die Macht[1]

das Wissen

die Liebe

das Geld

reisen

Zeitung lesen

studieren

Gott

mehr lernen

die Magie

der Teufel

die Wahrheit[2]

diskutieren

a. Ich meine, dass Faust nach _____ sucht.

b. Zuerst hat er _____.

c. Jetzt versucht er es mit _____.

[1]power
[2]truth

Aufsatz-Training

Einen Partner finden.

1. Lesen Sie die folgenden Kontaktanzeigen.

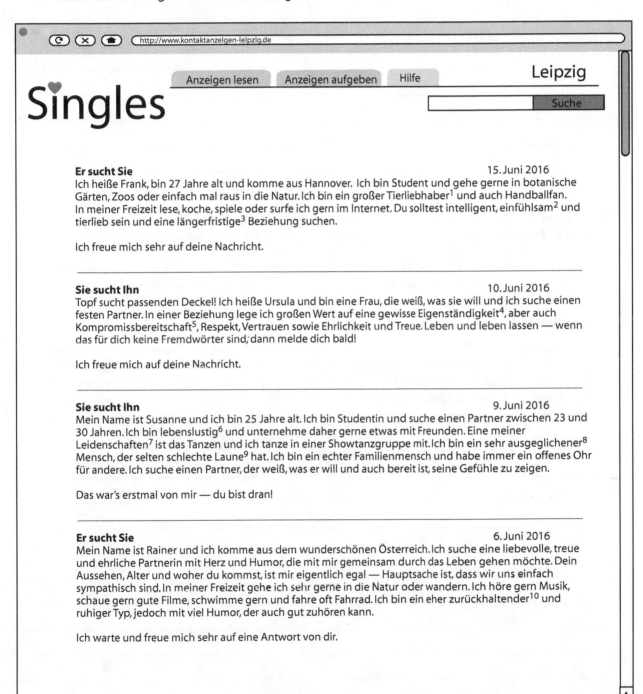

Singles

Anzeigen lesen   Anzeigen aufgeben   Hilfe

Leipzig

Suche

Er sucht Sie   15. Juni 2016

Ich heiße Frank, bin 27 Jahre alt und komme aus Hannover. Ich bin Student und gehe gerne in botanische Gärten, Zoos oder einfach mal raus in die Natur. Ich bin ein großer Tierliebhaber[1] und auch Handballfan. In meiner Freizeit lese, koche, spiele oder surfe ich gern im Internet. Du solltest intelligent, einfühlsam[2] und tierlieb sein und eine längerfristige[3] Beziehung suchen.

Ich freue mich sehr auf deine Nachricht.

Sie sucht Ihn   10. Juni 2016

Topf sucht passenden Deckel! Ich heiße Ursula und bin eine Frau, die weiß, was sie will und ich suche einen festen Partner. In einer Beziehung lege ich großen Wert auf eine gewisse Eigenständigkeit[4], aber auch Kompromissbereitschaft[5], Respekt, Vertrauen sowie Ehrlichkeit und Treue. Leben und leben lassen — wenn das für dich keine Fremdwörter sind, dann melde dich bald!

Ich freue mich auf deine Nachricht.

Sie sucht Ihn   9. Juni 2016

Mein Name ist Susanne und ich bin 25 Jahre alt. Ich bin Studentin und suche einen Partner zwischen 23 und 30 Jahren. Ich bin lebenslustig[6] und unternehme daher gerne etwas mit Freunden. Eine meiner Leidenschaften[7] ist das Tanzen und ich tanze in einer Showtanzgruppe mit. Ich bin ein sehr ausgeglichener[8] Mensch, der selten schlechte Laune[9] hat. Ich bin ein echter Familienmensch und habe immer ein offenes Ohr für andere. Ich suche einen Partner, der weiß, was er will und auch bereit ist, seine Gefühle zu zeigen.

Das war's erstmal von mir — du bist dran!

Er sucht Sie   6. Juni 2016

Mein Name ist Rainer und ich komme aus dem wunderschönen Österreich. Ich suche eine liebevolle, treue und ehrliche Partnerin mit Herz und Humor, die mit mir gemeinsam durch das Leben gehen möchte. Dein Aussehen, Alter und woher du kommst, ist mir eigentlich egal — Hauptsache ist, dass wir uns einfach sympathisch sind. In meiner Freizeit gehe ich sehr gerne in die Natur oder wandern. Ich höre gern Musik, schaue gern gute Filme, schwimme gern und fahre oft Fahrrad. Ich bin ein eher zurückhaltender[10] und ruhiger Typ, jedoch mit viel Humor, der auch gut zuhören kann.

Ich warte und freue mich sehr auf eine Antwort von dir.

[1]*animal lover* [2]*sensitive* [3]*long-term* [4]*independence* [5]*willingness to compromise* [6]*fun-loving* [7]*passions*
[8]*even-keeled* [9]*mood* [10]*reserved*

2. Schreiben Sie jetzt Ihre eigene Kontaktanzeige.

    _____

    _____

    _____

    _____

    _____

    _____

    _____

    _____

    _____

    _____

3. Suchen Sie eine interessante Person aus den obigen Kontaktanzeigen heraus. Schreiben Sie
    dieser Person eine E-Mail, in der Sie sagen, wie Sie aussehen, was Sie machen und wofür Sie
    sich interessieren. Sagen Sie, warum Sie genau diese Anzeige beantworten und nicht eine
    andere. Sagen Sie, was Ihre Pläne für die Zukunft sind und wie Sie über die heutige Welt
    denken. Stellen Sie der Person Fragen über alles, was Sie von dieser Person wissen wollen.

    ┌───┐
    │ **Schreibhilfe**   │
    │   │
    │ Vergessen Sie nicht, Ihre E-Mail noch einmal zu lesen und zu überarbeiten, nachdem │
    │ Sie sie geschrieben haben. Fragen Sie sich, ob Sie die E-Mail interessant geschrieben │
    │ haben. Benutzen Sie gute Adjektive, um sich zu beschreiben? Beginnen Sie Ihre Sätze │
    │ immer mit dem Subjekt, oder variieren Sie die Wortstellung?   │
    └───┘

    Liebe/r _____,

    _____

    _____

    _____

    _____

    _____

    _____

    _____

    _____

    _____

    _____

    _____

                                              Dein/e _____

Lösungsschlüssel

EINFÜHRUNG A

Aufforderungen

Schriftliche Aktivitäten
TPR: 1. Lesen Sie!   2. Laufen Sie!   3. Hören Sie zu!   4. Schreiben Sie!   5. Springen Sie!   6. Geben Sie mir das Buch!

Hörverständnis
Aufforderungen: 1. Gehen Sie!   2. Laufen Sie!   3. Schauen Sie an die Tafel!   4. Springen Sie!
5. Nehmen Sie ein Buch!   6. Öffnen Sie das Buch!   7. Lesen Sie!   8. Schließen Sie das Buch!
9. Sagen Sie „Auf Wiedersehen"!

Namen

Schriftliche Aktivitäten
Frau Schulz' Klasse: 1. Sie heißt Heidi.   2. Er heißt Peter.   3. Sie heißt Monika.   4. Er heißt Albert.
5. Sie heißt Nora.   6. Er heißt Thomas.   7. (Sie heißen) Monika, Nora und Heidi.   8. Sie heißen Thomas, Albert, Stefan und Peter.

Hörverständnis
Namen der Studenten: 1. Monika   2. Stefan   3. Heidi   4. Gabi

Kleidung

Schriftliche Aktivitäten
Buchstabensalat: Bluse, Jacke, Hemd, Mantel, Krawatte, Schuhe, Hut, Rock

Hörverständnis
Kleidung: 1. F   2. F   3. R   4. F   5. F

Farben

Schriftliche Aktivitäten
Welche Farbe ist typisch? 1. blau   2. grün   3. gelb   4. rosa   5. rot (grün)   6. schwarz/grau

Hörverständnis
Farben: 1. 4   2. 3   3. 6

Begrüßen und Verabschieden

Schriftliche Aktivitäten
Kreuzworträtsel:

Hörverständnis
A. **Dialog aus dem Text: Frau Frisch-Okonkwo ruft Herrn Koch an:** 1. c   2. b   3. b
B. **Dialog aus dem Text: Jutta trifft ihren Freund Jens:** 1. c   2. a   3. d
C. **Rollenspiel: Begrüßen:** *(Possible answers.)* **Vor dem Hören - Greetings:** Hallo! / Guten Morgen! / Guten Tag! / Guten Abend! / Servus! / Grüezi! **Questions:** Wie heißt du? / Wie alt bist du? **Good-byes:** Tschüss! / Auf Wiedersehen! / Servus! / Bis bald! **Während des Hörens - Greetings:** Guten Morgen! **Questions:** Wie alt bist du? / Und du? **Good-byes:** Tschüss! / Bis später!
D. *Du* oder *Sie*? 1. a. Sie   b. du   c. Sie   2. a. Sie   b. du   c. Sie

Zahlen

Schriftliche Aktivitäten
Kreuzworträtsel:

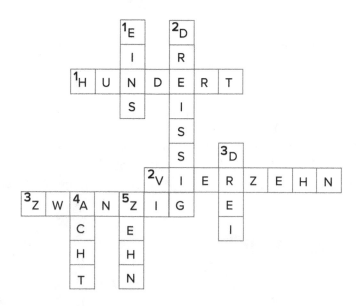

Hörverständnis
Zahlen: a. 52 b. 17 c. 69 d. 35 e. 26 f. 43 g. 95 h. 60 i. 16 j. 18 k. 80

Aussprache und Orthografie

Orthografie
B. Diktat: 1. Sakko 2. Bluse 3. Brille 4. alt 5. lang 6. Anzug 7. Kleid 8. Schuhe 9. Jacke 10. Buch 11. Studentin 12. hier

Kulturecke

A. Vornamen: MÄDCHEN: Emma, Marie, Sophie, Emilia
JUNGEN: Lukas, Alexander, Maximilian, Leon
B. Farben als Symbole: rot – die Liebe; weiß – die Unschuld; schwarz – die Trauer; blau – die Treue; grün – die Hoffnung; gelb – der Neid
C. Begrüßen und Verabschieden: 1. Guten Morgen 2. Grüß Gott 3. Tschüss, Servus, Bis bald, usw. 4. Auf Wiedersehen 5. Grüß Gott, Servus

Aufsatz-Training

A. Claudias Lieblingsklamotten: Hier ist mein Lieblingsrock. Er ist grün. Das ist mein Lieblingskleid. Es ist braun. Ja, und hier ist meine Lieblingsjacke. Sie ist grau. Und hier sind meine Lieblingsstiefel. Sie sind schwarz. Ich trage auch gern blau, aber meine Lieblingsfarbe ist lila.

<h1 style="text-align:center">EINFÜHRUNG B</h1>

Der Seminarraum

Schriftliche Aktivitäten
A. Buchstabensalat: Tür, Decke, Stühle, Lampe, Fenster, Bücher, Wand, Tisch, Tafel, Hefte, Boden
Plural forms: 1. Türen 2. Decken 3. Lampen 4. Fenster 5. Wände 6. Tische 7. Tafeln 8. Böden
Singular forms: 1. Stuhl 2. Buch 3. Heft

Hörverständnis
Das Klassenzimmer: 1. Stühle 2. Tische 3. Tafel 4. Papier 5. Stifte 6. Hefte 7. Laptop 8. Bücher 9. Computer 10. Beamer

Beschreibungen

Schriftliche Aktivitäten
A. Aussehen oder Charaktereigenschaft? *Aussehen:* ein Bart, braunes Haar, groß, grüne Augen, klein, kurzes Haar, schlank, schön *Charaktereigenschaft:* freundlich, ruhig, schüchtern, verrückt
C. Beschreibungen: 2. Hallo! Ich heiße Stefan. Ich bin 20 Jahre alt. Ich bin Student. Mein Haar ist kurz und blond und ich habe grüne Augen. Ich bin groß und verrückt!

Hörverständnis
A. Beschreibungen: b
B. Auf einer Party in Berkeley: PETER: schüchtern SABINE: freundlich, ruhig, schlank, schön, schüchtern, sportlich

Der Körper

Schriftliche Aktivitäten
A. Max. Illustration 2
B. Die Körperteile.

sein Haar — sein Kopf

seine Augen

sein Gesicht

seine Schultern —

sein linker Arm

seine rechte Hand —

sein Bauch

sein rechtes Bein —

sein rechter Fuß —

Hörverständnis
Der Körper: 1. die Schultern   2. die Nase   3. die Ohren   4. der Mund   5. der Arm   6. der Bauch
7. der Fuß   8. die Hand   9. das Bein

Die Familie

Schriftliche Aktivitäten
A. Familienstammbaum: 1. Vater   2. Tochter   3. Schwester   4. Großvater/Opa   5. Onkel
  6. Großmutter/Oma   7. Bruder   8. Sohn   9. Mutter   10. Vetter   11. Mann
B. Ihre Familie: Row 1: Vater - Mutter - Eltern; **Row 2:** Bruder - Schwester - Geschwister;
  Row 3: Großvater - Großmutter - Großeltern; **Row 4:** Sohn - Tochter - Kinder; **Row 5:** Mann - Frau;
  Row 6: Onkel - Tante; **Row 7:** Vetter - Kusine

Hörverständnis
Die Familie: Mutter: Maria; Vater: Josef; Schwester: Diana; Brüder: Thomas, Paul

Wetter und Jahreszeiten

Schriftliche Aktivitäten
A. Wie ist das Wetter? (*Possible answers.*) 1. Es ist Winter. Es schneit. Es ist kalt.   2. Es ist Herbst. Es ist
windig. Es ist kühl.   3. Es ist Juni. Es ist schön. Es ist warm.   4. Es ist Frühling. Es regnet. Es ist kühl.
5. Es ist Sommer. Es ist sonnig. Es ist heiß.   6. Es ist Februar. Es schneit. Es ist kalt.   7. Es ist Mai.
Es ist wolkig. Es ist kühl.

C. Heute ist der 26. Juli: (*Possible answers.*) 1. Es ist heiter und heiß.   2. Es ist wolkig und heiß.
3. Es ist bedeckt, aber nicht kalt.   4. Es ist schön und ziemlich warm.   5. Es ist schön, aber nicht
warm.   6. Es schneit und ist kalt.   7. Es ist sehr warm und wolkig.   8. Es regnet und ist etwas
kühl.   9. Es ist wolkig und warm.   10. Es ist wolkig und nicht sehr warm.

Hörverständnis
A. Die Wettervorhersage: 1. d 2. c 3. b 4. d 5. a 6. e 7. d
B. Das Wetter in Kalifornien: 1. F 2. R 3. F 4. F 5. R

Herkunft und Nationalität

Schriftliche Aktivitäten

Woher kommen diese Personen? Welche Sprache sprechen sie? 1. Bastian Schweinsteiger kommt aus Deutschland. Er spricht Deutsch. 2. Donatella Versace kommt aus Italien. Sie spricht Italienisch. 3. Jean Dujardin kommt aus Frankreich. Er spricht Französisch. 4. Meine Mutter kommt aus ... Sie spricht ... 5. Mein Vater kommt aus ... Er spricht ... 6. Ich komme aus ... Ich spreche ...

Hörverständnis

A. Rollenspiel: Herkunft: Vor dem Hören (*Possible answers*): Wie heißt du? / Woher kommst du? / Hast du Freunde in anderen Ländern? / Welche Sprache sprechen deine Freunde? / Woher kommt deine Familie? / Welche Sprachen sprichst du? **Während des Hörens:** a. Wie heißt du? b. Und du? c. Woher kommt dein Name? d. Kommst du aus Finnland? e. Sind deine Eltern aus Finnland? f. Sprichst du Finnisch? g. Hast du Freunde in den USA? h. Wo genau? i. Sprichst du Französisch?

B. Herkunft und Nationalität: 1. Frankreich 2. Argentinien 3. Schweden 4. Spanien 5. England 6. Amerika

Aussprache und Orthografie

Aussprache

A. 1. = 2. ≠ 3. ≠ 4. ≠ 5. ≠ 6. = 7. ≠

B. 1. kommen 2. sehen 3. arbeiten 4. Sommer 5. Sonne 6. Orthografie 7. Peter 8. Sabine 9. Berlin 10. Argentinien

C. 1st syllable stressed: Melanie, Peter, Jutta, Viktor. **2nd syllable stressed:** Sabine, Teresa, Susanne, Helene. **3rd syllable stressed:** Katharina, Alexander.

D. 1. Peter ist Schweizer. 2. Teresa ist Französin. 3. Josef ist Deutscher. 4. Sabine ist Studentin. 5. Johannes und Susanne sind Studenten. 6. Lisa ist schüchtern.

Orthografie

A. 1. Auto 2. Tisch 3. Winter 4. Arm 5. Lampe

B. 1. D–d–S 2. s–S–S 3. K–S–S–k 4. W–g–e–l 5. G–e–l–g

Kulturecke

A. Temperaturen: 1. b 2. a 3. c 4. b 5. c 6. c 7. a 8. b

B. Deutschland: Lage, Klima und Wetter: 1. c 2. c 3. a 4. b 5. a 6. b 7. c

C. Geografie: Die Europäische Union: (*As of 2014*) 1. die Niederlande 2. Griechenland 3. Deutschland 4. die Slowakei 5. Belgien 6. Ungarn 7. Rumänien 8. Irland 9. Finnland 10. Dänemark 11. Portugal 12. Slowenien 13. Großbritannien 14. Luxemburg 15. Spanien 16. Zypern 17. Frankreich 18. Tschechien 19. Lettland 20. Italien 21. Bulgarien 22. Schweden 23. Estland 24. Malta 25. Polen 26. Österreich 27. Litauen 28. Kroatien

Aufsatz-Training

A. Maurice und seine Familie: 1. ist 2. hat 3. spricht 4. ist 5. hat 6. heißt 7. heißt 8. sind 9. heißen 10. kommt 11. kommt 12. sprechen

KAPITEL 1: WER ICH BIN UND WAS ICH TUE

Freizeit

Schriftliche Aktivitäten

Was ich gern mache: (*Answers will vary.*) 1. Ich spiele (nicht) gern Schach. 2. Ich gehe (nicht) gern ins Restaurant. 3. Ich schwimme (nicht) gern im Meer. 4. Ich surfe (nicht) gern im Internet. 5. Ich arbeite (nicht) gern für das Studium. 6. Ich telefoniere (nicht) gern mit Freunden. 7. Ich gehe (nicht) gern ins Kino. 8. Ich höre (nicht) gern Musik. 9. Ich trinke (nicht) gern Kaffee. 10. Ich schreibe (nicht) gern Mails.

Hörverständnis

A. Hobbys: NORA: windsurfen gehen, schwimmen, in den Bergen wandern

ALBERT: Mathematik studieren, in der Bibliothek arbeiten, in Yosemite zelten (in den Bergen wandern)

B. Einladung in den Freizeitpark „Hansaland": 1. Schwimmen, Surfen, Squash, Tennis, Volleyball 2. in der Sonne liegen, chillen   3. am Samstag um eins

Schule und Universität

Hörverständnis

A. Dialog aus dem Text: Was studierst du? 1. F: Er kommt aus Deutschland.   2. F: Er studiert Psychologie.

B. Das Studium: KATRIN: 8.00 Deutsch, 9.00 Biologie, 10.00 Psychologie 13.00 Geschichte
THOMAS: 8.00 Deutsch, 10.00 Geschichte, 14.00 Psychologie

Tagesablauf

Hörverständnis

A. Bildgeschichte: Ein Tag in Sofies Leben: 1. 2, 3, 6, 11, 9, 5, 7, 8, 4, 10, 1

B. Mein Tagesablauf: 1. F; Er steht um 7.00 Uhr auf. 2. R   3. F; Er frühstückt nicht.   4. R   5. R 6. F; Sie kommt um 7.45 Uhr an der Uni an.

C. Silvia arbeitet auf dem Bahnhof: 1. Hamburg, 7.10   2. Frankfurt, 20.00   3. München, 15.24 4. Düsseldorf, 13.15, 22.00   5. Stuttgart, 16.05

Persönliche Angaben

Schriftliche Aktivitäten

A. Ein Interview mit Renate Röder: REPORTER: Woher kommen Sie?   REPORTER: Wo wohnen Sie? REPORTER: Wie ist Ihre Adresse?   FRAU RÖDER: Meine Telefonnummer ist 030-7843014. REPORTER: Wie alt sind Sie?   REPORTER: Haben Sie Geschwister?   FRAU RÖDER: Ich arbeite bei einer Computerfirma.   REPORTER: Sind Sie verheiratet?   FRAU RÖDER: Ja, ich habe einen Freund. *oder* Ja, er heißt Mehmet.

Hörverständnis

A. Dialog aus dem Text: Auf dem Rathaus: Familienname: Staiger   Vorname: Melanie Adresse: Gesandtenstraße 8   Wohnort: Regensburg   Telefon: 24352   Beruf: Studentin

B. Rollenspiel: Im Auslandsamt: Während des Hörens: 1. Haben Sie Informationen über ein Auslandsstipendium?   2. a, e, i, l, m, n, p

C. In der Tanzschule: 1. a, c   2. 21   3. 0178 8956731

Aussprache und Orthografie

Aussprache (1. Teil)
B.

5 Miene	6 Minne
3 Mehne	4 Menne
1 Mahne	2 Manne

C.

	1	2	3	4	5	6
Familie	Mahne	Mehne	Manne	Minne	Menne	Miene
Telefon	18 11 11	20 16 10	7 8 8 7 6 4	6 7 8 7 8 6	88 77 66	16 17 18

D. **Long:** lesen, liegen, spielen, segeln, fliegen, studieren, fahren, gehen
Short: wandern, schwimmen, singen, tanzen, essen
F. 1. a. **a** b. **ah** c. **aa** 2. **a** 3. a. **e** b. **eh** c. **ee** 4. a. **e** b. **ä** 5. a. **i** b. **ie** c. **ieh** 6. **i**
G. **Long vowels:** a. doubling of vowels b. vowel + **h** c. **ie**
Short vowels: vowels before double consonants

Orthografie (1. Teil)
A. 1. Krawatte 2. Brille 3. Sakko 4. Mantel 5. Jacke 6. Hemd
B. 1. Jahr 2. Tag 3. Abend 4. Zahl 5. zehn 6. viele

Aussprache (2. Teil)
B. 1. Was machst du heute Abend? ↓ 2. Du gehst ins Kino? ↑ 3. Und deine Schwester geht mit. ↓
4. Ach so, → du ... 5. Wo treffen wir uns? ↓ [*normal question-word question*] 6. Wo soll ich
warten? ↑ [*question-word question asked in a friendly or curious tone of voice*] 7. Und wann? ↑
8. Gut. ↓ Ruf mich bitte noch mal an! ↓

Aussprache (3. Teil)
A. 1. Katrin 2. fahren 3. hören 4. Jahre 5. Ohren 6. Uhren
B. 1. die Lehrerin 2. die Professorin 3. die Amerikanerin 4. die Engländerin 5. die Schweizerin

Orthografie (2. Teil)
A. 1. Frühling 2. Sommer 3. Herbst 4. Januar 5. Februar 6. April
B. 1. Gitarre 2. Armbanduhr 3. Ohrringe 4. Rucksack 5. Freizeit 6. Reise 7. Sport treiben
8. in den Bergen wandern 9. Motorrad fahren

Kulturecke

A. **Wer weiß – gewinnt: Das Schulsystem in Deutschland:** 1. b. 2. d 3. c 4. b 5. a 6. b
B. **Urlaub und Feiertage:** 1. a. 20 b. 25 2. 15 3. Belgien, Deutschland, Großbritannien,
Niederlande 4. a. 10,5 b. 10,0 5. Frankreich, Schweden

Aufsatz-Training

A.1. Liebe Anna; Lieber Paul; viele Grüße aus; wohnen; bleiben; Schade, dass du nicht hier bist.; Viele
Grüße; Deine Steffi; Dein Alexander

KAPITEL 2: BESITZ UND VERGNÜGEN

Besitz

Hörverständnis
A. **Dialog aus dem Text: Stefan zieht in sein neues Zimmer:** 1. morgen 2. a. einen Schlafsack
b. eine Gitarre c. einen Wecker 3. $30 4. b
B. **Alexanders Zimmer:** 1. ein Bett 2. einen Schreibtisch 3. einen Schrank 4. ein Regal 5. eine
Lampe 6. einen Laptop 7. viele Bücher 8. einen CD-Spieler 9. einen Schallplattenspieler
10. zwei Lautsprecher 11. ein Smartphone 1. einen Flachbildschirm 2. ein paar Poster

Geschenke

Hörverständnis
A. **Dialog aus dem Text: Ein Geschenk für Josef:** 1. R 2. F: Er spielt Gitarre und hört gern Musik. 3. R
B. **Geschenke:** 1. a. ein Buch b. ein Hemd 2. eine Katze 3. ein Fahrrad 4. einen Wecker

Kleidung und Aussehen

Schriftliche Aktivitäten
A. **Wer hat das verloren?** 1. meine 2. ihr 3. dein 4. ihre 5. unsere 6. eure 7. Ihre

B. Wie findest du das? (*Answers should include the following possessive adjectives.*) 1. sein, seine, *or* seinen 2. ihr, ihre, *or* ihren 3. ihr, ihre, *or* ihren 4. unser, unsere, *or* unseren 5. dein, deine, *or* deinen 6. Ihr, Ihre, *or* Ihren 7. euer, eure, *or* euren

Hörverständnis

A. Ausverkauf im Kaufpalast: Elektroabteilung: Schallplattenspieler, Lautsprecher, Flachbildschirme; Schmuckabteilung: Ketten, Ringe, Armbänder, Ohrringe; Schuhabteilung: (Winter)stiefel, (Kinder)schuhe, Wanderschuhe; Hobbyabteilung: Zelte, (Camping)stühle, Fahrräder, Schlafsäcke

B. Das ist Geschmackssache! 1. billig 2. alt 3. schwarz und lang 4. hässlich 5. Gold 6. einen Nasenring

Vergnügen

Hörverständnis

A. Bildgeschichte: Ein Tag in Silvias Leben: 1. j, g, i, f, b, h, a, e, d, c
B. Rollenspiel: Am Telefon: Während des Hörens: 1. b, c, f 2. a, c, d, f
C. Ein echtes Vergnügen! 1. essen 2. geht, Museum 3. Fahrrad 4. treibt 5. spielt

Aussprache und Orthografie

Aussprache (1. Teil)
B.

7 Bomme	8 Bömme
5 Bühme	6 Buhme
3 Bohme	4 Bümme
1 Bumme	2 Böhme

C.

	1	2	3	4	5	6	7	8
Familie	Bumme	Bomme	Bömme	Bümme	Buhme	Bühme	Böhme	Bohme
Bücher	100	55	12	515	150	über 1000	5512	keine

E. 1. a. **o** b. **oh** c. **oo** 2. **o** 3. a. **u** b. **uh** 4. **u** 5. a. **ö** b. **öh** 6. **ö** 7. a. **ü** b.**üh** c. **y**
8. a. **ü** b. **y**
F. Long vowels: a. doubling of vowels b. vowel + **h**
Short vowels: vowels before double consonants
G. 1. Söhne 2. Töchter 3. Mütter 4. Brüder 5. Böden 6. Stühle 7. Bücher 8. Füße

Orthografie (1. Teil)
A. 1. Hände 2. Wände 3. zählen 4. Männer 5. trägt 6. Väter
B. 1. Nase 2. Name 3. Mann 4. tragen 5. Zahl 6. aber
C. 1. schön 2. hören 3. Töchter 4. Söhne 5. öffnen 6. möchten
D. 1. schon 2. Sohn 3. groß 4. Wort 5. kommen 6. Ohr
E. 1. fünf 2. Tür 3. natürlich 4. Bücher 5. Brüder 6. Füße
F. 1. kurz 2. Bluse 3. Stuhl 4. Buch 5. Bruder 6. Mund

Aussprache (2. Teil)
A. 1. eine 2. keiner 3. jede 4. welcher 5. lieber 6. Deutsche 7. Spieler 8. lese
B. Alb<u>e</u>rt sagt-: In meinem Zimm<u>e</u>r sind ein- Klavier, vier Bilder, ein- Weck<u>e</u>r, ein<u>e</u> Lampe, viel<u>e</u> Büch<u>e</u>r, ein<u>e</u> Gitarr<u>e</u>, zwei Stühl<u>e</u>, ein- Tisch-, ein- Regal- und ein- Schrank-.

Orthografie (2. Teil)
1. ihr 2. ihre 3. euer 4. eure 5. unser 6. unsere 7. keiner 8. keine 9. meine 10. meiner

Kulturecke

A. **Wissenswertes zum Euro:** 1. Euro 2. Belgien, Luxemburg, Finnland 3. Brücken
4. Schweiz 5. Schweizer Franken
B. **Wer weiß – gewinnt:** *Lola rennt:* 1. a 2. b, c 3. a 4. c 5. d 6. a 7. a 8. a, b

Aufsatz-Training

B. **Kevins Freizeit: Monika schreibt Katrin:** Liebe Katrin, hier ist alles, was ich über Kevin weiß. In seiner Freizeit fährt Kevin gern Motorrad oder er läuft. Er trifft auch gern Freunde oder lädt sie zum Essen ein. Am liebsten isst er mexikanisch. Abends sieht er nicht gern fern. Er liest lieber Bücher und Comics. Freitagabends und samstagabends geht er oft auf Partys. Er kommt oft erst frühmorgens nach Hause und dann schläft er meistens bis Mittag. Manchmal wäscht er sonntagnachmittags sein Motorrad. Leider vergisst er oft seine Hausaufgaben. Viele Grüße, deine Monika

KAPITEL 3: TALENTE, PLÄNE, PFLICHTEN

Talente und Pläne

Hörverständnis
A. **Talente:** 1. d 2. b 3. c 4. c
B. **Dialog aus dem Text: Ferienpläne:** 1. nach München fahren; besuchen 2. tauchen lernen
3. möchte; spielen 4. schwimmen und in der Sonne liegen 5. drei Wochen verreisen
6. nach Italien fahren 7. lange schlafen 8. aufräumen; sein Motorrad reparieren
C. **Pläne.** 1. Er muss noch zwei Monate arbeiten. 2. Er will Italienisch lernen. 3. Er will acht Wochen Ferien machen. 4. Sie möchten nach Italien fahren. 5. Sie kann gut Italienisch. 6. Er kann gut kochen und Wein trinken. 7. Sie wollen ein Auto kaufen, eine „Ente".

Pflichten

Schriftliche Aktivitäten
A. **Lydia will fernsehen:** a. Darf b. musst c. muss d. kann e. musst f. darf g. dürfen

Hörverständnis
A. **Dialog aus dem Text: Rolf trifft Katrin in der Cafeteria:** 1. F 2. R 3. F 4. F
B. **Pflichten:** 1. d 2. b 3. a 4. b 5. c 6. c

Ach, wie nett!

Schriftliche Aktivitäten
Geschmacksfragen: 1. Ich finde sie ... 2. Ich finde ihn ... 3. Ich finde ihn ... 4. Ich finde sie ...
5. Ich finde es ... 6. Ich finde sie ... 7. Ich finde sie ... 8. Ich finde es ... 9. Ich finde ihn ...
10. Ich finde sie ... *or* Ich finde es ...

Hörverständnis
A. **Dialog aus dem Text: Heidi sucht einen Platz in der Cafeteria:** 1. Er kommt aus Iowa City.
2. Sie kommt aus Berkeley. 3. F: Sie weiß noch nicht. 4. F: Er will bei einer amerikanischen Firma arbeiten.

B. Rollenspiel: In der Mensa: Hallo, ist hier noch frei?; Bist du nicht auch; Sag mal, du hast immer; Kommst du aus Amerika?; Studierst du schon lange; Kennst du das Nachtleben Heidelbergs schon?; Pass auf, ich lade dich heute Abend; Hast du morgen Abend Zeit?; du kannst mir deine Telefonnummer geben

C. Ach, wie nett! 1. schön   2. eine Geige   3. einen Apfel   4. Durst

Körperliche und geistige Verfassung

Hörverständnis
Der arme Herr Ruf: 1. a, c, e, f, g   2. a, c, e

Aussprache und Orthografie

Aussprache (1. Teil)
A. 1. Wenn ich Hunger habe / gehe ich / ins Restaurant.   2. Wenn ich Durst habe, / gehe ich / nach Hause.   3. Wenn ich müde bin, / gehe ich / ins Bett.   4. Wenn ich traurig bin, / gehe ich / zu meiner Freundin.   5. Wenn ich krank bin, / gehe ich / ins Krankenhaus.   6. Wenn ich Langeweile habe, / gehe ich / ins Museum.

B. 1. e: •••● ins Restaur<u>a</u>nt   2. b: •● nach <u>Hau</u>se   3. a: •● ins <u>Bett</u>   4. f: •••● zu meiner <u>Freun</u>din   5. d: •●•• ins <u>Kran</u>kenhaus   6. c: ••●• ins Mu<u>se</u>um

C. 1. Wenn ich <u>Hun</u>ger habe, <u>ge</u>he ich ... ins Restaur<u>a</u>nt.   2. Wenn ich <u>Durst</u> habe, <u>ge</u>he ich ... nach <u>Hau</u>se.   3. Wenn ich <u>mü</u>de bin, <u>ge</u>he ich ... ins <u>Bett</u>.   4. Wenn ich <u>trau</u>rig bin, <u>ge</u>he ich ... zu meiner <u>Freun</u>din.   5. Wenn ich <u>krank</u> bin, <u>ge</u>he ich ... ins <u>Kran</u>kenhaus.   6. Wenn ich Lange<u>wei</u>le habe, <u>ge</u>he ich ... ins Mu<u>se</u>um.

Orthografie (1. Teil)
Lieber Peter, <u>wie</u> geht es dir? Ich bin nun schon seit zwei Wochen in Dallas. Ich wohne bei meinem Freund Kevin. Wir sind jeden Tag mit dem Auto unterwegs, denn es gibt hier so viel zu sehen. Leider muss ich schon am Sonntag zurück nach Wien. Und du? Wann sehen wir uns wieder? Deine Karin

Aussprache (2. Teil)
B. *Possible answers:* 1. Heute ist Freitag, der 9. Mai.   2. Paul steht um neun auf.   3. Er ist fleißig.   4. Er macht im Haus sauber.   5. Er räumt auf.   6. Er zeichnet, schreibt und geigt.   7. Um drei geht er zu Heiner ins Krankenhaus.   8. Er ist in Eile.

C. 1. Schweiz   2. Österreich   3. Deutschland   4. Steiermark   5. Bayern   6. Bayreuth   7. Augsburg   8. Kaiserslautern   9. Heidelberg   10. Graubünden   11. Neuenburg   12. Passau

D.

[aç]	[aʊ]	[ɔʏ]
Schw<u>ei</u>z	<u>Au</u>gsburg	<u>Deu</u>tschland
Österr<u>ei</u>ch	Kaisersl<u>au</u>tern	Bayr<u>eu</u>th
St<u>ei</u>ermark	Graub<u>ü</u>nden	N<u>eu</u>enburg
Ba<u>y</u>ern	Pass<u>au</u>	
Ba<u>y</u>reuth		
Kaisersl<u>au</u>tern		
H<u>ei</u>delberg		

Orthografie (2. Teil)
A. 1. mein 2. klein 5. verheiratet 6. unterschreiben
B. 2. neu 3. Deutsch 6. heute
C. 1. Fräulein 2. läuft
D. 2. Auto 4. kaufen 5. Frau

Kulturecke

A. Jugendschutz in Deutschland: 1. mit 16 2. mit 16 3. mit 18 4. mit 13 5. mit 18 6. mit 18
   7. mit 15 8. mit 16 9. mit 18 10. mit 18
B. Wer weiß – gewinnt! 1. a, b 2. a 3. c 4. b 5. b 6. a
C. Sommerferien 2016: 1. b 2. b 3. a 4. a

Aufsatz-Training

B. Vera erzählt: „Stell dir vor, im Januar möchte[a] er nach Österreich fahren[b]. Das Wetter soll[c] sonnig sein[d], und vorher muss[e] es viel schneien[f]. Dann kann[g] er gut snowboarden[h] und hinterher in der Sonne liegen[i]. Sie wollen (*or* möchten)[j] in einer Skihütte übernachten[k]. Die Unterkunft darf[l] aber nicht zu teuer sein[m]. Sie wollen (*or* möchten)[n] zwei Wochen bleiben[o]. In der zweiten Woche möchte (*or* will)[p] er faulenzen[q], lesen[r] und auch ein bisschen spazieren[s] gehen[t]. Abends wollen (*or* möchten)[u] sie essen[v] gehen[w] und Schlittschuh laufen[x].“

KAPITEL 4: EREIGNISSE UND ERINNERUNGEN

Der Alltag

Schriftliche Aktivitäten
A. Kreuzworträtsel: Das Perfekt:

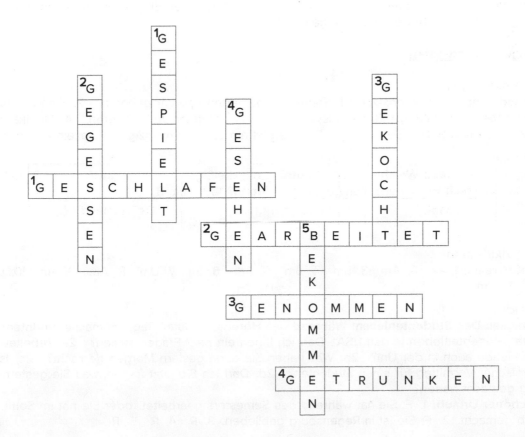

B. Sofie und Willi sind ins Kino gegangen: 1. gegangen   2. gesehen   3. gegessen   4. getrunken   5. gefunden   6. geschlafen

Hörverständnis

A. Dialog aus dem Text: Das Fest: Bist du wieder so spät ins Bett gegangen?; Wo warst du denn so lange?; Bis um 4 Uhr früh?; Kein Wunder, dass du müde bist.

B. Jutta hatte einen schweren Tag: 1. a *oder* h   2. e   3. g   4. c   5. d   6. f   7. a *oder* h   8. b

C. Stefan weiß mehr, als er glaubt: 2, 4, 6

Urlaub und Freizeit

Schriftliche Aktivitäten

A. Silvias Freitag: (*Possible answers.*) 1. Wie lange hast du geschlafen?   2. Wie weit bist du gelaufen?   3. Was hast du getragen?   4. Hast du den Bus zur Uni genommen?   5. Wo hast du zu Mittag gegessen?   6. Wen hast du am Nachmittag getroffen?   7. Hat dein Freund dich zum Essen eingeladen?   8. Wann hast du ferngesehen?   9. Wo hast du gelesen?   10. Um wie viel Uhr bist du eingeschlafen?

Hörverständnis

A. Richards Wochenende: 1. a. ist   b. geduscht   c. gefrühstückt   d. genommen   e. ist   f. geparkt   g. getroffen   h. ist   i. ist   j. gegessen   k. gespielt   l. getrunken   m. gelegen   n. ist   o. ferngesehen

B. Erlebnisse: 1. bin, gefahren   2. geschwommen, gegessen, gelacht   3. habe, gearbeitet   4. eingekauft, gearbeitet   5. habe, gelernt, gemacht
1. R   2. F   3. F

C. Hausaufgaben für Deutsch: 1. Jutta und Angelika haben die Hausaufgaben für Deutsch nicht gemacht.   2. Jutta und Angelika haben das erste Kapitel von dem Roman nicht gelesen.   3. Jutta und Angelika haben die Aufgaben für Mathe nicht gemacht.   4. Angelika hat Musik gehört.   5. Angelika hat gestrickt.   6. Jutta und Angelika haben über alles Mögliche gesprochen.   7. Jutta und Angelika haben ferngesehen.   8. Jutta ist mit ihren Eltern und Hans spazieren gegangen.   9. Jutta hat ein Picknick gemacht.

Geburtstage und Jahrestage

Schriftliche Aktivitäten

Geburtsdaten: (*Possible answers.*) 1. Stefan ist am vierten Februar geboren.   2. Frau Schulz hat am zwölften März Geburtstag.   3. Heidi ist am dreiundzwanzigsten Juni geboren.   4. Monika hat am neunzehnten November Geburtstag.   5. Albert ist am zweiundzwanzigsten Dezember geboren.

Hörverständnis

A. Dialog aus dem Text: Welcher Tag ist heute? 1. am dreißigsten Mai   2. im August   3. nein

B. Informationsspiel: Wer? Benz, Röntgen, Ernst   **Wann?** 1895, um 8

Ereignisse

Schriftliche Aktivitäten

Eine Kurzreise: 1. —   2. Am   3. um   4. um   5. Am   6. im   7. Um   8. Am   9. am   10. um   11. in   12. im

Hörverständnis

A. Rollenspiel: Das Studentenleben: Während des Hörens: 1. Guten Tag, ich mache ein Interview zum Thema „Studentenleben in den USA". Darf ich Ihnen ein paar Fragen stellen?   2a. Arbeiten Sie am Wochenende auch in der Uni?   2b. Was haben Sie denn gestern Morgen gemacht?   2c. Ist das ein typischer Vormittag für einen Studenten?   2d. Darf ich Sie jetzt fragen, was Sie gestern Nachmittag gemacht haben?

B. Ein schöner Urlaub: 1. F: Sie hat während des Semesters gearbeitet. *oder* Sie hat im Sommer Urlaub gemacht. 2. F: Sie ist in Regensburg geblieben. 3. R   4. R   5. R

Aussprache und Orthografie

Aussprache (1. Teil)

A. **Separable prefix (prefix stressed):** ansehen, anziehen, mitbringen, aussehen, anfangen **Inseparable prefix (verb stem stressed):** verstehen, unterschreiben, entdecken, erzählen, übersetzen, beginnen

B.

Derived Noun	Verb	Third-Person Plural
Anfang	anfangen	sie fangen an
Bezahlung	bezahlen	sie bezahlen
Vorlesung	vorlesen	sie lesen vor
Einladung	einladen	sie laden ein
Unterschrift	unterschreiben	sie unterschreiben
Einkauf	einkaufen	sie kaufen ein
Übersetzung	übersetzen	sie übersetzen
Anzug	anziehen	sie ziehen an
Beschreibung	beschreiben	sie beschreiben
Beginn	beginnen	sie beginnen

C., D.   1. der Tennisschläger   2. das Autotelefon   3. der Fußball   4. das Motorrad   5. das Wörterbuch
6. die Armbanduhr   7. die Videokamera   8. das Studentenleben

Orthografie (1. Teil)
1. die Studenten leben   2. das Studentenleben   3. zusammen hier sein   4. das Zusammensein
5. wir fahren übermorgen   6. wir fahren über Wien   7. noch mehr Wasser, bitte   8. das
Meerwasser   9. das Buch ist einfach   10. das ist ein Fachbuch

Aussprache (2. Teil)
A. **ach**-sounds: Woche, Fach, Sprache, Buch, Bauch
ich-sounds: wöchentlich, Fächer, sprechen, Bücher, Bäuche, richtig, leicht
ach-sounds: after **a, o, u, au**
ich-sounds: after all other vowels and diphthongs
B. 1. wichtig   2. langweilig   3. billig   4. lustig   5. Bücher   6. Gedichte   7. Geschichten
8. Gespräche

Orthografie (2. Teil)
A. 1. griechisch   2. tschechisch   3. schwedisch   4. schweizerisch   5. österreichisch   6. Geschichte
7. Wirtschaftsdeutsch   8. Unterrichtsfächer   9. Schreibmaschine   10. Bücherschrank
B. 1. hässlich   2. langweilig   3. schwierig   4. ziemlich   5. glücklich   6. eigentlich
7. fertig   8. möglich   9. traurig

Kulturecke

A. **Universität und Studium in den USA (USA) und in Deutschland (D):** USA: 2, 3, 5, 6, 7   D: 1, 2, 4, 7, 8
B. **Wer weiß – gewinnt:** *Jenseits der Stille:* 1. c   2. b   3. a   4. d   5. c
C. **Wer weiß – gewinnt: Feiertage und Brauchtum:** 1. d   2. b   3. d

Aufsatz-Training

A. Der Besuch: 1. a. zu einem Besuch einladen   b. zu Besuch kommen   c. frische Blumen auf den Tisch stellen   d. mit einem Glas Sekt begrüßen   e. durch die Altstadt bummeln   f. ausschlafen   g. ein Fußballspiel im Fernsehen anschauen   h. auf der Terrasse sitzen   i. über Urlaubserinnerungen sprechen   j. saftige Steaks grillen   k. einen neuen französischen Rotwein probieren   l. mit dem Zug wieder nach Hause fahren   2. a. iv   b. v   c. i   d. ii   e. iii

KAPITEL 5: GELD UND ARBEIT

Geschenke und Gefälligkeiten

Schriftliche Aktivitäten

B. Wer, wen oder wem? 1. Wen hast du besucht?   2. Wem hat sie ein Buch gegeben?   3. Wer hat deiner Tante Witze erzählt?   4. Wen hat deine Tante nicht hören können?

Hörverständnis

A. Rolfs Dilemma: 1. seinem, Fahrrad   2. einem, Gastprofessor   3. seiner, Seminararbeit   4. seiner, Auto   5. deiner, E-Mail   6. der, Situation

B. Geschenke: 1. 1a. F   1b. F   1c. F   1d. R   1e. F   1f. F   1g. F   1h. R

C. Gefälligkeiten: 1. c   2. d   3. a   4. f

Berufe

Schriftliche Aktivitäten

A. Kreuzworträtsel:

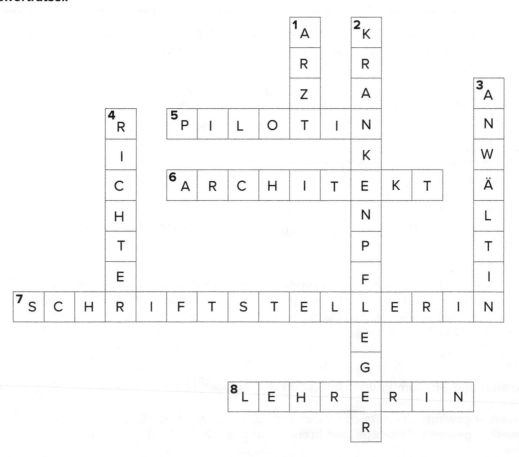

B. Was wollen sie werden? 1. b   2. c   3. d   4. f   5. h   6. g   7. a   8. i   9. e

C. Warum nicht? (*Possible answers.*) 1. Warum wirst du nicht Arzt oder Krankenpfleger?   2. Warum wird sie nicht Anwältin oder Richterin?   3. Warum werden Sie nicht Bibliothekarin oder Schriftstellerin?   4. Warum wird er nicht Hausmeister oder Mechaniker?

Hörverständnis

A. Bildgeschichte: Was Michael Pusch schon alles gemacht hat: 1a. hat er seinen Nachbarn den Rasen gemäht   1b. hat er Zeitungen ausgetragen   1c. hat er dem Jungen von nebenan Nachhilfe in Mathematik gegeben   1d. hat er Krankenpfleger gelernt   1e. hat er als Koch gearbeitet   1f. hat er als Taxifahrer gearbeitet   1g. hat er Maria kennengelernt   1h. hat er in einem Schwimmbad als Bademeister gearbeitet   1i. hat er Versicherungen verkauft

B. Der neue Trend: „Kombi-Berufe": 1. Medizin   2. Kunst   3. Ökonom   4. Ökonomin   5. 40   6. Sportler   7. Freizeit   8. arbeiten   9. Universität   10. studieren   11. Fremdsprachen   12. Sportverein

Arbeitsplätze

Schriftliche Aktivitäten

A. Wo macht man was? (Possible answers.) 1. Man arbeitet im Büro.   2. Man findet Bücher in der Buchhandlung.   3. Man eröffnet ein Konto auf der Bank.   4. Man sieht Filme im Kino.   5. Man liest in der Bibliothek.   6. Man schwimmt im Schwimmbad.   7. Man studiert an der Universität.

B. Warum arbeitet Nora? 1. a. die Miete   b. das Benzin   c. jobben   d. der Buchladen   e. bedienen   f. der Kunde   g. wegstellen / einräumen   h. der Stundenlohn   i. die Lebensmittel   j. einsammeln   k. die Hilfsköchin   l. das Trinkgeld. 2. a. F   b. F   c. R

Hörverständnis

A. Rollenspiel: Bei der Berufsberatung: 1. Bitte setzen Sie sich. Was kann ich für Sie tun?   2. Wann machen Sie denn die Matura?; Haben Sie besondere Interessen oder Kenntnisse?; Möchten Sie studieren oder lieber eine Lehre machen?; Haben Sie irgendwelche Lieblingsfächer, besondere Fähigkeiten?   3. (*Answers may vary slightly.*) a. Eine praktische Ausbildung.   b. Die Berufsberaterin gibt Richard Informationsmaterial mit und sagt ihm, er soll in drei bis vier Wochen wiederkommen.

B. Berufe erraten: Stefan: Lehrer; Heidi: In einem Krankenhaus, Ärztin; Peter: im Rathaus, an einer Universität oder in einem Büro, am Theater (kein Beruf)

In der Küche

Schriftliche Aktivitäten

A. In der Küche: 1. Küche   2. Geschirrspüler   3. Herd   4. Schublade   5. Backofen   6. Küchenwaage   7. Wasserhahn   8. Spülbecken   9. Küchenlampe   10. Kühlschrank

B. Jeden Tag eine gute Tat! 1. ihr   2. ihm   3. ihnen   4. ihm   5. ihr   6. ihm   7. ihnen

Hörverständnis

A. Josef Bergmanns Küche: 1a. iv   1b. v   1c. vi   1d. viii   1e. i   1f. vii   1g. iii   1h. ii   2. Bild A

Aussprache und Orthografie

Aussprache (1. Teil)

A. 1. Eine Urkunde für ungewöhnliche Leistungen. 2. Urlaub in Ungarn. 3. Das Wetter ist sehr unfreundlich – ein richtiges Unwetter. 4. Ein unglücklicher Unfall. 5. Ein unsympathischer Unbekannter.

B. 1. Adr<u>e</u>sse (≠)   2. Zigar<u>e</u>tte (≠)   3. rob<u>u</u>st (=)   4. Id<u>ee</u> (=)   5. Aristokr<u>a</u>t (≠)   6. Akz<u>e</u>nt (≠)   7. Pers<u>o</u>n (≠)   8. Kont<u>a</u>kt (≠)   9. Rom<u>a</u>nze (≠)

C. Stress on first syllable: Urlaub, Unfall
   Stress on second-to-last syllable: interessieren, Professorin, Professor, Cafeteria, Grammatik
   Stress on last syllable: Polizei, Universität, Information, Biologie, Chemie, Physik, Religion, Mathematik, Kultur

Orthografie (1. Teil)
1. funktionieren 2. Situation 3. religiös 4. Hobby 5. Ski 6. Disko 7. Café 8. Thema

Orthografie (2. Teil)
1. wertvoll 2. gelb 3. viel 4. alle 5. alt 6. kalt 7. halb 8. billig

Kulturecke

A. Ausbildung, Beruf und Studentenjob: 1. a 2. c 3. c 4. b 5. b 6. d 7. d 8. c 9. c 10. c
B. Leipzig: 1. Wirtschaftszentrum 2. Universität, Studenten 3. Musikstadt, Bach Leipzig Festival
   4. Montagsdemonstrationen, Wiedervereinigung, Heldenstadt 5. Messen, Leipziger Buchmesse

Aufsatz-Training

A. Christians Zukunftspläne. 1. a. der Meeresbiologe b. die Wasserprobe (*or* die Wasserproben)
   c. untersuchen d. der Bericht e. die Meeresbiologie f. der Tauchschein
   g. der Meeresforscher h. die Reise i. das Abenteuer j. erleben

KAPITEL 6: WOHNEN

Haus und Wohnung

Schriftliche Aktivitäten
A. Was ist das?

Das Lösungswort heißt Wohnzimmer.

B. Silvias neues Zimmer:

1. e. Jürgen hilft Silvia beim Umzug.
2. f. Rolf ist Jürgen und Silvia begegnet.
3. b. Der kleine Tisch gefällt Silvia sehr.
4. a. Silvia fehlt noch ein Staubsauger.
5. g. Das Bett gefällt Silvia nicht.
6. d. Die Pflanze hat früher mal Jürgen gehört.
7. c. Zwei Stühle gehören der Vermieterin.

Hörverständnis

A. Ein alter Nachbar: 1. Sie haben ein neues Haus gekauft und es gibt immer ein neues Problem.
2. schöne Gegend, zentral, groß   3. ungefähr 20 Jahre

4.

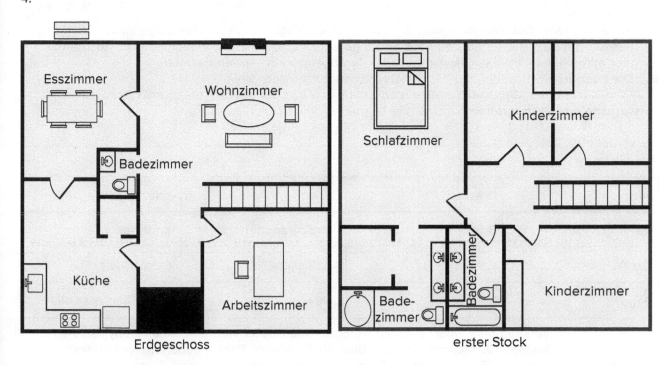

Erdgeschoss   erster Stock

B. Alte Möbel: 1. im Esszimmer   2. nein   3. aus Holz   4. antike   5. Esszimmerschrank: von ihrer Schwester, Stühle: von ihrer Nichte und ihrem Mann

Das Stadtviertel

Schriftliche Aktivitäten

A. Wo machen Sie was? (*Answers could include the following prepositional phrases.*) auf dem Balkon, in der Bibliothek, im Café, in der Disko, im Meer, am Meer, im Park, im Schwimmbad, am Strand, im Supermarkt, an der Tankstelle, im Wohnzimmer

B. Wohin gehen Sie? (*Answers could include the following prepositional phrases.*) auf den Balkon, in die Bibliothek, ins Café, in die Disko, ins Meer, ans Meer, in den Park, ins Schwimmbad, an den Strand, in den Supermarkt, an die Tankstelle, ins Wohnzimmer

Hörverständnis

A. Ein Interview mit Richard: zur Bank, zum Supermarkt, in die Reinigung, ins Kaufhaus; was die Österreicher am Samstagmorgen machen

Auf Wohnungssuche

Hörverständnis

A. Dialog aus dem Text: Auf Wohnungssuche: 1. F: Es ist in Frankfurt-Süd. 2. R 3. R 4. F: Es ist möbliert. 5. R 6. F: Sie kommt gleich vorbei.

B. Rollenspiel: Zimmer zu vermieten: Während des Hörens (*questions from model dialogue*): Wie viel Quadratmeter hat die Wohnung? Wie hoch ist die Miete? Bis wann muss ich mich entscheiden? Kann ich in einer Stunde noch einmal anrufen?

C. Die Wohnungssuche: 1. kaufen 2. groß, komfortabel 3. drei, Küche 4. Herd, Geschirrspüler 5. Keller

Hausarbeit

Hörverständnis

A. Bildgeschichte: Der Frühjahrsputz: 1b. die Terrasse gefegt 1c. den Keller aufgeräumt 1d. die Fenster geputzt 1e. im ganzen Haus Staub gesaugt 1f. die Flaschen weggebracht 1g. sein Zimmer aufgeräumt 1h. das Geschirr gespült 1i. abgetrocknet 1j. ferngesehen

B. Die Hausarbeit: 1. a, d, f, h, i 2. Die Deutschen putzen sehr viel.

Aussprache und Orthografie

Aussprache (1. Teil)
A.

Jens	Dresden	Bäcker	essen, Freunde treffen
Mehmet	Bremen	Fernsehreporter	fernsehen
Ken	Gera	Apotheker	lesen, zelten
Peggy	Bern	Lehrerin	segeln, Tennis spielen

B. (*Possible answers.*) 1. Jens wohnt in Dresden. Er möchte Bäcker werden. Seine Hobbys sind Essen und Freunde treffen. 2. Mehmet wohnt in Bremen. Er möchte Fernsehreporter werden. Sein Hobby ist Fernsehen. 3. Ken wohnt in Gera. Er möchte Apotheker werden. Seine Hobbys sind Lesen und Zelten. 4. Peggy wohnt in Bern. Sie möchte Lehrerin werden. Ihre Hobbys sind Segeln und Tennis spielen.

Orthografie (1. Teil)
1. Energieprobleme 2. Rechenfehler 3. Ferienerlebnisse 4. Essecke 5. Festredner
6. Menschenrechte 7. Nebenfächer 8. Rechtsanwälte

Aussprache (2. Teil)
A. die Waschmaschine, der Kindergarten, die Zentralheizung, der Frühjahrsputz, der Staubsauger, das Reisebüro, die Innenstadt, das Schreibwarengeschäft, der Wohnzimmertisch
B. 1. die **Wa**schmaschine (short) 2. der **Ki**ndergarten (short) 3. die **Ze**ntralheizung (long) 4. der **Frü**hjahrsputz (long) 5. der **Stau**bsauger (long) 6. das **Rei**sebüro (long) 7. die **I**nnenstadt (short) 8. das **Schrei**bwarengeschäft (long) 9. der **Wo**hnzimmertisch (long)
C. *Possible answers:* 1. in der Waschmaschine 2. im Kindergarten 3. für die Zentralheizung 4. zum Frühjahrsputz 5. im Staubsauger 6. zum Reisebüro 7. in der Innenstadt 8. im Schreibwarengeschäft 9. auf dem Wohnzimmertisch
D. Im Südosten bleibt es kalt. Die Tagestiefsttemperatur liegt bei minus 3 Grad Celsius. Im Südwesten wird es freundlicher, die Tageshöchsttemperatur erreicht 15 Grad Celsius. Aber auch hier wird in den nächsten Tagen der Nordostwind stärker und es fällt Schneeregen.

Orthografie (2. Teil)

1. achthundertzwölf 2. sechshundertsiebenundneunzig 3. neunzehnhundertsechsundvierzig
4. achtzehn Uhr 5. zweiundzwanzig Uhr siebenunddreißig 6. zweihundertsiebzehn
7. neunundzwanzig 8. vierzehnhundertzweiunddreißig 9. sieben Uhr sechzehn
10. achthundertelftausend

Kulturecke

A. **Wohnen in den USA (USA) und in Deutschland (D):** USA: 1, 2, 4, 8 D: 3, 5, 6, 7, 9
B. **Wer weiß – gewinnt!:** *Good bye Lenin!* 1. a, b, d 2. a, b 3. d 4. a, b
C. **Deutsch und Englisch als germanische Sprachen:** 1. c 2. a 3. a 4. b, c 5. b

Aufsatz-Training

A. **Juttas Traumwohnung:** 1. R 2. R 3. F, Jutta kocht gern. *oder* Jutta ist Hobbyköchin. *oder* Juttas Hobby ist kochen. 4. F, Jutta möchte allein wohnen. 5. R

KAPITEL 7: UNTERWEGS

Geografie

Schriftliche Aktivitäten
A. **Kreuzworträtsel: Geografische Begriffe:**

1	H	Ü	G	E	L	
2	T	A	L			
3	F	L	U	S	S	
4	G	E	B	I	R	G	E
5	W	I	E	S	E	
6	S	T	R	A	N	D	
7	W	Ü	S	T	E	
8	M	E	E	R		
9	W	A	L	D		

Das Lösungswort heißt Halbinsel.

B. Satzpuzzle: 1. Das ist der Berg, auf dem ich gewohnt habe. 2. Das ist das Tal, in dem ich gearbeitet habe. 3. Das ist das Kind, das jeden Tag im See geschwommen ist. 4. Das ist der Fluss, der durch das Tal fließt. 5. Das ist ein Wald, den ich besucht habe.

C. Vergleiche: 1. Trier in Deutschland ist älter als Auckland in Neuseeland, aber Byblos im Libanon ist am ältesten. 2. Das Tal des Todes liegt tiefer als das Kaspische Meer, aber das Tote Meer liegt am tiefsten. 3. Die Wüste Gobi ist größer als die Mojave-Wüste, aber die Sahara ist am größten. 4. Monaco ist kleiner als Gibraltar, aber die Vatikanstadt ist am kleinsten. 5. Der Mount McKinley ist höher als der Kilimandscharo, aber der Mount Everest ist am höchsten. 6. Eine 5-tägige Safari in Afrika kostet mehr als ein Flug von Frankfurt nach Kathmandu, aber eine Expedition auf den Mount Everest kostet am meisten. 7. Die Universität Tübingen ist jünger als die Universität Wien, aber die Universität Marburg ist am jüngsten. 8. (*Island of your choice*) ist schöner als (*island of your choice*), aber (*island of your choice*) ist am schönsten.

Hörverständnis
A. Geografie: eine Insel: England; ein Wald: Sherwood Wald; ein Tal: das Rheintal; eine Halbinsel: die arabische Halbinsel; ein Gebirge: die Alpen, der Himalaja; eine Wüste: Sahara; ein Meer: das Tote Meer; eine Straße: die Champs Elysées, der Kurfürstendamm, der Broadway, die Isabellastraße

Transportmittel

Schriftliche Aktivitäten
A. Womit fahren Sie? (*Possible answers.*) 1. mit der U-Bahn 2. mit dem Flugzeug 3. mit der Straßenbahn 4. mit dem Taxi 5. mit dem Fahrrad 6. mit der Rakete 7. mit dem Lastwagen 8. mit dem Bus 9. mit dem Zug 10. mit dem Motorrad 11. mit einem Pferd 12. mit einem Kinderwagen 13. mit dem Auto
B. Was ist logisch? 1. b 2. g 3. c 4. j 5. h 6. f 7. i 8. e 9. a 10. d

Hörverständnis
A. Dialog aus dem Text: Eine Bahnfahrt online buchen: 1. R 2. F 3. R 4. F
B. Rollenspiel: Am Fahrkartenschalter: Während des Hörens: Den ICE um 7.15 Uhr; 152 Euro; um 14.05 Uhr. **Nach dem Hören:** Den IC um 4.25 Uhr.
C. Ausflug nach Wien: 1. benutzt: CAT/Zug, U-Bahn, Fahrrad, Straßenbahn; nicht benutzt: Auto 2. in der Sonne liegen, spazieren gehen, Fahrrad fahren

Das Auto

Schriftliche Aktivitäten
A. Was macht man mit diesen Teilen des Autos? 1. die Bremsen: Damit hält man das Auto an. 2. der Kofferraum: Darin verstaut man die Koffer. 3. die Scheibenwischer: Damit wischt man die Scheiben. 4. die Sitze: Darauf setzt man sich. 5. das Autoradio: Damit hört man Musik und Nachrichten. 6. die Hupe: Damit warnt man andere Leute.
B. Melanie will nach Hamburg fahren: 1. Womit fährst du nach Hamburg? 2. Worauf freust du dich? 3. Wovon handelt das Musical? 4. Wofür brauchst du den (einen) großen Koffer? 5. Worum soll ich mich kümmern? 6. Na klar, und woran soll ich noch denken?
C. Quiz: Womit? Wofür? Woran? Worauf? 1. Womit bremst man? Mit der Bremse. 2. Wofür braucht man Scheibenwischer? Für saubere und trockene Scheiben. 3. Woran sieht man, woher das Auto kommt? An dem Nummernschild. 4. Womit hört man Musik im Auto? Mit dem Autoradio. 5. Womit fährt das Auto? Mit Benzin. 6. Worauf setzt man sich? Auf die Sitze.

Hörverständnis
A. Der New Beetle: 1, 3, 4, 5, 8, 9, 10, 11, 12
B. Josef will ein Auto kaufen: Baujahr: 2002; Kupplung: fast neu; Bremsen: noch sehr gut; Karosserie: in sehr gutem Zustand; Autoradio: nein, ausgebaut; Preis: 3 000 Euro.

Reiseerlebnisse

Schriftliche Aktivitäten

A. Familie Wagner in Spanien: 1. Wagners sind oft an den Strand gegangen. 2. Herr Wagner hat viel geschlafen. 3. Frau Wagner hat Bilder gemalt. 4. Andrea hat Comics gelesen. 5. Paula hat Burgen aus Sand gebaut. 6. Ernst hat Fußball gespielt. 7. Jens ist surfen gegangen. 8. Abends sind alle zusammen essen gegangen.

B. Brigittes Berlinbesuch: a. warst b. war c. Hattest d. hatte e. war f. war g. war h. hatte i. war j. hatte k. war l. waren m. Warst n. hatten o. hatte p. waren q. war r. hatte s. war

Hörverständnis

A. Bildgeschichte: Stefans Reise nach Österreich: 1. a. 5, hat b. 3, ist c. 2, hat d. 4, hat e. 6, hat f. 9 g. 8, sind h. 7, sind, haben i. 1, ist

B. Reiseerlebnisse: 1. am Strand liegen, attraktive Männer beobachten 2. auf den Champs-Elysées bummeln, sich Modegeschäfte ansehen, in den Louvre gehen 3. lange Spaziergänge am Strand machen 4. es wird immer teurer

C. Sommerskifahren in der Schweiz: 1. J 2. C 3. C 4. J 5. J 6. J 7. C 8. C 9. C

Aussprache und Orthografie

Aussprache (1. Teil)

A. Fortis: [p] H**u**pe, [t] **T**ank, [k] **K**offer, [f] **F**eld, [s] Flu**ss**, [ʃ] Ta**sche**, [ç] Ri**ch**tung, [x] Na**ch**t; **Lenis:** [b] **B**us, [d] **D**ank, [g] **G**ang, [v] **W**elt, [z] In**s**el, [Z] **G**arage, [j] **J**acht, [r] **R**ad

D. 1. der Strand 2. der Wald 3. das Feld 4. das Schild 5. das Rad 6. das Flugzeug 7. der Zug 8. das Haus

G. 1. le**s**en, lie**st**, la**s**, gele**s**en 2. rei**s**en, rei**st**, rei**s**te, gerei**st** 3. le**b**en, le**b**t, le**b**te, gele**b**t 4. ge**b**en, gi**b**t, ga**b**, gege**b**en 5. erlau**b**en, erlau**b**t, Erlau**b**nis 6. lie**b**, lie**b**er, am lie**b**sten 7. Nor**d**en, nör**d**lich, Sü**d**en, sü**d**lich 8. aber, a**b**, wegen, we**g** 9. hal**b**, halbe, deshal**b**, weshal**b** 10. Stunde, stün**d**lich, Ta**g**, tä**g**lich

Orthografie (1. Teil)

1. unterwegs 2. Halbinsel 3. Stadtrundfahrt 4. Kinderwagen 5. Radweg 6. Bundesland 7. Wochenendticket 8. Sandstrand 9. Papierkorb 10. Samstagabend

Orthografie (2. Teil)

1. Bayern 2. Thüringen 3. Sachsen 4. Rheinland-Pfalz 5. Kärnten 6. Salzburg 7. Steiermark 8. Wallis 9. Graubünden 10. Luzern

Kulturecke

A. Ratespiel: Stadt, Land, Fluss: 1. der Genfer See 2. der Großglockner 3. Heidelberg 4. Liechtenstein 5. die Donau 6. der Teutoburger Wald 7. Rügen 8. der Brocken 9. der Bodensee 10. die Ostfriesischen Inseln

B. Wer weiß – gewinnt: Der Volkswagen und die Schweiz: 1. b 2. c 3. d 4. d 5. c 6. a

C. Deutschlandreise: 1. Greifswald 2. Potsdam 3. Wernigerode 4. Weimar 5. Leipzig 6. Dresden 7. Bayreuth 8. Regensburg 9. Augsburg 10. Karlsruhe 11. Heidelberg 12. Freiburg 13. Saarbrücken 14. Mainz 15. Frankfurt am Main 16. Kassel 17. Düsseldorf 18. Köln 19. Hannover 20. Kiel

D. Wer weiß – gewinnt: *Im Juli:* 1. a 2. c 3. d 4. a 5. b 6. b 7. a 8. a

Aufsatz-Training

A. Willis schönste Ferien. 1. a. die mittelkalifornische Küste b. losfahren c. trocken d. berühmt e. die Küstenstraße f. steil g. ähnlich h. das Mittelmeer i. breit j. der Seehund k. besichtigen l. das Traumschloss m. die Führung n. ab und zu o. die Arbeitserlaubnis

Essen und Trinken

Hörverständnis

Gesünder leben: Während des Hörens: 1. a. 5   b. 3   c. 7   d. 1   e. 4   f. 6   g. 2   h. 8
2. a. J   b. M   c. M   d. M   e. J   f. J   g. M   h. J

Haushaltsgeräte

Schriftliche Aktivitäten

A. In der Küche: 1. in den Besteckkorb   2. in den Mülleimer   3. in die Waschmaschine   4. in die Obstschale   5. in den Brotkorb   6. ins Kochbuch   7. in die Vase   8. in die Schublade

Hörverständnis

Werbung für Haushaltsgeräte: Wäschetrockner: 1. zart   2. pflegen   3. brauchen   4. stark
5. fünf; **Haartrockner:** 1. trocknen   2. Temperatur   3. warm   4. Wind   5. zwölf   6. kühl   7. Frisur

Einkaufen und Kochen

Schriftliche Aktivitäten

A. Sie haben Freunde eingeladen: 1. Die Teller stelle ich auf den Tisch. 2. Die Servietten lege ich auf die Teller. 3. Die Kerze stelle ich in die Mitte. 4. Die Gabeln lege ich neben die Messer. 5. Die Löffel lege ich auf die andere Seite. 6. Das Brot lege ich in den Brotkorb. 7. Den Stuhl stelle ich an das Fenster. 8. Den Käse lege ich auf den Teller. 9. Die Schuhe stelle ich auf den Balkon. 10. Die Pullover hänge ich in den Schrank. 11. Den Wein stelle ich in den Kühlschrank. 12. Die Schnitzel lege ich in die Pfanne.
B. Der Tisch ist gedeckt: 1. Die Tischdecke liegt auf dem langen Tisch. 2. Die Teller stehen auf der weißen Tischdecke. 3. Die Gabeln liegen links neben den großen Tellern. 4. Die Messer liegen rechts neben den silbernen Löffeln. 5. Das Weinglas steht neben dem sauberen Wasserglas. 6. Der Blumenstrauß steht zwischen den roten Kerzen. 7. Die Löffel liegen auf den gelben Servietten.

Hörverständnis

A. Bildgeschichte: Michaels bestes Gericht: 8; 4: schlägt; 3: schneidet; 2: schneidet; 5: würzt; 6: erhitzt; 7: gibt, bräunt; 1: wäscht; 10: bestreut; 9: gießt
B. „Allkauf"-Supermarkt: 7,45 Euro; 8,10 Euro; 11,50 Euro; 2,95 Euro; 4,45 Euro; 2,99 Euro

Im Restaurant

Schriftliche Aktivitäten

A. Mahlzeiten und Getränke: 1. -en, A, M   2. -er, D, F   3. -e, A, Pl   4. -en, A, M   5. -em, D, M
6. -er, D, F   7. -en, A, M   8. -e, A, F   9. -es, A, N   10. -er, N, M   11. -er, D, F   12. -en, D, Pl
13. -en, A, M   14. -es, A, N
B. Herr und Frau Wagner haben morgen Hochzeitstag: 1. Also, ich werde mit den Tomaten in Öl anfangen.   2. Nein, das ist mir zu fettig. Als Vorspeise werde ich Schinken und Oliven nehmen. 3. Hmm, lecker. Ich werde eine große Pizza mit Salami und Pilzen bestellen.   4. Gut, und ich werde grüne Spaghetti mit Krabben essen.   5. Wir werden eine Flasche Rotwein trinken, was meinst du?   6. Ja, und wir werden einen starken Espresso trinken.   7. Mein Bauch wird wehtun! 8. Ach was, der Abend ohne die Kinder wird sehr ruhig und schön werden.

Hörverständnis

A. Dialog aus dem Text: Melanie und Josef gehen aus: 1. Melanie: Mineralwasser; Josef: (zwei Glas) Bier 2. Melanie: Rumpsteak mit Pilzen und Kroketten; Josef: Forelle „blau" mit Kräuterbutter, grünem Salat und Salzkartoffeln

B. Bildgeschichte: Abendessen mit Hindernissen: 1. gegangen 2. bestellt 3. geschmeckt 4. bekommen 5. gefunden 6. berechnet 7. beschwert 8. bezahlt 9. gegangen; gegessen

C. Rollenspiel: Im Restaurant: Während des Hörens: die Speisekarte haben; etwas zu trinken bringen; Haben Sie schon etwas gefunden?; Ich nehme; Gern; Zahlen, bitte; Das war einmal; Stimmt

D. In einem exklusiven Restaurant: 1. einen Salat, Rinderfilet 2. eine Fischsuppe, Rinderfilet 3. es ist ausgezeichnet, der Chefkoch wählt es selber aus, bereitet es sorgfältig zu 4. „Wir servieren das beste Fleisch in der Stadt und hatten noch nie eine Beschwerde." 5. „Das Fleisch war ganz frisch und alle anderen Zutaten auch." 6. Sie hat kein Messer.

E. Im Restaurant: 1. Einen schönen Mantel 2. dunkelviolett 3. einen guten Geschmack 4. Scampi 5. Filetsteak 6. Espresso 7. Er hat sein Portemonnaie zu Hause auf dem Tisch liegen lassen. 8. „Ich leg' dir das Geld aus." 9. Sie soll ihm das Geld unter dem Tisch geben.

Aussprache und Orthografie

Aussprache (1. Teil)
B. 1. wohnen: die Wohnung – die Wohnungen 2. einladen: die Einladung – die Einladungen 3. untersuchen: die Untersuchung – die Untersuchungen 4. vorlesen: die Vorlesung – die Vorlesungen 5. erzählen: die Erzählung – die Erzählungen 6. bestellen: die Bestellung – die Bestellungen 7. wandern: die Wanderung – die Wanderungen

Orthografie (1. Teil)
1. Inge 2. Ingo 3. Anke 4. Angelika 5. Ringo 6. Angela 7. Wolfgang 8. Frank

Aussprache (2. Teil)
A. 1. im Ei 2. an Ina 3. an Herrn Adler 4. von Annett 5. beim Essen 6. delikat essen
B. 1. zum Frühstück ein Ei 2. Salat mit Olivenöl 3. Suppe mit Erbsen 4. Äpfel und Orangen 5. Essig am Essen

Orthografie (2. Teil)
1. In Ulm und um Ulm und um Ulm herum. 2. Essig ess ich nicht. Ess ich Essig, ess ich Essig nur im Salat.

Kulturecke

A. Stichwort „Restaurant": 1. D 2. N 3. N 4. D 5. D 6. N
B. Wer weiß – gewinnt: Österreich: 1. a 2. d 3. d 4. b, d 5. a 6. d 7. a, c, d
C. Wer weiß – gewinnt: *Bella Martha:* 1. a 2. b 3. a, b, c 4. a, b, d 5. b 6. a 7. c 8. a, b, c

Aufsatz-Training

A. Rezepte: Schreibhilfe: 1. Das Verb hat die Infinitivform. 2. Die Infinitivform steht am Ende des Satzes.

Kindheit

Schriftliche Aktivitäten

A. Kreuzworträtsel:
Josefs Kindheit:

B. Haben Sie das als Kind gemacht? Mit wem? (*Answers will vary.*) 1. Ja, ich bin mit _____ auf Bäume geklettert. / Nein, ich bin auf keine Bäume geklettert. 2. Ja, ich habe mit _____ einen Schneemann gebaut. / Nein, ich habe keinen Schneemann gebaut. 3. Ja, ich habe mit _____ Märchen gelesen. / Nein, ich habe keine Märchen gelesen. 4. Ja, ich habe mit _____ Kreuzworträtsel gelöst. / Nein, ich habe keine Kreuzworträtsel gelöst.

Hörverständnis
Kindheit: Rolf: Fußball spielen, Tennis spielen, Volleyball spielen, ins Freibad gehen, schwimmen; Katrin: ans Meer fahren, schwimmen

Jugend

Schriftliche Aktivitäten

B. Aus Claires Tagebuch: 1. Als 2. wenn 3. Als 4. Wenn 5. Als 6. Als 7. wenn 8. Als 9. Wenn

Hörverständnis
A. Rollenspiel: Das Klassentreffen: Claudio hat nach der Schule bei der Sparkasse eine Lehre gemacht. Petra hat nach der Schule Germanistik und Amerikanistik in Köln studiert. Petra arbeitet jetzt bei ihren Eltern im Geschäft.

B. Michael Puschs erste Freundin: 1. 15 2. Auf einer Party 3. Sie sind an einen See gefahren.
4. Um 9 Uhr 5. Um 11 Uhr 6. Weil er länger geblieben ist. 7. Coras Tochter
C. Der Flirt mit dem Süden: 8, 3, 1, 5, 6, 2, 7, 4

Geschichten

Schriftliche Aktivitäten
Ein wichtiger Termin: 1. hatte 2. wollte 3. ging 4. stellte 5. aufwachte 6. sah 7. war
8. war 9. sprang 10. rannte 11. duschte 12. zog 13. ging 14. hatte 15. bekam 16. war
17. brauchte 18. ankam 19. fuhr

Hörverständnis
A. Bildgeschichte: Als Willi mal allein zu Hause war: 6: dachte 12: fand 8: versteckte 9: fuhr, los
1: war 7: hatte, rief, an 5: schaute, sah 11: ging 4: hörte 2: waren 10: fing, an, wurde 3: lag, konnte
B. Bildgeschichte: Beim Zirkus: 1. d 2. f 3. h 4. c 5. g 6. a 7. b 8. e 9. i 10. j

Märchen

Schriftliche Aktivitäten
Was ist passiert, nachdem ...? 1. ..., wurde sie Königin. 2. ..., musste er viel essen. 3. ..., probierte
sie den Schuh an. 4. ..., ging sie zur Großmutter. 5. ..., ging sie über die sieben Berge zu den sieben
Zwergen. 6. ..., schlief sie hundert Jahre.

Hörverständnis
A. Bildgeschichte: Dornröschen: 11: wachten, auf 9: kam 2: bekam 6: stach 12: heirateten
4: verwünschte 5: änderte 10: küsste 1: wollten 7: schlief 8: wuchs 3: vergaßen
B. Märchen: 1. Rotkäppchen 2. Rumpelstilzchen 3. Hänsel und Gretel 4. Dornröschen
5. Schneewittchen 6. Der Froschkönig
C. Der unglückliche Wolf: 1. war 2. hieß 3. trug 4. sagte 5. antwortete 6. sagte 7. fuhr
8. war 9. war 10. überfuhr 11. sah 12. schnitt 13. kam

Aussprache und Orthografie

Aussprache (1. Teil)
A. 1. Herr Hopf 2. Herr Kupper 3. Frau Fahl 4. Frau Pfellmann 5. Frau Hopfel 6. Herr Höffner
C. 1. unterwe<u>g</u>s 2. Ma<u>x</u> 3. Felix 4. Au<u>g</u>sburg 5. Sa<u>chs</u>en 6. Luxemburg 7. Cu<u>x</u>haven
8. Niedersa<u>chs</u>en 9. Sa<u>chs</u>en-Anhalt
E. 1. die Katze 2. der Zwerg 3. der Prinz 4. die Prinzessin 5. das Rätsel 6. der Schatz
7. die Pizza 8. der Spielplatz 9. der Zirkus 10. die Metzgerei
G. 1. du schi<u>mpfst</u> (5) [mpfst] 2. du wä<u>schst</u> dich (3) [ʃst] 3. du si<u>tzt</u> (3) [tst] 4. du brau<u>chst</u>
etwas (3) [kst] 5. die Ga<u>stst</u>ätte (4) [stʃt] 6. die Fre<u>mdspr</u>ache (5) [mtʃpr] 7. die Te<u>xtst</u>elle (5)
[kstʃt] 8. der Stra<u>fz</u>ettel (3) [fts] 9. der Ma<u>rktpl</u>atz (5) [rktpl]

Orthografie (1. Teil)
1. Zimmerpflanze 2. Zentralheizung 3. Jahreszeiten 4. Weihnachtskerze 5. Zeitungstext
6. Zahnmedizin 7. Sprechsituation 8. Aussprachetest 9. inzwischen

Aussprache (2. Teil)
1. US<u>A</u> 2. AB<u>C</u> 3. DAA<u>D</u> (Deutscher Akademischer Austauschdienst) 4. IC<u>E</u> (Intercityexpress)
5. Gmb<u>H</u> (Gesellschaft mit beschränkter Haftung) 6. W<u>C</u> 7. <u>U</u>NO 8. <u>Eu</u>ro 9. <u>Kri</u>po (Kriminalpolizei)
10. <u>Te</u>lekom 11. <u>U</u>-Bahn 12. <u>Zi</u>vi (Zivildienstleistender). In abbreviations and acronyms that are read as
single letters, the stress is on the last syllable. In abbreviations and acronyms that are read as words,
the stress is (usually) on the first syllable.

Orthografie (2. Teil)
1. küssen 2. sich interessieren 3. beißen 4. aussehen 5. Salatschüssel 6. Festessen
7. Straßenbahn 8. Musikprofessor 9. Hausschlüssel

Kulturecke

A. Die Gebrüder Grimm: 1. a 2. b, d 3. a, b, d, f 4. a 5. a, c, d
B. Die Märchen der Gebrüder Grimm: 1. Der Froschkönig 2. Aschenputtel 3. Schneewittchen
4. Dornröschen 5. Hänsel und Gretel 6. Rumpelstilzchen 7. Die Sterntaler 8. Der Wolf und
die sieben Geißlein 9. Rotkäppchen 10. Der gestiefelte Kater
C. Die Sterntaler: 1. arm, gut, fromm; Kleider auf dem Leib und ein Stück Brot; keine Eltern, kein
Kämmerchen und kein Bettchen 2. das Stückchen Brot; seine Mütze; sein Leibchen; sein Röcklein;
sein Hemd

Aufsatz-Training

A. Eine Geschichte länger machen: 1. d 2. g 3. i 4. e 5. a 6. b 7. f 8. j 9. h 10. c

KAPITEL 10: AUF REISEN

Reisepläne

Schriftliche Aktivitäten
B. Mini-Dialoge: 1. aus, zu, bei, nach 2. nach, vom, bei, bei, zum

Hörverständnis
A. Dialog aus dem Text: Am Fahrkartenschalter: 1. gegen Mittag 2. 8.06 Uhr; 12.11 Uhr
3. aus Gleis 10 4. mit VISA 5. 115 Euro 20
B. Claires Reisefotos: a. 4 b. 1 c. 3 d. 6 e. 2 f. 5

Nach dem Weg fragen

Schriftliche Aktivitäten
Unterwegs in Regensburg: 1. Neupfarrplatz 2. Haidplatz 3. Dom 4. Emmeramsplatz

Hörverständnis
A. Dialog aus dem Text: Jürgen ist bei Silvias Mutter zum Geburtstag eingeladen: 1. ein Supermarkt
2. links 3. einfach geradeaus 4. ganz 5. ein Kreisverkehr 6. direkt auf der anderen Seite
B. Dialog aus dem Text: Claire und Melanie sind in Göttingen und suchen die Universitätsbibliothek:

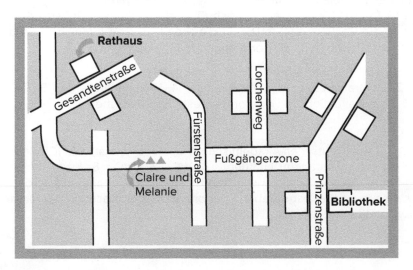

C. Dialog aus dem Text: Frau Frisch-Okonkwo findet ein Zimmer im Rathaus nicht: 1. im 3. Stock
2. auf der rechten Seite

D. Nach dem Weg fragen: 1. Er ist nicht aus Köln. 2. das Schild Neumarkt 3. rechts 4. wenn sie den Dom sehen

Urlaub am Strand

Schriftliche Aktivitäten

A. Ein Tag am Strand: (*Possible answers.*) 1. Nehmen Sie doch einen Liegestuhl mit! *oder* Gehen Sie doch spazieren! 2. Vergiss die Sonnenmilch nicht! 3. Nehmen wir doch belegte Brote mit! *oder* Grillen wir doch Würstchen! 4. Spielt doch Frisbee! *oder* Sammelt doch Muscheln! *oder* Baut doch eine Sandburg! *oder* Fahrt doch Kanu! 5. Zieh doch einen Neoprenanzug an! *oder* Probier doch Parasailing! *oder* Fahr doch Kanu! 6. Spielen Sie doch Frisbee! *oder* Laufen Sie doch! *oder* Gehen Sie doch spazieren!

B. An der Hotelrezeption: 1. Ich müsste mal dringend telefonieren, wo geht das? 2. Könnte ich eine E-Mail abschicken? 3. Könnten Sie mich morgen um 7.00 Uhr wecken? 4. Dürfte ich meinen Hund mit auf das Zimmer nehmen? 5. Könnten Sie mir frische Handtücher bringen? 6. Könnten Sie mir eine Flasche Sekt auf das Zimmer bringen? 7. Dürfte ich Sie um einen neuen Bademantel bitten? 8. Ich möchte (bitte) noch eine Tasse Tee.

Hörverständnis

A. Dialog aus dem Text: Auf Zimmersuche: Herr und Frau Ruf; 3 Nächte; Doppelzimmer mit Dusche, Toilette; mit Frühstück; 54 Euro pro Nacht

B. Rollenspiel: Im Hotel: Während des Hörens: 1. F: Ein Doppelzimmer und ein Einzelzimmer sind bis morgen Abend frei. 2. F: Das Einzelzimmer hat nur ein Waschbecken. 3. R 4. R 5. F: 119 Euro 6. F: von 7.30 bis 10 Uhr 7. R 8. F: die Zimmernummer und das Passwort 9. R

C. Eine Reise nach Deutschland: 1. a. bei Freunden b. in einer Pension 2. ein Privathaus, in dem einige Zimmer an Gäste vermietet werden 3. in einer Jugendherberge 4. einen internationalen Jugendherbergsausweis

Tiere

Schriftliche Aktivitäten

Der Mensch und das Tier: (*Possible answers.*) 1. Eine Mücke wird oft erschlagen. 2. Wildenten werden oft gejagt. 3. Eine Ratte wird oft vergiftet. 4. Hunde werden oft Gassi geführt. 5. Ein Pferd wird oft geritten. 6. Eine Kuh wird oft gemolken. 7. Fische werden manchmal geangelt. 8. Kakerlaken werden manchmal zertreten. 9. Ein Truthahn wird oft gegessen. 10. Vögel werden im Winter oft gefüttert.

Hörverständnis

Bildgeschichte: Lydias Hamster: 4: aufstand 8 10: fand 7: entdeckte 3: vergaß 1: bekam 5: suchte 9: suchte, schaute 2: spielte 6: fand

Aussprache und Orthografie

Aussprache (1. Teil)
A. 1. [ən] 2. [ən] 3. [n] 4. [ŋ] 5. [n] 6. [ən] 7. [n] 8. [m]

Orthografie (1. Teil)
1. Besser viel wissen als viel reden. 2. Erst denken, dann sprechen. 3. Man kann lange sprechen, ohne etwas zu sagen. 4. Man kann alles sagen, aber nicht alles essen. 5. Wer Gutes hören will, muss Gutes sagen. 6. Morgen, morgen, nur nicht heute, sagen alle faulen Leute.

Aussprache (2. Teil)

A. 1. Das Leben wär viel einfacher, wenn's nicht so schwer wär.
  2. Ein leerer Kopf ist leichter zu tragen als ein voller.
  3. Lehrer helfen Probleme zu lösen, die man ohne sie gar nicht hätte.
  4. Jeder redet vom Energiesparen. Ich spare meine.
  5. Alle Schüler sind klug: die einen vorher, die anderen nachher.
  6. Am Vormittag hat der Lehrer recht, am Nachmittag hat er frei.
  7. Am Tage lehrt er Kinder und abends leert er Gläser.
  8. Lieber zwei Jahre Ferien als überhaupt keine Schule.

B. 1. Liebe Kinder! 2. Lieber Bruder! 3. Liebe Eltern! 4. Lieber Opa! 5. Liebe Oma! 6. Liebe Freunde! 7. Lieber Schatz! 8. Liebe Familie Bauer!

Orthografie (2. Teil)

1. Politiker 2. Reisebüroleiter 3. Bahnbeamter 4. Autoverkäufer 5. Gemüsehändler
6. Kinderärztin 7. Fernsehmoderator 8. Nachrichtensprecher 9. Kriminalromanautor

Kulturecke

A. Wer weiß – gewinnt: Die Deutsche Einwanderung in die USA: 1. b 2. d 3. a 4. c 5. c 6. a 7. d 8. b

B. Wissenswertes zum Film *Die fetten Jahre sind vorbei*: 1. Möbel verrücken 2. die Erziehungsberechtigten 3. ein teures Auto 4. Hardenberg 5. über ihren Luxus 6. in seine Villa 7. die Polizei

C. Tiere in Sprichwörtern: 1. Hunde 2. Huhn 3. Gaul 4. Fliegen 5. Esel 6. Katze; Mäuse

D. Wer weiß – gewinnt: Göttingen: 1. c 2. a 3. b 4. c, d 5. d 6. a.

KAPITEL 11: GESUNDHEIT UND KRANKHEIT

Krankheit

Hörverständnis

A. Die Zwillinge sind krank: ESKE: hohes Fieber, rote Pusteln, Husten, Kopfschmerzen
DAMLA: hohes Fieber, rote Pusteln, apathisch, Bauchschmerzen
Frau Candemir soll das Fieber mit kalten Umschlägen senken.

B. Frau Schneiders Aerobic-Kurs: 1. im Fitnesscenter 2. einen Muskelkater 3. Aerobic 4. anstrengende Gymnastik mit Musik 5. fast 50 Minuten 6. in die Sauna 7. wegen der Massagen

C. Michael ist krank: 1. a. nein b. ja c. nein d. ja e. ja 2. a. ja b. nein c. ja d. nein 3. Chips essen und sich das Fußballspiel ansehen

Körperteile und Körperpflege

Schriftliche Aktivitäten

A. Kreuzworträtsel: Das Lösungswort heißt schminke

1	s	c	h	n	e	i	d	e
2	t	r	o	c	k	n	e	
3	z	i	e	h	e			
4	c	r	e	m	e			
5	t	r	i	n	k	e		
6	f	ö	h	n	e			
7	k	ä	m	m	e			
8	p	u	t	z	e			

B. Gitterrätsel: der: Mund, Rücken, Bauch, Kopf, Hals das: Herz die: Zunge, Nase, Lunge
Plural: Beine, Hände, Ohren, Augen, Arme, Lippen

C. Was machen Sie mit diesen Körperteilen? (*Possible answers.*) 1. Mit den Zähnen kaue ich.
2. Mit den Ohren höre ich. 3. Mit den Augen sehe ich 4. Mit den Händen greife ich.
5. Mit der Lunge atme ich. 6. Mit den Beinen gehe ich. 7. Mit dem Gesäß sitze ich.
8. Mit dem Magen hungere ich. 9. Mit dem Gehirn denke ich. 10. Mit den Lippen küsse ich.

D. Sie sind Babysitter bei Familie Frisch-Okonkwo: (*Possible answers.*) 1. Ich wasche mir die Hände.
2. Ich putze mir die Zähne. 3. Ich kämme mir die Haare. 4. Ich creme mich ein. 5. Ich ziehe
mir den Schlafanzug an. 6. Ich lege mich ins Bett.

E. Yamina kann doch nicht alles allein: 1. Kannst du sie mir kämmen? 2. Kannst du ihn mir anziehen?
3. Kannst du es mir vorsingen? 4. Kannst du ihn mir zeigen? 5. Kannst du es mir holen?
6. Kannst du sie mir schenken?

Hörverständnis

A. Juttas neues Tattoo: 1. R 2. R 3. F: Es ist jetzt das ganze Leben lang auf der Haut.
4. F: Er mag es nicht. 5. R

B. Bildgeschichte: Maria hat eine Verabredung: 1. a. gekommen b. ausgezogen c. geduscht
d. abgetrocknet e. geputzt f. geschnitten g. geföhnt h. eingecremt i. geschminkt
j. angezogen 2. a. Ich bin von der Arbeit nach Hause gekommen. b. Ich habe mich ausgezogen.
c. Ich habe mich geduscht. d. Ich habe mich abgetrocknet. e. Ich habe mir die Zähne geputzt.
f. Ich habe mir die Fingernägel geschnitten. g. Ich habe mir die Haare geföhnt. h. Ich habe mir
die Beine eingecremt. i. Ich habe mich geschminkt. j. Ich habe mir ein schönes Kleid angezogen.

Arzt, Apotheke, Krankenhaus

Schriftliche Aktivitäten

A. In der Notaufnahme: 1. blutet, Spritze, Medikamente, geröntgt, gebrochen 2. Blut, Hausarzt,
desinfizieren, Verband, Rezept, Apotheke

A. **Dialog aus dem Text: Herr Thelen möchte einen Termin beim Arzt:** ich hätte gern einen Termin; Das ist mir eigentlich egal; das passt gut.

B. **Dialog aus dem Text: Frau Körner geht in die Apotheke:** 1. F 2. R

C. **Dialog aus dem Text: Frau Frisch-Okonkwo ist bei ihrem Hausarzt:** Ihnen; mich; mir; klingt

D. **Rollenspiel: Anruf beim Arzt: Während des Hörens:** Frau Breidenbach hat Herzrasen, keinen Appetit und ist immer müde. Ihr Magen ist nervös, und sie hat ein Druckgefühl im Bauch. Dr. Blömer verschreibt ihr ein Beruhigungsmittel. Sie soll einen Ausgleichssport machen (Kurs zur Stressreduzierung besuchen).

E. **„Adolorex": Das neue Schmerzmittel:** 1. Ibuprofen 2. a. gegen Kopfschmerzen b. gegen Zahnschmerzen c. gegen Fieber 3. niedrig dosiert

Unfälle

Schriftliche Aktivitäten

Was ist passiert? 1. Jürgen hat sich in den Finger geschnitten. 2. Maria hat sich das Bein gebrochen. 3. Hans hat sich die Zunge verbrannt. 4. Zwei Autos sind zusammengestoßen. 5. Mehmet hat sich verletzt.

Hörverständnis

A. **Bildgeschichte: Paulas Unfall:** 1. e 2. f 3. a 4. d 5. g 6. b 7. j 8. c 9. h 10. i

B. **Michael Pusch als Zeuge:** 8, 6, 4, 2, 3, 7, 1, 5

Aussprache und Orthografie

Aussprache (1. Teil)

B. 1. ansehen, angeben, angehen, anbringen 2. aussehen, ausgeben, aussuchen, ausgehen
    3. wegsehen, weggeben, weggehen, wegbringen 4. wiedersehen, wiedergeben, wiederbringen

C. 1. aussehen 2. aussuchen 3. wiedersehen 4. ausgehen, weggehen 5. ausgeben

Orthografie (1. Teil)

1. Schweigen ist gut, reden ist besser. 2. Wer etwas Gutes weiß, soll nichts Böses sagen.
3. Wer nichts Gutes tut, kann nichts Gutes bekommen. 4. Das Halbe ist oft besser als das Ganze.
5. Wenn das Gute fehlt, muss man das Bessere nehmen. 6. Machst du es gut, so hast du es gut.

Aussprache (2. Teil)

A. 1. Mütter – Mutter 2. Bruder – Brüder 3. Töchter – Tochter 4. Väter – Vater 5. fuhren – führen
    6. verwunschen – verwünschen 7. schön – schon 8. läuft – lauft 9. lässt – lasst

B.

Infinitiv	1. Person	2. Person	3. Person	Substantiv
fahren	ich fahre	du fährst	er fährt	der Fahrer
schlafen	ich schlafe	du schläfst	er schläft	der Schläfer
tragen	ich trage	du trägst	er trägt	der Träger
waschen	ich wasche	du wäschst	er wäscht	der Wäscher
raten	ich rate	du rätst	er rät	der Rater
schlagen	ich schlage	du schlägst	er schlägt	der Schläger
laufen	ich laufe	du läufst	er läuft	der Läufer

Orthografie (2. Teil)
1. Unfall, Unfälle   2. Zahnarzt, Zahnärzte   3. Krankenhaus, Krankenhäuser   4. Verband, Verbände
5. Schlafanzug, Schlafanzüge   6. Lärmbelästigung, Lärmbelästigungen   7. Kinderärztin, Kinderärztinnen
8. Unfallschaden, Unfallschäden   9. Erkältung, Erkältungen   10. Lungenentzündung,
Lungenentzündungen

Kulturecke

A. Wer weiß – gewinnt: Geschichte der Psychiatrie: 1. c   2. a, b, d   3. a   4. a, b   5. d
   6. c   7. a, b
B. Wissenswertes zum Film *Das Leben der Anderen:* 1. bei der Stasi   2. Dramaturg
   3. Abhörgeräte   4. langweilig   5. in das Leben Dreymans   6. schützt   7. Dreyman den Essay
   geschrieben hat   8. einen Unfall   9. Wiesler   10. den Roman
C. Der geheilte Patient: 1. A, R, A, R, R, A, R, R, R, R   2. 4, 1, 3, 10, 2, 5, 9, 6, 7, 8

KAPITEL 12: DIE MODERNE GESELLSCHAFT

Politik

Schriftliche Aktivitäten
Politische Parteien. 1. Die Grünen sind die Partei einer multikulturellen Gesellschaft.   2. Die Linken
sind die Partei der gleichgeschlechtlichen Paare.   3. Die CDU ist die Partei der Konservativen.
4. Die AfD ist die Partei der Menschen, die protestieren.   5. Die SPD ist die Partei des Sozialstaats.

Hörverständnis
A. Gespräch zu den Wahlen. 1. (*Possible answers.*) a. Sie hat die Nase voll. b. Sie setzen sich für die
   Umwelt ein. c. Wahrscheinlich die SPD, weil sie sich für das Recht auf Krankenversicherung, auf
   Schule und Ausbildung einsetzt. d. Er glaubt, dass sie eine Koalition bilden. e. Es ist ein Recht in
   einer Demokratie. 2. (*Answers will vary.*)
B. Politische Meinungen. (*Possible answers.*) 1. N: Es ist Zeitverschwendung und es ändert sich nichts.
   2. P: Es ist die Pflicht eines jeden Menschen in einer demokratischen Gesellschaft zu wählen.
   3. P: Die Meinung eines jeden Bürgers ist wichtig und spielt eine Rolle.   4. N: Die Politiker streiten
   sich nur und es geht nie um Inhalte. 5. P: Politik ist interessant und der Wahlkampf ist spannend.

Multikulturelle Gesellschaft

Hörverständnis
A. Gespräch über die Probleme von Ausländern in Deutschland: (*Possible answers.*) 1. Sie haben
   manchmal Vorurteile gegen Menschen mit anderer Hautfarbe und gegen Ausländer, die zum
   Beispiel türkisch aussehen.   2. Diese Vorurteile haben mit der Kultur und mit der Religion von
   Ausländern zu tun. Moslems leben oft anders und kleiden sich auch anders.   3. Moslemische
   Frauen tragen oft ein Kopftuch.   4. Manche Ausländer dürfen nicht arbeiten. Sie leben dann von
   staatlicher Hilfe, das heißt, sie bekommen Geld vom Staat.   5. Wenn man sich kennt, nimmt das
   die Angst vor dem Fremden und es ist leichter fair und respektvoll miteinander umzugehen.
   6. Deutschland braucht ausländische Arbeitskräfte und will kein ausländerfeindliches Land sein.
B. Juttas neuer Freund: 1. R   2. F: nicht immer   3. R   4. R   5. F: Sie halten noch immer an ihren
   Traditionen fest.   6. R

Das liebe Geld

Hörverständnis

A. Dialog aus dem Text: Auf der Bank: 1. F: Er will ein Girokonto eröffnen.   2. F: Eine EC-Karte muss er extra beantragen.   3. R   4. F: Die Geheimzahl bekommt er mit der Post.   5. R   6. R   7. F: Bei seinem neuen Konto kann er seine Überweisungen auch übers Internet ausführen. *oder* Peter hat Onlinebanking. *oder* Es gibt auch Onlinebanking.

B. Auf der Sparkasse: 1. am Automaten   2. dänische Kronen   3. an der Kasse   4. 500 Euro   5. Das wird von ihrem Konto abgebucht.   6. Es entstehen keine oder niedrige Gebühren innerhalb der EU. *oder* Eine Kreditkarte kann man auf der ganzen Welt nutzen.

Kunst und Literatur

Schriftliche Aktivitäten

A. Christo und Jeanne-Claude. 1. a. das Nylongewebe   b. das Stahlkabel   c. das Ölfass   d. die Arbeitskräfte   e. weder ... noch   f. öffentlich   g. die Fördermittel   h. verhüllt   i. der Reichstag   j. verpacken   k. schätzen   l. erfolgreich   m. sich freuen auf

B. Haben Sie eine künstlerische oder kunstgewerbliche Ader? 1. a. in (aller) Ruhe   b. die Nahaufnahme   c. kleben   d. die Aufnahme   e. die Kakteen   f. das Häubchen   g. großartig   h. der Weihnachtsgruß

Hörverständnis

A. Rollenspiel: An der Theaterkasse: Während des Hörens: Wann beginnt die „Rocky Horror Picture Show"; 20.30 Uhr; Haben Sie noch; aber es gibt nur noch ganz; wo sind die Plätze?; was kosten die Karten?; Können Sie da gar nichts machen?; tut mir leid; dürfen solche Filme nicht gezeigt werden; Ja, schade; keine andere Möglichkeit ein?; Karten nicht abgeholt oder zurückgegeben wurden.

B. Das Theaterprogramm in Berlin: 1. R   2. F: Die Dame empfiehlt ihr „Hamlet".   3. F: Die Aufführung beginnt um 20.30 Uhr.   4. R   5. F: Frau Ruf hat „Hamlet" in London gesehen.   6. R   7. R   8. F: Sie kann die Karte an der Theaterkasse abholen.

C. Frau Ruf ist wieder zu Hause: 1. 7, 4, 5, 2, 3, 10, 1, 8, 6, 9   2. a. 2   b. 5   c. 4   d. 3   e. 1

Aussprache und Orthografie

Aussprache

C. 1. Oh! (*admiration*)   2. Iiii ...! (*disgust*)   3. Aha! (*surprise*)   4. Hm. (*agreement*)   5. Au weia! (*pain*)   6. Ach je! (*empathy*)

Orthografie

A. *Long stressed vowel:* H**ö**he, S**ee**le, T**o**d, T**o**n, **E**he
Short stressed vowel: **A**ktie, H**o**lz, K**a**sse, G**e**ld, Sch**u**ld, Z**i**nsen

B. Ein Gastwirt lässt für sein Restaurant ein Schild malen. Er ist aber mit dem Ergebnis nicht zufrieden und sagt zu dem Maler: Der Zwischenraum zwischen *Bier* und *und* und *und* und *Wein* ist nicht gleichmäßig!

Kulturecke

A. Politische Parteien. CDU: 3, 4, 5, 16; SPD: 6, 7, 8, 16; Grüne: 2, 9, 11, 12; AfD: 10, 14, 18, 19; Linke: 1, 13, 15, 17

B. Wer weiß – gewinnt!: 1. b   2. d   3. b   4. a   5. d   6. b   7. c   8. a   9. b   10. d

C. Wer weiß – gewinnt: *Sophie Scholl – Die letzten Tage.* 1. R   2. R   3. F: Sophie, Hans und ein weiteres Mitglied wurden angeklagt.   4. R   5. F: Sie wurden noch am selben Tag hingerichtet.

D. Der Anfang von Goethes *Faust*: 1. a. Z. 1–4   b. Z. 5–6   c. Z. 7   d. Z. 8–10   e. Z. 11   f. Z. 13–14   g. Z. 15–16   h. Z. 17   i. Z. 19–20   j. Z. 21   k. Z. 23   l. Z. 24–26   2. (*Possible answers.*): a. Ich meine, dass Faust nach Bildung und Wahrheit sucht.   b. Zuerst hat er studiert.   c. Jetzt versucht er es mit der Magie und dem Teufel.